헬라어 수업

ΕΛΛΗΝΙΚΑ ΜΑΘΗΜΑ

헬라어 수업

아름다운 삶을 위한 헬라어 원어 묵상

발행일_ 2018년 10월 10일 초판 1쇄
지은이_ 김영인
편집 디자인_ 124domedia
마케팅_ 이정호, 이영수

발행인_ 이재민
발행처_ 리빙북스
등록번호_ 109-14-79437
주소_ 서울시 강서구 곰달래로31길 7 동일빌딩 2층
전화_ (02) 2608-8289
팩스_ (02) 2608-8265
이메일_ macdesigner@naver.com
홈페이지_ www.livingbooks.co.kr

ISBN 979-11-87568-09-4 03100
© 김영인, 2018

아름다운 삶을 위한 헬라어 원어 묵상

헬라어 수업

ΕΛΛΗΝΙΚΑ ΜΑΘΗΜΑ

김영인 지음

리빙북스
Living Books

왜 갑자기 헬라어 수업인가?

꼭 그렇지만 않습니다. 조금만 둘러보면, 헬라어 혹은 이전에 희랍어(希臘語)라고 알려진 이 언어는 그렇게 낯설고 멀리 있는 언어만은 아닙니다. 한때 영어 단어를 체계적이고 효과적으로 배우고 암기하려는 사람들이 너도나도 다 구입해서 갖고 있던 속칭 '바퀴벌레'라 불리던 Voca 22000, 33000만 보더라도 고급 영어 단어의 많은 어근들이 헬라어 혹은 라틴어에서 파생되고 유래했다고 소개합니다.

그 이유는 고급 교양 영어 단어 중 많은 부분이 헬라어에서 왔다는 사실 때문입니다. 그리고 헬라어의 알파벳에 불과한 알파(α), 베타(β), 감마(γ), 델타(δ), … 오메가(ω)란 글자들은 수학과 과학의 영역에서 또 얼마나 많은 기호와 전문 용어로 우리의 일상을 지배하고 있습니까! 이 모든 것이 헬라어를 통해 전해진 영향과 그 결과들로 볼 수 있습니다. 이렇게 볼 때 헬라어는 그리 생소한 언어가 아니라 우리 곁에 가까이 있는 언어의 하나입니다.

호모사피엔스에서부터 포스트모던에 이르는 인류 정신사의 흐

름 속에서 헬라어를 공부해야 하는 의의를 찾는다면 그것은 인문의 원천(源泉)으로 가고자 하는 노력이라고 달리 말할 수 있습니다.

르네상스라는 문예부흥과 그 여파로 촉발된 종교개혁의 근본 정신을 살펴보면 그것은 모두 원천(ad fontes)으로 돌아가려는 노력이었습니다. 원천, 근본으로 돌아가자는 이 인문 운동과 종교개혁 운동을 보다 더 구체적으로 들여다보면 사람을 중시하던 고전 그리스 시대의 정신으로 돌아가자는 것이며, 기독교 신앙의 본질인 하나님 사랑과 사람(이웃) 사랑의 정신을 회복하려는 것입니다.

한 시대의 정신과 사상은 자명하게 말과 글로 남겨질 수밖에 없습니다. 그렇기 때문에 근본과 원천으로 가려는 인문 운동과 종교개혁의 길목에 헬라어라는 언어가 놓여 있다는 것이 어쩌면 당연한 귀결일 수 있습니다. 이런 이유로 로테르담의 인문학자인 에라스무스(Erasmus of Rotterdam)는 번역된 성서의 도그마와 자의적인 해석으로부터의 해방을 갈구하며 헬라어 신약성서를 출판했습니다. 또 종교개혁의 아버지 마르틴 루터(Martin Luther)도 중세 교회의 예배

와 예전을 위해 공인하여 상용하던 라틴어성서 불가타(Vulgata)를 거부하고 히브리어와 헬라어 원문에서 직접 번역한 독일어 성서를 독일인에게 보급하고자 애썼습니다. 이들의 모든 수고와 노력이 바로 이 책에서 말하고자 하는 것과 어느 정도 꽤를 같이하고 있습니다. 헬라어라는 고전어 안에 그 역사의 숨결이 녹아 있는 것입니다.

이 책『헬라어 수업』에서 다루는 헬라어는 현대 헬라어(그리스어)와는 좀 다른 고전 헬라어입니다. 말하자면 우리나라의 훈민정음처럼 현대 헬라어의 조상 언어라고 할 수 있는 고전 헬라어입니다. 고전 헬라어(Classic/Ancient Greek)라니? 좀 낯설게 느껴질 수도 있겠습니다만, 사실은 고전 헬라어가 그리 멀리 있는 것은 아닙니다. 아니 우리의 삶과 밀접한 관련이 있습니다.

인류 문명사의 위대한 철학자로 일컬어지는 소크라테스(Socrates)와 플라톤(Platon) 그리고 피타고라스(Pythagoras) 등과 같이 우리에게 친숙한 그리스 철학자들의 사상과 결과물이 바로 이 고전 헬라어로 저술되었습니다. 많은 이들에게 영감을 주는 호메르(Homer)의

서사시 일리어드(Iliad)와 오딧세이(Odyssey)뿐 아니라 기독교의 경전인 신약성서도 이 고전헬라어의 카테고리 안에 속합니다. 고전 헬라어의 카테고리라는 말을 사용한 것은 오랜 역사 속에서 고전 헬라어가 각기 다른 방식으로 발전했기 때문입니다. 고전 헬라어의 다양한 갈래에 대해서는 다음에서 좀 더 살필 것입니다.

요즘 이 오래된 고전 헬라어를 공부하는 사람들이 있을까요?

예, 물론 있습니다. 공부해야겠다고 마음먹은 사람들도 많이 있습니다. 우선 고전 철학을 깊이 있게 연구하려는 사람이라면 번역서에 만족하지 않고 당연히 그 원문을 자신이 직접 읽고 번역하여 자기만의 해석과 주장을 하고 싶은 의욕이 있을 것입니다. 이 또한 자신이 직접 우물을 파고 그 원천에 도달하려는 인문정신의 연장이라고 할 수 있습니다. 기독교 신학을 공부하는 사람이라면 그런 욕심을 더 가질 법 합니다. 신학은 언어학이라는 별칭이 있는 것처럼, 신학을 공부하는 사람이라면 소위 3대 고전어인 히브리어, 헬라어, 라틴어를 습

득해야 하는 과제와 부담을 안고 있습니다. 설교자들은 성경 원문 연구라는 두레박을 가지고 진리의 깊은 우물에서 물을 긷는 것을 사명과 보람으로 여기고 있습니다. 더구나 열심 있는 신앙인들도 어느새 그들의 QT(성경묵상)는 헬라어로 향하고 있습니다.

이런 이유에서 이 책 『헬라어 수업』은 조금은 생경하고 부담스러운 헬라어 공부에 쉽게 접근할 수 있는 통로가 되려고 합니다.

이 책에는 365개의 헬라어 단어가 망라되어, 52주간 묵상할 수 있게 꾸며졌습니다. 크게는 봄, 여름, 가을, 겨울이라는 4계절로 짜인 이 책은 한 해 동안 쉽고도 자연스럽게 헬라어와 연관된 단어와 주제들은 묵상할 수 있게 구성되었습니다. 혹시 조급한 독자라면 한 해가 아니라 시론 형식으로 써 내려간 이 책을 단숨에 읽어 내거나 주제별로 선별하여 읽을 수도 있을 것입니다. 다만 아쉬운 점은 이 책에서 다루는 텍스트가 고전 철학의 텍스트가 아니라 신약성서의 텍스트를 매개로 하고 있다는 것입니다. 그 이유는 저자가 신약성서 텍스트를 중심으로 성서의 본문을 연구하고 분석하는 학자이기 때문입니

다. 이 점을 부디 혜량하여 주시기 바랍니다.

『헬라어 수업』이 세상에 빛을 볼 수 있도록 도와주신 분들이 있어 감사의 마음을 전하고 싶습니다. 이 책에 수록된 일부 내용들은 사실 기독교대한성결교회의 기관지인 「활천」에 2016년부터 2017년까지 "원어를 알면 좋아요"란에 연재한 것들입니다. 활천의 편집부장인 박성호 실장님의 권유로 시작했던 부족한 글에 많은 독자들의 성원이 더해져 책으로 묶어서 내면 어떨지 모르겠다는 생각이 있었습니다. 그러던 차에 리빙북스의 이정호 부장님과 이선경 선생님의 독려로 마침내 완성된 한 권의 책의 모습이 되었습니다. 나날이 어려운 출판 환경 속에서도 선뜻 출판을 허락해주신 리빙북스의 이재민 대표님께 이 자리를 빌어서 심심한 감사를 드립니다. 이 책을 통해서 헬라어를 필요로 하는 사람들이 성서의 말씀을 따라 그 길로 편안히 들어설 수 있는 작은 오솔길이 되길 바랍니다.

coram Deo et homo
2018. 9. 24. 玉峀에서 김영인 드림

contents

prologue   *004*

프롤레고메나(Προλεγόμενα)   *014*

봄 • 에아르(Ἔαρ)

1. 보다, 호라오(ὁράω)   *045*

2. 유레카? 휴레카(εὕρηκα)   *049*

3. 그리스도, 크리스토스(Cristo,j)   *054*

4. 복음, 유앙겔리온(εὐαγγέλιον)   *059*

5. 고난, 파토스(πάθος)   *064*

6. 십자가, 스타우로스(σταυρός)   *068*

7. 부활, 아나스타시스(ἀνάστασις)   *072*

8. 사랑, 아가페(ἀγαπή)   *078*

9. 행복, 마카리오스(μακάριος)   *083*

10. 가족, 게노스(γένος)   *095*

11. 남편과 아내, 안네르(ἀνήρ) 와 구네(γυνή)   *102*

12. 아이와 어린이, 파이디온(παιδίον)과 테크논(τέκνον)   *106*

13. 은혜와 평화, 카리스(χάρις)와 에이레네(εἰρηνη)   *111*

여름 · 테로스(Θέρος)

1. 여름, 테로스(θέρος)   117

2. 나무와 열매, 덴드론(δένδρον)과 카르포스(κάρπος)   122

3. 유월절의 아주마(ἄζυμα)   132

4. 코스모스(κόσμος)   138

5. 산과 평지, 호로스(ὄρος)와 페디노스(πεδινός)   143

6. 큰 물고기와 작은 물고기, 익스투스(ἰχθύς)와 옵사리온(ὀψάριον)   149

7. 개와 뱀, 쿠온(κυών)과 옵피스(ὄφις)   156

8. 계시록의 짐승, 테리온(θηρίον)   164

9. 하나님의 나라, 바실레이아 투 테우(Βασιλεία τοῦ Θεοῦ)   169

10. 예수의 비유, 파라볼레(παραβολή)   175

11. 하나님의 말씀, 로고스(λόγος)와 레마(ῥῆμα)   180

12. 기독교 사회봉사, 디아코니아(διακονία)   185

13. 협력, 쉰에르기아(συνεργία)   190

가을 · 오포라(Ὀπώρα)

1. 가을열매, 오포라(ὀπώρα)   197

2. 집, 오이코스(οἶκός)   202

3. 인간, 안트로포스(ἄνθρωπος) 207

4. 몸과 육과 영, 쏘마(σῶμα), 싸릌스(σὰρξ), 프뉴마(πνεύμα) 212

5. 유혹자, 디아볼로스(διαβόλος) 221

6. 몽학선생? 파이다고고스(παιδαγωγός) 226

7. 제자, 마테테스(μαθητῆς) 232

8. 소금과 빛, 할라스(ἅλας)와 포오스(φῶς) 239

9. 아마데우스, 테오빌로스(Θεόφιλος) 244

10. 흔적들, 스티그마타(στίγματα) 250

11. 길, 호도스(ὁδὸς) 255

12. 일용할 양식, 아르토스 에피우시오스(ἄρτον ἐπιούσιος) 260

13. 하늘의 시민권, 폴리토이마(πολίτευμα) 265

겨울 • 케이몬(Χειμών)

1. 겨울, 케이몬(χειμών) 273

2. 아드벤투스(adventus), 파루시아(Παρουσία) 280

3. 동방박사, 마고이(μάγοι) 286

4. 누미노제(numinose)의 나타남, 에피파네이아(Ἐπιφάνεια) 292

5. 하나님의 형상과 본체, 에이콘(εἰκών)과 모르페(μορφή) 295

6. 구원자, 소테르(σωτήρ) 301

7. 목자, 포이멘(ποιμήν)   *306*

8. 사도(使徒), 아포스톨로스(ἀπόστολος)   *314*

9. 나는 믿습니다, 피스튜오(πιστεύω)   *321*

10. 믿음의 실상과 증거, 휘포스타시스(ὑπόστασις)와 엘렝코스(ἔλεγχος)   *327*

11. (율)법, 노모스(νόμος)   *333*

12. 시간들, 크로노스(χρόνος)와 카이로스(καιρός) 그리고 아이온(αἰῶν)   *339*

13. 주의 만찬, 퀴리아코스 데이프논(Κυριακός δεῖπνον)   *344*

epilogue   *350*

부록 • 파라르테마(Παράρτημα)

1. 헬라어의 알파벳   *357*

2. 인칭 변화   *358*

3. 동사 변화   *358*

4. 명사 변화   *362*

5. 형용사 변화   *363*

6. 헬라어 숫자   *364*

7. 수록된 단어 일람   *366*

프롤레고메나 ($\Pi\rho o\lambda\varepsilon\gamma\acute{o}\mu\varepsilon\nu\alpha$)

하나, 나의 헬라어 수업

내가 독일 유학이라는 꿈을 이룬 것은 1999년 여름이었습니다.

나른한 어느 봄날 오후 평범한 직장인으로 시계바늘 돌듯이 살아가던 나는 어느 때처럼 점심을 먹은 후 사무실 의자에 몸을 묻은 채 쉬면서 잠시 라디오를 듣고 있었습니다.

이때 증권회사의 점원이던 고갱(Paul Gauguin)이 막 서른 살을 넘겨 그림 공부를 시작했다는 아나운서의 멘트가 흘러나왔습니다. 이 말은 갑자기 내 뒤통수를 세게 내리쳤고 여러 날 동안 그 말이 내 머릿속에서 빙빙 돌며 쉬 떠나지 않았습니다. 당시 나는 서른 살을 넘겼고 서른 살이 넘으면 더 이상 인생의 진로를 바꿀 수 없다는 막연한 결정론자의 삶을 살고 있었습니다. 그 나이에 어떻게 ….

그런데 운명처럼 고갱의 이야기가 머릿속에서 쉬 지워지지 않고 떠오르곤 했습니다. 결국 그 묘한 부름에 응답하여 세기말이라는 1999년 여름 독일 중북부에 소재한 파더본(Paderborn)이라는 작은 도시의 지방 공항에 사랑하는 아내와 어린 두 딸 그리고 돌을 갓 지난

막내아들을 데리고 착륙했습니다. 물론 서른을 훌쩍 넘긴 나이였습니다. 당시 직장을 사직하고 진로를 바꾼 나는 신학대학원에 입학하였고 3년의 과정을 마친 후에는 늦고 더딘 공부였지만 신학을 더 깊이 있게 연구하고 싶은 마음에 독일 유학을 결심했던 것입니다. 그리고 빌레펠트(Bielefeld)시의 베텔(Bethel)이라는 한적한 마을에 소재한 베텔신학대학교(Kirchliche Hochschule Bethel)의 박사과정이라는 문을 두드리게 되었습니다.

　독일의 신학대학교는 대개 신학의 입문자에게 3개의 고전어 습득을 필수로 요구합니다. 구약성서의 원문인 히브리어(일부 아람어), 신약성서의 원문인 헬라어, 그리고 동양문화권의 한문처럼 유럽 지식인의 학문적 언어로 자리매김한 라틴어가 바로 그것입니다. 이 3개의 고전어는 한국에서도 신학을 공부하려면 그 경중(輕重)은 다르지만 반드시 습득해야만 합니다. 그런데 제가 수학(受學)한 베텔 신학대학교는 신학생들에게 데트몰트(Detmold)에 있는 그 지방 교육부에서 관장하는 고전어 국가시험에 합격할 것을 요구했습니다.

그러니 어쩌겠습니까! 그렇잖아도 잔뜩 낯선 제2외국어인 독일어로 히브리어와 헬라어, 그리고 라틴어를 다시 배워 국가시험에 합격해야만 하는 처지에 봉착했습니다.

내가 공부할 당시 베텔신학대학교에는 은퇴를 얼마 앞둔 슈미트 교수(Prof. em. Dr. Jens-Uwe Schmidt)와 아마 그분의 후임이 되길 원했던 강사인 젊은 프레스텔 박사(Dr. Peter Prestel)가 고전어(Philologie) 교수로 있었습니다.

독일의 유명한 신학자인 보른캄(G. Bornkamm)의 조카사위이기도 한 백발의 슈미트 교수는 그때까지도 여전히 쩌렁쩌렁한 목소리에 스파르타식 수업으로 유명했습니다. 당연히 대다수 학생들은 그분의 수업을 기피했습니다. 그런 이유로 프레스텔 교수에게 평균 50여 명 이상의 학생이 수강한다면 슈미트 교수에게는 복학하거나 편입으로 학기가 잘 맞지 않았던 5명도 채 안 되는 학생들이 울며 겨자 먹기로 수강했습니다. 그만큼 그 분의 악명(?)이 높았고 그분의 수업이 끝나면 학생들은 모두 얼굴이 시뻘겋게 달궈져 나오곤 하여 동료

학생들에게 너희들은 사우나 하고 나왔냐는 동정의 말을 종종 들어야 했습니다. 그런데 공교롭게도 고전어 수업을 위한 학기가 잘 맞지 않았던 나는 독일어 과정을 끝낸 첫 학기에 개설된 슈미트 교수의 수업을 듣든지 그렇지 않으면 한 학기를 쉬어야만 했습니다. 한 학기를 그냥 쉴 수 없었던 나는 동료 한국인 유학생의 만류에도 불구하고 그 교수님을 수업을 들을 수밖에 없었습니다. 슈미트 교수님의 헬라어 수업은 그 유명세답게 4명으로 시작했다가 중도에 2명이 탈락하는 참극을 겪어야 했습니다. 한 명은 제 발로 걸어 나갔고 다른 한 명은 슈미트 교수가 수업의 부진을 이유로 쫓아냈습니다. 결국 생존자는 저와 스테판이라는 학생 단 둘이었습니다. 나는 매시간 매의 눈으로 노려보시는 선생님 앞에서 어김없이 쏟아지는 날카로운 지적과 질문에 답해야 했고 암기한 문법 규칙을 되풀이해야만 했다. 더구나 미숙한 독일어 발음 덕에 독일어 후두음까지 그분께 교정받는 특혜(?)를 받으며 공부해야 했으니 정말 그런 부끄러운 일도 더는 없을 것입니다. 마치 사우나 속에 있는 것처럼 얼굴이 시뻘겋게 달아오르는 것

도 모른 채 헬라어 동사 변화표를 외우며 과제로 내준 헬라어 텍스트
의 폼베슈팀뭉(Formbestimmung, 단어의 문법을 분석하여 형태를
결정하는 것)을 해야 했고, 한 페이지가 넘어가도록 나오지 않는 마
침표를 찾아 헤매며 그렇게도 긴 장문(長文) 속에 꼭꼭 숨어 있는 주
동사를 찾아내야만 했습니다. 그럼에도 「소크라테스의 변명」
(Απολογία του Σωκράτους)과 플라톤의 「국가론」(Πολιτεία)을 헬라
어 원문으로 읽고 해석할 때의 감동이란 정말 잊을 수가 없습니다. 특
히 「국가론」에 나오는 동굴의 비유에서 묘사된 그 동굴이 여느 동굴
이 아니라 낭떠러지처럼 수직으로 떨어진 후에 다시 수평으로 연결
된 동굴이라는 것을 읽을 때는 정말 동굴의 우상이 깨어지는 것과 같
은 큰 기쁨을 느꼈습니다. 이것이 아마도 원전, 원문을 직접 읽는 희
열(喜悅)일 것입니다. 또 신학도로서 신약성서의 꼬이네(κοινή) 헬
라어를 읽으며 스스로 해석할 때의 감격도 이루 다 말할 수 없을 것입
니다.

　나는 이런저런 이유로 헬라어가 필요한 분들이, 아니면 새로 배우

려고 결심하려는 사람들에게 제가 느꼈던 그 기쁨을 함께 나누기를 희망합니다.

원문을 읽는다는 것은 텍스트와 그 텍스트에 담겨 있는 사고와 사태를 세세히 준별할 수 있는 소득이 있습니다. 번역을 통해 간접적인 경험을 하기보다는 원문을 직접 다루는 개척자가 될 수 있습니다. 하지만 그럼에도 헬라어 수업은 얼마나 갑갑합니까? 낯선 문자가 이루어 내는 단어가 늘어나고 미처 그것을 다 익히고 외우지도 못했는데 소화할 수도 없는 문법과 문장이 함께 널뛰기를 합니다. 아마 이때쯤이면 시작할 때의 각오와 다짐은 어느새 멀리 달음질치고 말았을 것입니다.

고전 헬라어가 상용어이고 성서의 언어였던 시대와 우리의 열심 사이에 벌어진 2000년이란 간극은 원문 연구의 이런 유용함과 유익함에도 불구하고 여전히 그 배움의 길을 멀고도 낯설게만 합니다. 하지만 언어란 모름지기 삶의 산물이며 그 삶의 자리를 떠나면 사어(死語)가 되지 결코 생생히 살아있지는 못합니다.

헬라어도 마찬가지입니다. 우리가 그때와 지금의 삶의 자리를 연결하는 통로를 찾을 수 있다면 지금 나의 삶의 자리에서 그때의 삶의 자리로 건너갈 수 있을 것입니다. 이런 기대와 바람 속에 저의 헬라어 수업이 여러분의 헬라어 수업이 되기를 소망합니다.

둘, 헬라어란

헬라어(Ἡ Ἑλληνικὴ γλῶσσα)는 인도유럽어족에 속하는 언어군의 아득한 원천 중의 하나입니다. 이 언어는 지중해의 동쪽 지역에서 발현하여 갈라지기 시작한 후 독립적으로 발전하여 현재에도 사용하는 언어입니다. 학자들은 이 언어의 역사를 자그마치 3,000여 년 보다도 더 오래된 것으로 추정합니다. 호메르의 서사시와 플라톤의 글들이 바로 이 언어로 쓰였고 신약성서가 이 언어로 기록되었습니다.

이러한 이유로 고전헬라어는 고대로부터 라틴어와 함께 19세기에 이르기까지 학문적 언어로 교육되었습니다. 특히 문학, 철학, 자연과학, 역사, 음악에서 사용되었고 무엇보다도 신약성서가 바로 헬

라어로 쓰였기 때문에 신학과 종교의 영역에서 이 언어가 갖는 위치와 의미가 더 남달랐다고 할 수 있습니다.

현재 그리스 제2의 도시인 데살로니키 남부 지역에 촌락을 이루며 살았던 고대 그리스인들은 조상인 헬렌(Ἕλλην)을 좇아 헬렌인이라 불렸다고 합니다.

이런 유래로 그리스인들은 그 지역을 헬라스(Ἑλλάς)라로 불렸고, 그곳에 사는 사람들을 헬라인으로, 그리고 그들이 사용하는 언어를 자연스럽게 헬라어로 부르게 되었습니다. 이 헬라어의 한자음역이 희랍어인데, 요즘은 희랍어라고 부르기보다는 헬라어 혹은 고대/고전 그리스어라는 말을 더 선호하는 경향이 있습니다.

현존하는 인도유럽어족 중 가장 오래된 언어로 아직까지도 (현대)그리스어로 불리며 그리스, 키프로스, 불가리아, 알바니아, 마케도니아 공화국과 일부 이탈리아와 터키 지역 등지에서 약 1,500만 명의 사람들이 사용하고 있다고 합니다.

고전 헬라어는 발생 지역에 따라 대별할 수 있습니다. 가장 표준

적이고 현대의 그리스어에까지 영향을 준 헬라어는 이오니아-아티카(Ionic-Attick) 방언입니다. 이오니아-아티카라는 지역적 결합이 말해주는 것처럼 이 방언은 에게해 지역의 섬들과 소아시아 해안의 이오니아 지역, 그리고 아테네를 중심으로 사용되던 방언입니다. 큰 틀에서 아티카 방언은 이오니아 방언의 한 갈래입니다. 이오니아 지역이 에게해의 동쪽 지역이라면, 그 반대쪽인 서쪽 해안 지역에서 사용한 방언은 아이오리스(Aiolis) 방언이라 부릅니다. 그리고 북쪽에서부터 남하하여 그리스 본토에 자리잡았던 도리아인의 도리스(Doris) 방언도 당시 상용하던 방언 중의 하나였습니다.

그러나 이 두 방언들은 그리스 문학에서 그리 중요한 위치에 있질 못합니다. 왜냐하면 그리스 문학은 먼저 이오니아 방언으로 시작되었기 때문입니다. 탈레스(Thales), 아낙시만드로스(Anaximandros), 아낙시만데스(Anaximandes) 등과 같은 자연 철학자들의 글이 이 방언으로 기록되고 전해졌고, 고대 그리스의 역사가인 헤로도트(Herodot)도 바로 이 방언을 사용했습니다. 그 후의 저술가인 호메르(Homer)

의 글을 보면 일리어드(Iliad)와 오딧세이(Odssey) 등에 이오니아뿐 아니라 아이오리스 방언까지 사용한 흔적이 많이 남아 있습니다.

　이것은 당시의 방언들이 상호간에 영향을 주고받으며 발전했다는 증거를 보여주면서 동시에 이오니아 방언이 지속적으로 문학적 언어로 유력하게 자리잡아가고 있는 것을 보여 주는 예라고 할 수 있습니다.

　그런데 이런 흐름에 큰 변화를 준 인물이 플라톤(Platon)입니다. 아테네를 중심으로 활동한 이 걸출한 철학자는 아테네 지역의 방언인 아티카로 그의 사상을 기술했고, 그가 쓴 많은 책들의 영향으로 아티카 방언은 그리스 고대 문학의 모범이 됩니다. 놀라운 것은 이 아티카 방언의 행운이 여기서 멈추지 않고, 이후 마케도니아 출신으로 그리스의 폴리스들을 통일하고 제국을 건설한 알렉산더 대왕이 그 방언을 그리스의 공용어로 지정했다는 것입니다. 이 방언이 비록 플라톤 때와는 달리 실용적으로 많이 변했지만 알렉산더 대왕의 의욕적인 헬레니즘 전파와 함께 그리스를 넘어 제국에 널리 퍼지게 되는 계

기가 됩니다. 사람들은 그래서 이 방언을 알렉산더 방언이라고 부르기도 했습니다.

그러나 이 방언의 정확한 이름은 꼬이네(Koine) 혹은 다른 발음으론 끼니라고 합니다. 그 이유는 꼬이네라는 말의 의미처럼 이 언어가 "평범하게 대중적으로 많이" 사용된다는 말입니다.

꼬이네 방언은 기원전 약 300년부터 기원후 약 300년까지 그리스 지역 전역에서 광범위하게 사용되었습니다. 시대적으로 고전 그리스 문학의 후대에 속하는 플루타르크(Plutarch)와 폴리비우스(Polybius)의 작품들이 이 꼬이네 방언으로 남겨졌습니다. 이 꼬이네 방언은 특히 기독교의 경전을 통해서도 잘 알려지고 연구되었습니다.

기원전 3세기경 알렉산드리아에서 히브리어로 기록된 구약성서가 처음 헬라어로 번역되었습니다. 이 헬라어 구약성서는 70여명의 사람들이 번역했다고 해서 70인역(Septuaginta, LXX)이라고 불리는데 이 70인역의 헬라어가 바로 꼬이네 방언입니다. 또한 신약성서 전 27권도 꼬이네 헬라어로 기록되었습니다. 그래서 통상 성서헬라

어라고 하면 그것이 꼬이네 헬라어입니다.

꼬이네 방언은 그리스제국을 이어 로마제국에서도 지도층과 지식층의 교양어로 이어졌고, 비잔틴 시대를 거쳐 후기 고전시대에까지 활약하며 그 대미를 장식합니다.

이 책 『헬라어 수업』은 신약성서의 텍스트를 다루기 때문에 여러분과 함께 배워나가며 고민하는 헬라어는 이런 유구한 역사 속에 삶의 자리를 가지고 있었던 꼬이네 헬라어입니다.

셋, 헬라어 성서를 읽는 유익

헬라어 성서를 읽는 유익으로 바로 들어가기에 앞서서 성서의 생성과 번역 과정을 간단히 살펴볼 필요가 있습니다. 기독교의 경전인 성서는 이스라엘 민족을 통해서 나타난 하나님의 구원역사(Heilsgeschichte)를 기술한 구약성서와 예수 그리스도의 나타나심을 복음(Good News)으로 전하는 신약성서로 나눌 수 있습니다.

구약성서와 신약성서라는 이름을 갖게 된 것은 1세기 기독교의

사상가이며 교회 개척자인 사도 바울의 말에 기인한다고 볼 수 있습니다. 바울은 자신이 당시 그리스 지역 아가야 지방의 고린도에 개척한 교회에 보내는 목회 편지에서 공동체가 어떤 자세로 성만찬에 임해야 하는 가를 말합니다. 이때 바울이 성만찬 전승을 전하는데 "이 잔은 내 피로 세운 새 언약이니"(This cup is the new testament in my blood) 라는 잔의 말씀이 나옵니다. 잔의 말씀에 있는 새 언약이란 이제 새로운 이스라엘을 대표하는 사람들이 예수 그리스도와 새로 맺은 계약/약속이 새 언약(New Testament)이 된다는 말입니다.

　이전에 이스라엘 사람들이 하나님과 맺은 계약/언약은 옛 언약(Old Testament)이 되어서 각각 구약과 신약으로 구분되는 것입니다. 따라서 구약이란 오래되고 낡은 계약/약속이라는 의미가 아니라 새로운 계약/약속이 체결되었기 때문에 옛것이 되었다는 상대적인 개념을 가지고 있는 것입니다. 즉 신약과 구별되는 구약이라는 의미입니다. 이런 구약과 신약이 어떠한가를 알려 주는 구약 성서와 신약 성서가 낱권의 책으로 흩어져 있다가 각각 유대교와 기독교에 의해

서 경전으로 공인된 시기는 구약성서는 기원후 약 100년경을 전후로, 신약성서는 기원후 약 400년경 전후로 보고 있습니다. 물론 그 때가 성서의 기록이 끝난 시점을 말하는 것은 아닙니다. 구약성서나 신약성서가 문서화되는 과정은 더 오래 걸렸습니다. 정확히 따질 수는 없지만 구약성서는 약 1000년의 세월을 걸쳐서 문자화, 문서화가 이루어졌고, 신약성서는 약 100년이 걸렸다고 볼 수 있습니다.

이런 역사와 과정을 거친 성서는 당연히 성서가 기록될 당시의 언어로 쓰일 수밖에 없습니다. 구약성서는 고대 이스라엘 사람을 중심으로 펼쳐진 하나님의 구원사역을 기록하고 있어 이스라엘 사람들의 언어인 히브리어(일부 아람어)로 기록되었습니다. 그리고 신약성서는 모든 민족과 모든 사람들이 예수 그리스도와 새로운 언약을 맺었다는 의미에 걸맞게 당시 세계의 국제 통용어였던 그리스어, 즉 고대 그리스 언어인 헬라어로 기록되었습니다. 이렇게 기록된 구약성서와 신약성서의 원문은 신학을 전공하지 않거나 고대어에 속하는 히브리어와 헬라어를 모르면 쉽게 읽을 수가 없습니다. 물론 성서가

일반인의 접근을 차단하여 소수만 읽으면서 그 신성(神性)을 유지하고자 이런 어렵고 낯선 언어로 기록된 것은 아닙니다. 지금이나 고대 히브리어와 고대 헬라어가 고전어라고 불리며 낯설고 어렵게 느껴지는 것이지 사실 그 언어도 성서로 기록될 당시의 사람들에게는 일상어였고 누구나 사용하던 언어였습니다.

구약성서를 전래한 이스라엘 사람, 히브리 민족에게 히브리어는 당연히 모국어이고, 신약성서가 쓰인 고대 헬라어는 그리스 지역을 넘어 당시 세계를 지배하던 로마제국의 전 영토에서 사용하던 국제사회의 통용어였습니다. 말하자면 오늘날의 영어와 같은 언어였던 것입니다. 그래서 모든 사람이 성서를 읽을 수 있게 하자는 의도로 히브리어로 쓰인 구약성서도 헬라어로 번역되어 칠십인역(Septuaginta)이라는 헬라어 구약성서도 나오게 된 것입니다. 이렇듯 성서는 처음에는 누구나 읽을 수 있는 평범한 일상의 언어로 기록되었던 것입니다. 하지만 세월이 흐르면서 성서가 다른 민족, 다른 언어를 쓰는 지역으로 넘어왔을 때 점점 그 원문은 이해하기 어려운 비

문(秘文)이 되기에 이르렀습니다. 그래서 교부 아우구스티누스 (Augustinus)때에만 이르러도 그가 고백하듯이 헬라어를 잘 이해할 수 없게 됩니다.

교회는 당연히 이런 문제를 해결하기 위해 고민했습니다. 그래서 약 4세기경 제롬이라고도 불리는 히에로니무스(Hieronymus)가 히브리어와 헬라어로 쓰인 구약성서와 신약성서를 라틴어로 번역합니다. 그 이유는 이제 라틴어가 로마제국과 함께 서방의 공용어로 널리 퍼졌기 때문이며 헬라어의 사용이 점점 줄어들었기 때문입니다. 히에로니무스가 라틴어로 번역한 성서를 불가타(Vulgata)라고 부릅니다.

그런데 아이러니하게 언어라는 것은 시간과 공간의 포로이고 역사는 반복되듯이 세월이 흐르고 장소가 바뀌면 또 달라질 수밖에 없나 봅니다. 히에로니무스가 성서를 그 원문에서 당시 로마제국의 언어인 라틴어로 번역한 의도는 모든 사람이 손쉽게 성서를 읽을 수 있도록 하려는 것이었습니다. 그래서 그가 번역한 성서의 이름도 라틴어의 "일반적, 통용의, 백성들의"라는 의미를 가진 '불가타'라고 했

프롤레고메나(Προλεγόμενα)
:

던 것입니다. 그런데 세계가 각 나라와 민족으로 분열되어 독립적인 국가들이 세워지고 세월이 많이 흐르자 중세를 지나 마르틴 루터의 시대가 되었을 때 이 성서를 자유자재로 읽을 수 있는 사람들은 신학을 공부하거나 당시 교회의 사제들뿐이었습니다. 라틴어는 더 이상 국제 통용어가 아니라 학자와 성직자들의 언어가 되었던 것입니다.

이렇게 되자 성서는 다시 일반 백성들에겐 소원하고 점점 성직자와 귀족들의 전유물이 되어 갈 수밖에 없었습니다. 성서의 말씀을 누구나 스스로 상고(詳考)할 수 없게 되자, 교회와 교권은 그것을 읽을 수 있는 일부 소수의 사람들에 의해서 독점되고 왜곡되어 타락의 길을 걷게 되었습니다. 이 문제를 심각하게 바라본 마르틴 루터는 "오직 성경말씀으로만"(Sola Scriptura)이라고 외치며 종교개혁의 기치를 높이 들었고 자신이 무엇보다 먼저 해야 하는 일로 성서의 번역을 택했습니다. 이것은 카톨릭교회가 1962년에 있었던 제2회 바티칸 공의회에서 자국의 언어로 예배와 예전 그리고 성경을 읽도록 허락하기 전까지 지속되었지만, 어디에서나 특정한 문자나 혹은 자신들

이 읽어 익숙해진 언어만을 성문자화(聖文字化)하는 교조주의(敎條主義)를 발생시킬 수밖에 없는 일이었습니다.

독일개신교연합(EKD)은 1534년 루터가 종교개혁의 일환으로 번역한 독일어 성경을 1984년 개정했습니다. 현재 사용하지 않는 고어체를 현대어의 어감에 맞게 새로 바꾸어 선보인 이 루터역 성경(Lutherbibel revidierte)은 독일 개신교회에서 예배와 예전에서 사용하는 공식 성서입니다. 독일에서 이 루터성서와 쌍벽을 이루는 성서로는 개신교와의 카톨릭교회에서 공동으로 번역위원회를 구성하여 1980년에 번역 완료한 '아인하이츠역' 성경(Einheitsübersetzung)이 있습니다. 이 아인하이츠(통일역)성서는 독일 카톨릭교회에서 예배와 예전을 위해 사용하는 공식 성서입니다.

독일에는 다양한 성경 번역들이 있는데 그중 특이한 번역은 '엘버펠트역'(Elberfelder Bibel)을 들 수 있습니다. 1855년 새로운 성서 번역 운동의 진원지인 엘버펠트(지금은 부퍼탈의 한지역)에서 시작된 이 성서는 수많은 개정을 거쳐 2006년 새로운 판이 나왔습니다.

이 성서의 특징은 다소 독일어 문법과 어감이 이상하더라도 성서의 원어를 문자 그대로 그리고 어순도 그대로 직역한 성서입니다. 즉 성서 원문의 뉘앙스와 구조를 그대로 살려서 번역을 한 것입니다. 이런 이유로 이 성서는 독일에서 누가 신학대학에 입학하면 선물로 사주는 성서로도 유명합니다. 그만큼 원어에 가깝게 번역한 성서이고 신학생이라면 누구나 한 권쯤 갖고 있는 성서입니다. 독일개신교연합(EKD)은 종교개혁 500주년이 되는 2017년 루터성경을 또 다시 개정하고 발간하여 오늘에 이르고 있습니다.

성서가 처음 쓰인 언어에서 자국의 언어로 번역되는 과정은 복음이 초대교회의 발원지(發源地)인 팔레스틴을 넘어 유럽과 아시아로 향하는 복음의 세계 전파에 따른 당연한 결과라고 할 수 있습니다. 그러나 번역이 내포한 이율배반은 번역될 때마다 또 다른 의미와 색깔로 바뀔 가능성이 높을 수밖에 없습니다. 즉 성서는 그 출발 언어인 원문에서 도착 언어인 번역어로 갈 때 도착지의 언어와 문화를 옷 입고 원문에서 충분히 멀어질 가능성이 있다는 것입니다.

우리는 이것을 서양의 라틴어처럼 한자(漢子)를 사상과 표현의 문자로 분유(分有)한 중국, 일본, 한국의 성경을 비교할 때 어느 정도 파악할 수 있습니다.

현대의 대표적인 중국어 성서를 꼽아 본다면 먼저 1919년과 1968년 각각 완성된 화합역본(和合译本)과 사고역본(思高译本)을 들 수 있습니다. 그러나 이 두 성경은 요즘은 쓰지 않는 옛말과 고대의 표현들이 많이 들어 있어 읽기가 좀 난해하고 한자의 특성상 최소 중등 이상의 학력을 가진 사람들이 읽을 수 있는 성경입니다. 이런 이유로 비교적 최근인 1979년과 1993년에 나온 현대중문역본(现代中文译本), 성경신역본(圣经新译本)은 현대인이 쉽게 읽을 수 있는 어법과 뉘앙스를 가진 번역입니다. 특히 현대중문역본(现代中文译本)은 초등학교 정도의 학력자도 읽을 수 있는 번역으로 알려져 있습니다.

성서 번역에서 가장 어려운 것은 역시 신학적 개념을 가진 용어들의 번역이라고 할 수 있습니다. 우리나라에서도 구교(가톨릭)와 신교가 함께 번역한 공동 번역의 경우 여러 가지 논점과 특히 신명(神

名)에 있어 '하나님'과 '하느님'의 큰 이견이 있었듯이 중국 성서의 경우도 신명에 있어 '上帝'와 '神'이 역본에 따라 혼용되고 있는 것을 볼 수 있습니다. 이것은 구약성서의 첫 번째 책인 창세기 1장 1절을 비교해보면 여실히 알 수 있습니다. "起初, 上帝创造天地"와 "起初 神创造天地"(시초에 상제가 천지를 창조하셨다) 둘 다 간체자(简体字)이고 내용도 천지창조에 대한 것이지만 신명을 각기 달리 표기하고 있는 것을 확인할 수 있습니다. 현대의 중국어 성서는 한자 자체의 어려움과 발음 표기의 난점으로 인해 모든 사람이 쉬 읽을 수 있는 국제 발음부호를 붙인 병음(PIN YIN)표기 성경이 발행되어 성경의 대중화에 이바지하고 있습니다. 이 영향으로 우리나라에도 모리슨 출판사에서 간행한 '병음해설 한중성경'이 나와 있습니다. 중국어를 공부하거나 한자를 아는 사람들이 대조하며 읽으면 성경의 내용을 더 잘 이해 할 수 있을 것입니다.

　　번역이 원문에서 멀어지며 그 나라의 사상과 문화의 옷을 덧입을 수밖에 없는 사례를 잘 보여 주는 대표적인 구절로 요한복음 1장 1절

을 꼽을 수 있습니다. 요한복음 1장 1절의 헬라어 원문 성경은 이렇게 기록하고 있습니다. "Ἐν ἀρχῇ ἦν ὁ λόγος καὶ ὁ λόγος ἦν πρὸς τὸν θεόν, καὶ θεὸς ἦν ὁ λόγος"(엔 아르케 엔 호 로고스 카이 호 로고스 엔 프로스 톤 테온 카이 테오스 엔 호 로고스). 이 헬라어 원문은 중국어 성서에서 "太初有道 , 道与上帝(神)同在 , 道就是上帝(神)"(태초에 도가 있었다. 이 도는 상제/신과 같이 있었으니, 이 도는 곧 상제/신이시다) 라고 번역합니다. 위에서 잠깐 언급했던 것처럼 중국어 성서의 번역본에 따라 신명이 각각 上帝(상제)와 神(신)으로 혼용되어 나타나기는 하지만 주목할 만한 것은 우리 성경이 "태초에 말씀이 계시니라"로 번역한 요한복음 1장 1절의 전반부를 공히 "太初有道"(태초에 도가 있었다)로 번역했다는 것입니다.

우리식으로 그저 간단히 읽으면 "太初에 道가 있었다"라는 말이 됩니다. 물론 여기서 이 道가 단순히 '길'을 의미하지는 않을 것입니다. 아마 여기에는 헬라어 원어 성서에 쓰인 '로고스'(ὁ λόγος)에 대한 고민이 자리했을 것입니다. 헬라어에서 로고스는 말씀이라는 보

편적인 뜻도 있지만 동시에 그것은 세상과 온 우주의 기운이며 원리라는 깊은 뜻도 들어 있습니다. 그래서 중국 성경이 그것을 우리 성경과 달리 '말씀' 언(言)이 아니라 도(道)라고 번역했을 때는 중국적 사고와 관념이 잘 배어 있는 훌륭한 번역이라고 할 수 있습니다.

중국인들은 로고스라는 말이 道라고 번역될 때에 어떤 감성(Pathos)이 그들이 가슴에 꽂힐지 알고 있었던 것입니다. 이에 반하여 이 구절이 일본어 성경에서는 우리 성경에서와 같이 '말씀'으로 번역되었습니다. "初めに 言があった"(처음에 말씀이 있었다). 같은 한자 문화권에 있으면서 한국과 일본은 중국처럼 '道'를 사용하지 못했던 것입니다. 그렇지만 로고스가 도(道)와 언(言)으로 번역되면서 헬라어 원문 성경의 로고스를 묵상할 때 얻을 수 있는 깊은 의미를 잃어버릴 수밖에 없는 한계가 있음을 부정할 수 없을 것입니다.

문화적 차이에 의해서 성서의 원문이 제각기 번역되어 원문의 원의(原意)에서 멀어질 수밖에 없는 예를 하나 더 들어 보겠습니다.

동양 삼국의 이런 문화적 차이는 지금부터 2000년 전에 유럽

그리스의 고린도에 개척되었던 교회에서 발생한 엄청난 스캔들을 전하는 구절 속에서도 재확인할 수 있습니다. 고린도전서 5장 1절을 보면 고린도교회 내에 있었던 음행을 폭로하는 중에 "누가 그 아버지의 아내를 취하였다"(γυναῖκά τινα τοῦ πατρὸς ἔχειν, 구나이카 티나 투 파트로스 에케인)라는 놀라운 구절이 등장합니다. 이 구절이 중국어 성서에서는 공히 "就是有人收了他的继母"라고 번역되어 "아버지의 아내"(γυναῖκά τινα τοῦ πατρὸς, 구나이카 티나 투 파트로스)라는 부분을 继母(계모)라고 돌려서 번역하여 "아버지의 아내를 취했다"라는 말이 동시에 내포할 수 있는 자신의 生母(생모)라는 짐작을 회피하고 있는 모양새를 취하고 있습니다. 즉 아버지의 또 다른 부인을 의미하게 한다는 해석적 의도를 가미하고 있는 것입니다.

하지만 이 구절이 일본어 성서에서는 구어역(口語譯), 공동역(共同譯) 그리고 신공동역(新共同譯)에서 각각 "어떤 사람이 자기 아버지의 아내와 같이 산다/ 혹은 아버지의 아내를 취하였다"(ある 人が その 父の 妻と 一緒に 住んでいるということである)로 번역하고

있습니다. 이것은 우리 성경의 "아버지의 아내"라고 번역된 부분이
같은 중국어 성서에서와는 또 다르게 继母가 아니라 "父の 妻"(아버
지의 아내/처)로 번역되어 继母라는 표현을 삼가고 있는 것을 볼 수
있습니다. 그것은 일본에서 이 继母라는 말은 아이의 生母가 죽은 후
아이가 성장하도록 키운 어머니라는 의미가 아버지의 (또 다른)여자
라는 의미보다 강하기 때문이라고 합니다.

　　현대의 일본어 성서 번역의 대강을 살펴보면 1955년 소개된 일본
성서공회(日本聖書協会)의 구어역(口語譯)을 필두로 대중화를 위
해 세간의 문체와 단어를 많이 사용하여 1978년 간행한 공동역(共同
譯) 그리고 이 공동역이 예배와 예전에 사용하기에 미흡하다는 지적
에 따라 이것을 개선하여 1987년 새롭게 나온 신공동역(新共同譯)
등이 있습니다. 특이한 것은 독일과 우리나라가 공동 번역(혹은 통일
번역)이란 이름하에 신·구교가 공동번역위원회를 구성하여 함께
번역하고서도 신교와 구교가 서로 다른 성경을 사용하는 반면, 일본
에서는 신공동역(新共同譯)을 신교와 구교에서 같이 사용한다는 것

입니다. 일본의 신자들은 우리나라의 개역성서처럼 다소 예스러운 표현과 단어들이 들어 있는 1955년판 「성서(聖書)」를 더 잘된 번역으로 선호하는 경향이 있다고 합니다. 그것은 우리나라에서도 새로 펴낸 「개역개정역」 성서보다 「개역」 성서를 좋아하는 현상과 같이 어려서부터 입에 익숙해져서 그럴 것입니다.

이상으로 간단히 같은 한자 문화권에 있는 중국과 일본 그리고 종교개혁의 중심에 있었던 독일의 성서를 그 번역을 비교하여 잠시 개관해 보았습니다. 원문성서의 말씀이 다양한 언어로 번역되어 쉽게 읽을 수 있다는 것은 많은 편의성과 기쁨을 주는 일입니다.

그러나 앞에서 살펴본 바처럼 성서의 말씀이 번역이라는 과정을 통해서 언제나 특정 문화와 사상의 옷을 입을 수밖에 없기 때문에 번역에는 한계가 있을 수밖에 없다는 것을 확인할 수 있었습니다. 그러므로 인문학자들이나 종교개혁자들이 했던 노력은 바로 이런 고착과 고정에서 벗어나고자 하는 노력이었다고 할 수 있습니다. 그들은 원문을 읽고 해석하므로 원천(ad fontes)으로 가려는 수고와 노력을

아끼지 않았습니다. 더 깊고 깊은 샘물 속에서 더 맑고 깨끗한 생수
(生水)를 마시려고 했습니다. 원문을 읽고 이해하려는 노력이 바로
그런 것입니다.

한국의 기독교는 구교나 신교 할 것 없이 그 역사의 시작에 선교
사보다 한 발 앞서 성서가 먼저 전해지고 수용된 것으로 유명합니다.
이것은 이 땅에 성서의 말씀이 선교사들보다 먼저 복음의 씨앗으로
심겨져 풍성한 결실을 이룬 기적과 같은 일입니다. 그래서 해외의 선
교 단체들에게 한국의 기독교인들은 처음부터 '성서를 사랑하는 그
리스도인'(Bible-loving Christian)이라거나 혹은 '성서를 사랑하는
자들'(Bible lovers)로 알려졌고, 심지어 한국의 기독교가 '성서 기독
교'(Bible Christianity)로 해외에 알려진 것은 당연한 일일 것입니다.
우리는 이 사실을 1907년 봄 발행된 선교 소식지인 「Bible in the
World」의 "Matter of Moment"에서 확인 할 수 있습니다. 거기에는
"한국 기독교인들이 매일 먹고 마시는 양식은 성서이다."라고 선교
초기 한국 기독교의 특징을 잘 요약해서 전하고 있는 것을 읽을 수 있

습니다. 한국 기독교의 성서를 사랑하는 이런 전통은 여럿이 모여 정해놓고 성서를 오랜 시간 공부하는 사경회(思經會)와 스스로 말씀을 깊이 묵상하고 적용하는 QT(Quiet Time)로 이어졌고 이것은 한국 교회가 급속한 성장과 부흥을 이룬 밑거름이었습니다. 정말 한국의 그리스도인들에게는 하나님의 말씀을 사랑하는 각별한 성정(性情)이 그 심성 속에 있나 봅니다.

이제 이런 성서의 말씀에 대한 사랑이 헬라어 원문 성서를 읽으면서 더 각별해지고 근본과 원천으로 갔으면 좋겠습니다. 이것은 그 길로 가려고 힘썼던 인문학자들과 종교개혁자들의 전통에 더 가까이 다가가려는 길이라 할 것입니다.

일·러·두·기

이 책 『헬라어수업』에서 표기한 헬라어 발음은 주로 독일어식 발음을 사용했습니다. 하지만 영어식 발음이 익숙해진 단어들은 영어식 발음을 쫓았습니다. 예를 들어 헬라어 이중모음〈εu〉의 경우 독일어권에서는 〈오이〉로 발음하지만 영어권에서는 〈유〉로 발음합니다. 그 이유는 고전헬라어의 표준발음은 존재하지 않기 때문입니다. 고전헬라어는 시대에 따라 다양한 방언이 존재하고 그 발음도 상이했습니다. 그래서 고전헬라어임에도 현재는 영어식으로 때론 독일어식으로 그리고 현대 그리스어식으로 읽기도합니다.

봄

에아르
EAP

Μία γάρ χελιδών έαρ ου ποιεί, ουδεμία ημέρα,
ούτω δε ουδε μακάριον και ευδαίμονα,
μία ημέρα, ουδε ολίγος

한 마리 제비가 봄을 만들지 못하듯이
하루나 짧은 시간이 행복과
기쁨을 만들 수 없다.

•

- Αριστοτέλης -
- 아리스토텔레스 -

1

보다, 호라오 (ὁράω)

....

만물이 소생하는 봄이 왔습니다.

겨우내 몸을 움츠렸던 자연이 기지개를 폅니다. 지난 겨울은 정말 삼동설한三冬雪寒을 유감없이 체험했던 것 같습니다. 그래서 봄은 더욱 기다려지고 문을 열면 봄이 한결 가까이 온 것을 느낄 수 있습니다. 아니, 볼 수가 있습니다. 그렇습니다. 우리 선조들은 봄을 느끼기 보다는 본다고 말했습니다. 지난 겨울 볼 수 없었던 많은 새로운 것들이 눈에 보여서 그랬는가 봅니다. 죽은 것 같은 마른 가지에서 새싹이 돋습니다. 들판에선 새순이 돋아납니다. 가녀린 꽃망울들이 앞 다투어 맺힙니다. 만물이 다시 살아나며 바쁘게 일상으로 돌아가는 것을 보게 됩니다. 또 한 해가 성실하게 시작한다는 신호를 사방에서 보냅니다. 그래서 봄인가 봅니다.

봄. 에아르(ἔαρ)

"몸이 열 냥이면 눈이 아홉 냥"이라는 말에서 알 수 있는 것처럼 본다는 것은 인간의 인지능력 중에서 제일 중요한 것 중 하나입니다. 아마 이것은 동서고금을 막론하고 틀린 말은 아닐 것입니다. 사람들은 예나 지금이나 보는 것을 중시하고 '보다'라는 말을 참 많이 씁니다. 헬라어에서도 예외는 아닙니다. 헬라어에도 "보다, 주목하다, 관찰하다" 등 본다는 행위에서 비롯된 많은 말들이 있지만 가장 보편적이고 광범위하게 사용되는 말은 '호라오'(ὁράω)입니다. 이 '호라오'는 신약성서 전체에서 454번이나 나올 정도로 그 빈도가 높습니다.

신약성서는 한 권의 책이 아니라 다양한 장르의 성경들이 수집되고 묶여서 편집된 책이기 때문에 도서관(Bibliothek)이라 불리기도 합니다. 도서관 같은 이 신약성서에 편집 순서에 따라 네 번째에 실려 있는, 그래서 제4복음서라는 별칭이 붙어 있는 요한복음이 있습니다.

요한복음 1장 39절 전반부를 보면 예수와 그의 첫 번째 제자가 되는 사람들이 상봉하는 일화가 나옵니다. "예수께서 가라사대 와 보라 그러므로 저희가 가서 계신 데를 보고 그 날 함께 거하니." 예수는 자신을 따르려는 이들에게 과감하게 "와 보라"라고 말씀하셨고 그 첫 번째 제자가 될 사람들이 예수께서 묵고 계신 곳을 찾아보고 함께했다는 내용입니다.

여기서 예수께서 말씀하신 "보라"가 헬라어로 '호라오'입니다. 사실 호라오의 정확한 뜻은 "내가 보다, 내가 본다"라는 의미로 그 안에 1인칭 주격과 현재시제를 이미 포함하고 있습니다. 라틴어처럼 헬라어도 원형을 1인칭으로 표현하기 때문에 사전에서 찾을 때는 항상 원형인 1인칭 형태를 찾아야 합니다. 예수께서 말씀하신 보라는 우리에게 어느 정도 명령형처럼 느껴집니다. 왜냐하면 우리말에 "…해라, …하라" 등은 명령형으로 들리기 때문입니다.

그러나 이 "보라"로 번역된 헬라어는 '옵세스테'(ὄψεσθε)입니다. 그리고 이 옵세스테는 명령형이라기보다는 미래형입니다. 이 옵세스테라는 말의 뒤에는 판별해야 할 보다 복잡하고 다양한 문법 요소가 들어 있습니다. 그러나 다 생략하고 그냥 "2인칭 복수, 미래형"이라고만 분해하겠습니다. 아마 이런 문법 용어가 생경한 사람들에게는 좀 낯설고 복잡한 느낌이 들 수 있습니다. 그러나 이 책을 읽으면서 익숙해지리라는 기대를 갖고 좀 느긋하게 대하면 좋을 것 같습니다. 지금은 단어 위주로 공부하지만 점차 문장의 분석도 다루게 될 것입니다.

우리말도 그렇지만 자주 쓰이고 익숙한 말들은 그 변화가 정말 무쌍합니다. 아마 자주 쓰기 때문에 한편으론 맛깔스럽게 말하려고 그리고 또 익숙함의 단조로움을 피하려고 불규칙 변화들이 난무亂舞하는지도 모르겠습니다. 헬라어의 호라오 동사도 그렇습니다. "보다"라는 의미를 전달하고 표현하는 아주 일상적인 말이라 문법 규칙을 통해서 그 원형을 찾기란 무척 어렵습니다. 옵세스테에서 그 원형인 호라오를 유추할 정도라면 보통 실력이 아니라고 할 수 있습니다.

이 호라오의 유명한 변화 중의 하나가 '오프테'(ὤφθη)입니다. 저는 헬라어를 배우는 학생 중에서 오프테를 보고 호라오를 찾아내는 학생을 본 적이 없습니다. 그 만큼 오프테는 그 원형인 호라오에서 멀리 떨어져 있습니다. 저 역시 원형을 찾을 수 없어서 사전에 나오는 변화형을 보고 암기했던 경험이 있습니다. 오프테의 문법적 성격을 분해하면 호라오의 "3인칭 단수, 단순과거형, 수동태"입니다. 그리고 그 의미는 "그가 보여졌다, 그가 나타났다"입니다. 이 말 속에서 여러분은 어떤 생각을 유추할 수 있습니까? 그렇습니다. 이 말은 신약성서에서 예수의 현현顯現을 표현할 때 쓰는 전문기술용어(terminus technicus)입니다. 다른 말로는 예수의 부활復活과도 관련이 깊은 말입니다. 예수의 (다시 사셔서) 나타나심은 "보는 것"이 아니라 "보이는 것"이라는 경외감과 신앙심의 표현이라고 볼 수도 있는 대목입니다. 보는 것은 주체의 의지가 있는 것이지만, 보이는 것은 주체의 의지와 상관없이 나타났기 때문에 보는 것이라는 의미도 담고 있는 표현입니다. 보려고 노력해서 본 것이 아니고 "나타났기 때문에 볼 수밖에 없었다"라는 말입니다. 신약성서는 이렇게 예수의 나타나심과 그의 부활을 호라오의 변형인 오프테를 통해서 말하고 있습니다.

만물이 다시 살아 움직이는 것을 본다는 이 봄에 여러분이 보는 것은 무엇이며, 여러분의 눈에 보이는 것은 어떤 것들 입니까? 또 우리가 볼 수 있는 것은 무엇이며, 볼 수 없는 것은 무엇입니까?

유레카? 휴레카 (εὕρηκα)

·····················

고대 그리스 작가로 역사적 인물들의 생애와 철학적 작품을 많이 남긴 플르타르크(Plutarch)는 유레카에 얽힌 아주 재미있는 일화를 전합니다. 기원전 약 2세기 경 어느 날 수학자이며 물리학자인 시라쿠스의 아르키메데스(Archimedes of Syrakus)가 옷도 걸치지 않은 채 갑자기 목욕탕에서 뛰쳐나오더니 소리를 지르며 거리를 질주했다는 좀 우스꽝스런 이야기입니다. 무슨 일인지 나체로 거리를 뛰어다니던 아르키메데스는 이때 "유레카!"를 외쳤다고 합니다. 도대체 무슨 일이 있었기에 아르키메데스는 이런 해괴한 일을 벌였으며, 유레카는 무슨 말이었을까요?

그 당시 아르키메데스는 여러 날 동안 해결하지 못한 어떤 문제로 제대로 씻지도 못한 채 골머리를 앓고 있었다고 합니다. 그러자 보다 못한 그의 제자들과 지인들은 그를 목욕탕에 집어넣었고 목욕 중에도 여전히 자신이 해결하지 못한 문제로 골똘하던 아르키메데스는 마침내 그동안 고민하던 문제의 실마리를 찾아냈다고 합니다. 너무 기쁜 나머지 그는 옷을 제대로 갖춰 입지도 않고 아니 그럴 겨를도 없이 목욕탕 밖으로 뛰쳐나갔다는 이야기입니다. 이 때 아르키메데스가 목욕탕에서 발견한 것은 부력의 원리라고 전해집니다.

그럼 그가 소리소리 외쳤던 유레카란 무슨 뜻일까요? 그 말뜻은 우리에게 너무나 잘 알려진 "나는 발견했다, 혹은 나는 찾았다"라는 말입니다. 요즘은 무슨 신비한 구호나 주문呪文처럼 들리기도 하지만, 이 말은 사실 일상에서 자주 들을 수 있는 아주 평범한 말입니다. 다만 그 의미가 색다른 것은 아르키메데스의 극적인 상황과 연결되어 인상적이기 때문에 그럴 것입니다. 사막의 오아시스에서 나오는 물 한모금과 수도꼭지에서 흘러나오는 물 한 모금은 천양지차이니까요. 그러나 여기서 이 유레카라는 말에 조금 교정을 가한다면, 아마 아르키메데스는 "유레카"라고 외쳤다기보다는 "휴레카"라고 했을 개연성이 크다는 점입니다.

헬라어에는 모음으로 시작하는 경우 그 모음 위에 숨표(spiritus)를 반드시 붙여야 합니다. 이때 강한 숨을 내쉬며 발음해야 하는 경우에는 스피리투스 아스퍼(spiritus Asper)라는 역방향의 숨표〈ʽ〉를, 약한 숨을 내쉬며 발음해야 할 경우에는 스피리투스 레니스(spiritus lenis)라는 순방향의 숨표〈ʼ〉를 모음의 위에 표기합니다. 약한 숨표가 나올 때는 모음 본래의 소리를 내지만, 강한 숨표가 올 때는 우리 말의 "ㅎ" 발음이 섞인 강한 소리를 내야 하는 것입니다. 따라서 유레카의 경우 헬라어로는 'εὕρηκα'입니다. 자세히 들여다보시면 이중모음 〈eu〉의 머리 위에 역방향의 강한 숨표 스피리투스 아스퍼 〈'〉가 표기된 것을 볼 수 있을 것입니다. 또 다른 하나는 〈´〉는 액센트입니다. 즉 εὕρηκα는 액센트를 주어 강한 숨을 내쉬며 "휴레카!"라고 발음해야 하는 것입니다. 유레카라고 발음하지는 않습니다. 이런 현상은 현대어인 프랑스어에서도 볼 수 있습니다. 프랑스어에서 '호텔'(hotel)은 '오텔'(hôtel)이라 발음합니다. 이것은 프랑스어의 〈h〉이 스피리투스 레니스가 있는 것처럼 약한 숨으로 발음하기 때문입니다. 그래서 유명한 '해리포터'(Harry Potter)도 프랑스에 와서는 '아리포터'가 되는 것입니다. 그러니 유레카가 아니라 휴레카가 더 맞는 발음일 것입니다.

　이렇게 발음이 와전된 대표적인 말 중의 하나가 바로 '알렐루야'(alleluia)입니다. 본래 알렐루야라는 말은 없었고 "야훼를 찬양하라, 하나님을 찬양하라!"라는 히브리어 '할렐루야'가 헬라어(ἀλληλουϊά)를 거쳐 라틴어로 넘어가면서 그렇게 바뀐 것입니다. 발음상 〈ha〉를 스피리투스 아스퍼를 사용하여 〈ἁ〉로 표현하는 헬라어가 라틴어로 넘어가면서 〈h〉로 바뀌지 않고, 알파벳 그대로 〈a〉로 넘어가면서 숨표를 사용하지 않는 라틴어의 〈a〉로 고착된 경우입니다. 그 결과 〈하〉가 〈아〉로 바뀌면서 '할렐루야'가 '알렐루야'가 되었습니다. 같은 의미이지만 헬라어에서 라틴어로 그리고 다시 영어로 넘어가면서 발음이 바뀐 경우입니다.

아르키메데스로부터 유명해진 이 동사 휴레카는 εὑρίσκω(휴리스코 혹은 호이리스코) 동사의 1인칭 현재완료입니다. 휴리스코가가 "나는 찾는다, 나는 발견한다, 나는 얻는다"라는 의미이니까 그 현재완료는 당연히 "나는 찾았다, 나는 발견했다, 나는 얻었다"가 되겠습니다. 아르키메데스의 경우처럼 간절히 찾는 자가 그 찾던 것을 마침내 찾고, 발견하고 얻을 수 있다는 약속을 신약성서 마태복음 7장 7절에서 찾아볼 수 있습니다. 마태복음의 전체적 맥락에서 마태복음은 예수의 첫 번째 설교인 산상설교(마태복음 5~7장)의 결론 부분에 위치합니다.

이 부분에는 유명한 주님이 가르쳐 주신 기도(Lord's Prayer)가 들어 있는 부분으로 이 7장 7절도 기도의 정신이 어떠한가를 명료하게 가르쳐 주는 가르침이 들어 있는 구절입니다. "Αἰτεῖτε καὶ δοθήσεται ὑμῖν, ζητεῖτε καὶ εὑρήσετε, κρούετε καὶ ἀνοιγήσεται ὑμῖν"(아이테이테 카이 도테세타이 휘민, 제티에테 카이 휴레세테, 크루에테 카이 아노이게세타이 휘민) 간간이 보이는 '휘민'(ὑμῖν)이라는 말은 2인칭 대명사로 복수 여격(dative)입니다. "너희들에게"라는 뜻이지요. 기도란 어때야 하는 것을 가르쳐 주는 이 문장에서 가장 중요한 것은 이 문장을 이끄는 3번에 걸친 명령법입니다. 이 문장에서는 단어의 끝에 〈-τε〉가 붙어 있는 꼴이 바로 2인칭 복수 인칭대명사 휘민, "너희들에게"와 상응하는 "2인칭 현재 복수 명령형"입니다. 즉 아이테이테, 제테이테, 그리고 크루에테를 말합니다. 각각의 의미는 순서대로 "(너희들은) 구하라! (너희들은) 찾으라! (너희들은) 문을 두드리라!"입니다. 기도하는 사람의 마음가짐과 자세를 가르쳐 주고 있습니다. 기도하는 사람은 모름지기 실망하지 않고 꾸준히 구하고, 찾고, 문을 두드리는 수고를 해야 한다는 것입니다. 어떻게 보면 기도만이 아니라 그 기도를 이루기 위한 행동이 수반되어야 함을 보여 주는 것 같기도 합니다.

아르키메데스가 씻지도 못한 채 자신이 해결하고자 하는 것을 찾기 위해 애쓰며 궁리하는 모습이 연상되지 않습니까? 이런 기도는 그 결과로 응당 "받을"($\delta o\theta\acute{\eta}\sigma\varepsilon\tau\alpha\iota$, 도테세타이) 것이고, "찾을"($\varepsilon\grave{\upsilon}\rho\acute{\eta}\sigma\varepsilon\tau\varepsilon$, 휴레세테) 것이고, "문이 열리는"($\grave{\alpha}\nu o\iota\gamma\acute{\eta}\sigma\varepsilon\tau\alpha\iota$, 아노이게세타이) 경험을 한다는 말입니다. 여러분은 바라고 소망하는 것들이 있나요. 한 번 열심히 구하시고, 찾아보시고, 문을 두드려 보시기 바랍니다. 정말 원하는 것을 받고, 찾으며, 문이 열리는 신기한 일이 생기기 않을까요? 여러분도 아르키메데스처럼 유레카! 아니 휴레카!를 외치지 않을까요?

봄, 에아르($\acute{\varepsilon}\alpha\rho$)

3

그리스도, 크리스토스 (Χριστός)

....

　'경마장 가는 길'이란 영화와 '우리는 지금 제네바로 간다'는 좀 지
난 우리나라 영화가 있습니다. 그러나 이 영화의 제목에서 '경마장'과
'제네바'가 한껏 부각되어 있음에도 이 영화들에서는 아이러니하게
경마장이 나오지 않고 제네바도 나오지 않습니다. '경마장 가는 길'이
란 영화는 하일지의 동명원작을 극화한 것인데 경마장이란 무라카미
하루끼가 『1Q84』에서 두 개의 달이 뜨는 세상에서 벌어지는 일을 묘
사한 것처럼 현실과 같은 하나의 '상상의 공간' 혹은 '소설적 공간'이
라고 할 수 있습니다. 경마장은 각축角逐이 벌어지지만 자유 할 수 없
는 폐쇄된 상실의 공간을 말합니다. '우리는 지금 제네바로 간다'에서
의 제네바도 이와 마찬가지로 상징적 공간입니다. 삶이 전쟁터일 수
밖에 없는 고단하고 참혹한 현실은 모든 분쟁과 갈등이 해결되고 해

소되는 곳을 염원할 수 있을 것입니다. 평화협상이 열리는 제네바가 바로 그런 곳이 될 수 있습니다. 그곳은 종전을 선언하고 화해와 상생의 삶이 시작되는 이상적인 도시인 것입니다. 그래서 이 두 영화에서는 제목에 명시적으로 강조되어 있는 경마장과 제네바를 영화 속에서 볼 수 없는 것입니다.

말을 바꾸어 만일 그리스도교에서 그리스도(Christ)가 없거나 기독교에서 기독基督이 없을 수 있을까요? 만일 그렇다면 이것은 모순이며, 가정 자체가 성립하지 않는 무의미無意味일 것입니다. 그러나 아이러니하게 그리스도와 기독은 무의미합니다. 아무 의미 없는 말입니다.

그리스도란 말은 헬라어 '크리스토스'(χριστός)를 한국어 발음으로 표기한 것입니다. 그리고 기독基督이란 말은 그리스도란 말의 중국어식 발음을 표기한 것입니다. 마치 알렉산더의 중국식 이름을 안력산安力山으로, 또 사무엘을 말하는 삼열三悅이나 다니엘을 말하는 단열端悅처럼 비슷한 소리를 내는 글자를 조합한 것일 뿐 그 어떤 특별한 의미를 갖고 있는 것은 아닙니다. 기독基督 혹은 그리스도라는 말은 모두 헬라어 크리스토스(χριστός)를 한자를 빌어서 그리고 우리말의 소리를 따라 단순히 표기한 것에 지나지 않습니다.

그러나 우리말에서만 그럴까요? 아쉽게도 헬라어 '크리스토스' 조차도 오늘날 많은 그리스도인들이 느끼는 것 같은 그런 심오한 의미가 있던 말은 아니었습니다. 이 말은 기독교가 세상에 처음 알려질 때

봄 . 에 아 르($\check{\epsilon}\alpha\rho$)
:

그러니까 약 2000년 전에 기독교와 함께 세상에 등장한 신조어입니다. 말하자면 기독교가 세상에 처음 태동할 당시에 그리스도, 기독이란 말이 없었다는 뜻입니다. 그렇다면 기독교에서 빼놓고 생각할 수 없는 이 그리스도란 말은 어떻게 생성되었을까요?

헬라어에서 군이 그리스도라는 말을 만들자면 그 말의 조어법을 다음과 같이 추정할 수 있습니다. χριστός(크리스토스)라는 말은 'χρίω'(크리오) 라는 동사가 명사, 형용사의 꼴로 바뀐 형태입니다. 이때 어미가 〈-ος〉라면 보통 남성 명사나 남성 형용사의 주격입니다. 헬라어 χρίω(크리오) 동사는 기본적으로 "뭔가를 바르다, 칠하다, 문지르다"라는 뜻을 갖고 있고, 여기에서 "기름을 칠하다, 기름을 바르다, 기름을 뒤집어쓰다"라는 의미로 확대하여 사용했던 말입니다. 이런 바탕으로부터 χριστός (크리스토스)라는 말은 사람을 의미하는 명사 형태이고, 그 뜻은 "기름칠해진 사람, 혹은 기름을 뒤집어 쓴 사람"이라는 뭔가 다소 어색한 의미의 신조어가 만들어질 수 있습니다. 별 대단한 뜻 없는 크리스토스라는 말은 당시의 사람들에게 그저 '기름칠해진 사람' 혹은 '기름 바른 사람'이란 뜻으로 생각할 수밖에 없습니다. 그리고 이런 의미는 오늘날과 마찬가지로 당시에도 뭔가 부정적 의미를 내비칠 수 있습니다. 여러분은 "기름칠을 했다" 혹은 "기름 발랐다"라는 말이 어떤 의미인지 대충 짐작하실 수 있을 것입니다.

그러면 어떻게 이런 다소 부정적 의미의 낯선 신조어가 그토록 중요하고 깊은 의미를 갖게 되었을까요?

이 실마리를 풀기 위해 가장 먼저 기록된 복음서로 알려진 마가복음 8장 29절을 보기로 하겠습니다. 이 구절에 보면 베드로가 했던 유명한 신앙고백이 나옵니다. "당신이 바로 그 그리스도이십니다"(σὺ εἶ ὁ χριστός, 수 에이 호 크리스토스). 베드로는 주저함 없이 예수를 '크리스토스'라고 고백하고 있습니다.

그러나 베드로가 가이사랴 빌립보에서 예수의 정체성을 고백하며 크리스토스라고 말했을 리는 없습니다. 왜냐하면 유대인인 예수와 그의 제자들이 헬라어로 대화하지는 않았을 것이기 때문입니다. 베드로는 당연히 자신의 모국어인 히브리어나 당시의 팔레스틴에서 상용하던 아람어로 "당신은 메시아(아람어로는: 마르)이십니다"라고 고백했을 것입니다.

그렇다면 메시아란 무엇입니까? 베드로에게 아니 예수의 제자들과 당시 유대 민족에게 '메시아'란 '꿈에 그리던 사람'을 말합니다. 더구나 베드로가 살던 당시의 현실에서는 로마제국의 압제에서 이스라엘 민족을 해방시킬 구원자라는 의미도 강하게 내포하고 있습니다. 흡사 우리나라가 일제 강점기를 지내면서 해방을 갈망하듯이 그런 해방을 가져올 지도자를 말할 수도 있습니다. 그런 의미에서 메시아는 내가 오매불망 꿈꾸던 그 사람, 내가 그리던 나라를 가져다 줄 지도자(왕)이며, 내가 드리는 예배를 완성할 사람(제사장)이며, 나의 신앙을 지도하는 멘토(예언자)를 말합니다. 베드로는 예수께 당신이 바로 그런 분입니다 라는 고백을 한 것입니다. 그런데 이 메시아는 구약성서와

봄. 에 아르(ἔαρ)

유대의 전통에 따르면 머리에 기름을 붓는 예식을 통해서 인정받습니다. 그래서 이 '기름 부음 받은 자'를 뜻하는 메시아란 말이 예수의 부활 이후 태동된 교회가 복음을 그리스-로마 세계로 전파할 때, "기름 바른 사람, 기름을 칠한 사람"이라는 뜻의 '크리스토스'(χριστός)라는 말로 번역되어 전해지게 된 것입니다.

"기름칠을 하다"라는 단순한 의미를 가진 χρίω(크리오)에서 작위적으로 파생된 '크리스토스'라는 말은 당시 그리스-로마 사람들에게 얼마나 의미 없고 낯설게 다가왔을까요? 그러나 '크리스토스'라 불리는 예수의 인격과 삶을 만났을 때 그들은 점차 그리고 비로소 그 말이 가진 깊고 중요한 의미를 깨달았습니다. '크리스토스'는 무의미한 삶에 의미를 주는 놀라운 이름이었던 것입니다. 이 이름은 2000년이 지나서 우리에게 '그리스도' 혹은 '기독'이라는 말로 다가왔을 때, 우리 역시도 이 말은 아주 낯설고 무의미한 외국어였을 것입니다. 하지만 '그리스도'(χριστός)는 그리고 '기독'基督은 우리에게도 "꿈에 그리던 그분"으로 다가올 수 있습니다. 의미를 찾지 못하는 우리의 삶에 새로운 의미를 줄 수 있습니다. 왜냐하면 그리스도는 베드로처럼 "당신이 바로 그 그리스도이십니다"(σὺ εἶ ὁ χριστός, 수 에이 호 크리스토스)라고 고백하는 사람들을 믿음과 신앙으로 인도할 뿐 아니라, 우리를 다스리시며, 또 우리를 그의 영원한 나라로 데려갈 분이시기 때문입니다.

복음, 유앙겔리온 (εὐαγγέλιον)

....

　1995년 만화왕국 일본의 한 애니메이션 제작사인 가이낙스(GAINAX)
가 제작하여 세계적인 선풍을 일으키고 사회적 현상의 하나로 번지기
도 한 '신세기 에반겔리온'(Neon Genesis Evangelion, 약어로 에바
[Eva]로 칭하기도 함)이라는 작품이 있습니다. 이미 제목에서 드러나
는 '제네시스', '에반겔리온' 이라는 용어에서 읽어낼 수 있듯이 이 애
니메이션의 줄거리나 등장하는 소품들은 성경적, 기독교적 세계관과
많이 잇대어 있습니다.

　실지로 이 애니메이션에서는 기독교의 초기 발생 과정을 연구하는
데 중요한 사료인 '사해문서'를 종말론적 프로그램이 담긴 예언서로
설정하여 신비감을 주기도 하고, 신의 메신저인 천사(angel), 즉 '사
도'들이 매회 등장하여 어떤 메시지를 주는가 하면, '아담'과 '이

브'(독일식 발음 '에바') 라는 이름을 매개로 하여 구약성서 창세기 (이 또한, Genesis)의 창조 이야기와 결부된 듯 한 묘한 여운을 유발하고 있습니다. 이런 구성 중에서 가장 흥미 있는 부분은 사춘기의 소년, 소녀와 합체하여(synchronization) 작동된다는 휴머노이드형 거대 로봇의 이름이 에반겔리온이라는 것입니다. 왜냐하면 에반겔리온은 기독교의 특징을 요약하고 대변하는 핵심어이기 때문입니다.

일본의 애니메이션 제작사가 기독교의 본질을 말하는 에반겔리온을 빌려 썼듯이 사실 이 말이 처음부터 기독교를 상징하는 그런 말은 아니었습니다. 이 말의 역사적 변천을 잠시 살펴보면 애초에는 헬라어 '유앙겔리온'(εὐαγγέλιον)에서 유래합니다. 이 유앙겔리온이 라틴어로 번역되어 넘어가면서 '에반겔리온'(evangelion)이 되고, 다시 영어로 바뀌면서 evangelism(에반젤리즘)이 되었습니다. 영어에서 evangelism은 복음, 복음전도, 복음주의 등의 의미를 갖습니다. 복음이란 글자 그대로 복된 소식, 기쁜 소식(Good News)을 말합니다.

그러나 2000년 전 기독교에서도 세간世間에서 사용하던 이 말을 빌려왔을 때 유앙겔리온이 꼭 그런 뜻만 가지고 있었던 것은 아닙니다. 유앙겔리온이라는 말을 자세히 들여다보면, 먼저 접두어 '유'(εὐ)라는 말과 사신, 메신저를 뜻하는 '앙겔로스'(ἄγγελος)가 서로 결합된 형태라는 것을 알 수 있다.

그러니까 고대 그리스에서 이 말은 글자 그대로 "기쁜 소식을 전하는 자"로부터 오는 "기쁜/좋은 소식"이라는 것을 알 수 있습니다. 그래서 고대 그리스에서도 이 말은 호메르(Homer)이래 "행복, 기쁨을 가져다주는 소식" 혹은 "그에 걸맞는 대가나 감사의 대가"라는 의미로 사용되었습니다. 더 구체적인 예로는 고대 그리스의 희극작가 아리스토파네스(Aristoohanes)의 글을 보면 어떤 소세지 장수가 파격세일을 한다는 유앙겔리온을 전하는 얘기가 나오는가 하면, 어떤 집에 기쁜 소식을 전해준 사람이 수고비로 후한 삯(유앙겔리온)을 받았다는 기록들도 있습니다.

이런 모든 경우를 통틀어 생각해 보면 에반겔리온의 본딧말인 유앙겔리온은 누구나 들었을 때 좋은 소식이라는 말입니다. 누구나 들었을 때 기쁘고 좋은 소식이란 이 말은 동양의 한자 문화권에는 복된 소식, 복음福音이라는 말로 번역되었습니다.

다양한 27권의 책으로 구성되어 도서관으로도 불리는 신약성서의 제일 앞에 편집되어 놓인 4권의 책은 그 장르를 복음서라고 부릅니다. 그 이유는 기독교에서 제일 기쁘고 복된 소식은 다름 아닌 예수 그리스도이기 때문입니다. 그분의 말과 행동이 복음이며, 그분의 소식을 널리 전하는 것이 복음이기 때문입니다. 실제로 예수의 첫 번째 활동과 선포도 바로 복음을 전하는 것이었습니다. 4권의 복음서 중에서 순서로는 두 번째에 있지만 가장 먼저 쓰인 것으로 알려진 마가의 복음에서는 예수의 등장을 소개하는 서두에서 이렇게 전합니다.

1장 14절의 하반절입니다. "예수께서 갈릴리에서 오셔서 하나님의 복음을 전파하셨다."(ὁ Ἰησοῦς εἰς τὴν Γαλιλαίαν κηρύσσων τὸ

봄, 에아르(ἔαρ)
:

εὐαγγέλιον τοῦ θεοῦ, 호 예수스 에이스 텐 갈릴라이안 케류손 토 유앙겔리온 투 테우) 가장 먼저 기록된 복음서가 예수께서 이 땅에서 가장 먼저 한 활동이 하나님의 복음을 전하는 것으로 소개한 것이 참 인상적입니다.

이 복음에 관하여 바울은 기원후 1세기 로마에 세워진 교회에 보낸 편지(로마서라고 부른다) 1장 16절에서 "내가 복음을 부끄러워하지 아니하노니 이 복음은 모든 믿는 자에게 구원을 주시는 하나님의 능력이 된다"고 말합니다. 그런데 바울이 복음이 하나님의 능력이라고 말하는 것은 무엇을 말하는지 어느 정도 이해할 수 있지만, 그가 동시에 복음을 부끄러워하지 않는다고 한 말은 이해가 잘 되지 않습니다.

복음을 부끄러워하지 않는다는 말은 무슨 의미일까요? 자기는 그렇지 않지만 복음을 부끄러워하는 사람이 있다는 말이 아닐까요? 그리고 복음이란 뭔가 부끄러운 것과 결부된 뭔가가 있다는 말은 아닐까요? 충분히 가능한 추정입니다.

바울이 로마서를 쓸 무렵 기독교는 아직 소수 종파인 섹트에 머물러 있었습니다. 더구나 복음의 핵심이며 본질을 예수 그리스도라고 했을 때, 예수는 어찌 보면 당시 세계제국을 지배하는 로마에 의해서 교수형을 당한 사람이었습니다. 예수를 전한다는 것이 부끄러울 수도 있는 상황이었을 것입니다.

그러나 이 구절에서 바울에게는 그 방점이 복음을 부끄러워하느냐

마느냐에 있는 것이 아니라 복음이 하나님의 능력이라는데 찍혀 있습니다. 이 구절만 헬라어로 따오면 "δύναμις γὰρ θεοῦ ἐστιν"(뒤나미스 가르 테우 에스틴)입니다. '뒤나미스'(δύναμις)는 후에 다이나마이트라는 말로 바뀌는 헬라어입니다.

여러분은 다이나마이트의 굉장한 힘과 파워를 잘 아실 것입니다. 그 원형이 뒤나미스입니다. '가르'(γὰρ)는 "이유나 원인"을 설명하는 접속사입니다. 따라서 이 문장을 다시 해석하면 "왜냐하면 그것은(즉 복음은) 하나님의 힘/능력이기 때문입니다."라는 의미인 것입니다.

우리는 위에서 일본의 애니메이션 에방겔리온 이야기를 잠깐 했습니다. 거대 휴머노이드인 에방겔리온은 자신을 조종하는 소년, 소녀들과의 싱크가 극대화되었을 때 최고의 힘과 능력을 발휘할 수 있습니다. 여러분에게 에방겔리온 아니 유앙겔리온은 어느 정도 싱크가 되어 있습니까? 만일 여러분이 이 유앙겔리온, 복음과 최대의 싱크가 되었다면 여러분에게서는 하나님의 힘과 능력이 나타날 것입니다. 왜냐하면 유앙겔리온은 하나님의 뒤나미스이기 때문입니다.

봄. 에아르(ἔαρ)
:

고난, 파토스 (πάθος)

·····································

고대 헬라 철학에 나오는 중요한 용어 중에 αἴτιον(아이티온)과
παθητόν(파테톤)이란 말이 있습니다.

이 말은 특히 플라톤의 티마이오스(Timaeus)에서 우주의 생성과
구성을 이원론적으로 설명할 때 사용되는 말입니다. 이 말은 또한 플
라톤의 티마이오스에서 구상한 철학을 바탕으로 구약의 창세기를 주
해하며 "세상의 창조에 관하여"(De opificio mundi)를 쓴 알렉산드리
아의 필로(Philo of Alexandria)가 차용해서 쓴 말이기도 합니다.
αἴτιον(아이티온)과 παθητόν(파테톤)은 쓰임에 따라 그 해석을 "원인
과 결과" 또는 "능동과 수동"이라고 번역합니다.

풀어서 말하면 "움직임을 주는 스스로 존재하는 것과 움직임을 받
는 스스로 존재하지 않은 피조된 것"이라 할 수 있습니다. 세상과 물

질의 기원과 그 생성을 이야기할 때 빠뜨릴 수 없는 말들입니다. 이 중 수동의 의미를 갖는 παθητόν(파테톤)이란 말은 우리가 다루려는 파토스(πάθος)와 같은 어근 ⟨παθ⟩를 갖고 있습니다. 사실 이 어근을 가지고 있는 말들은 "갑자기 닥친 불행, 원치 않던 일, 고난"이라는 의미를 가지고 있고 그 원형이 πάσχω(파스코)입니다.

파스코는 "압력을 받다, 부담이 되다, 참다, 고통을 지다"라는 뜻으로 그 자체에 수동의 의미가 많이 들어 있습니다. 즉 외부, 외계外界로부터 받는 "영향, 경험, 느낌"을 표현합니다. 파토스는 바로 이런 동사의 명사 형태입니다. 그래서 자연스레 외부나 외계로부터 오는 감정, 느낌, 정서를 대신하는 말로 쓰입니다.

아리스토텔레스도 수사학에서 사람을 설득하는 요소로 파토스를 중요하게 강조합니다. 때론 논리(λόγος, 로고스)보다도 서로 공감하고 동감하는 정서적 공유가 사람을 설득할 때 더 중요한 요소가 될 수 있습니다. 파토스란 정말 우리의 오감五感이 외부로부터 인식하는 가장 기본적인 정보의 총체일 수도 있기 때문입니다. 라틴어에서 이 파토스의 동의어는 파시오(passio)입니다. 그리고 영어로는 우리가 잘 아는 passion(패션)이 됩니다. 영어의 passion은 고난, 고통이라는 뜻뿐 아니라 열정으로 더 많이 알려져 있습니다. 이것은 아마 고난도 두려워하지 않는 것이 열정이라는 뜻으로 이해해도 될 것 같습니다.

고난, passion이라는 말은 기독교에서 아주 익숙한 말입니다. 모든 그리스도인들은 고난을 두려워하지 않고 또 열정의 사람들이기 때문입니다. 기독교에서 passion의 이런 이미지가 강한 것은 바로 예수 그리스도 때문이기도 합니다. 예수 그리스도야 말로 고난받는 자의 대명사입니다. 그분의 삶 자체가 고난입니다.

따라서 성경, 특히 복음서에서 예수 그리스도의 고난(the passion of Jesus Christ)이란 그의 전 생애, 그리고 특히 그의 십자가와 죽음을 모두 포함합니다. 신약 성서 중에서 그 배경에 고난을 깔고 있지 않은 성경이 없지만 히브리서의 공동체, 즉 히브리서의 수신자들은 특별한 고난과 핍박의 상황에 직면한 공동체로 알려져 있습니다.

히브리서에 난해구절인 두 번째 회개의 불가능성(6:4~6)과 모임에 불참하는 것(10:25)에 대한 혹독한 비난은 고난 앞에 선 공동체가 두려움 때문에 신앙을 버리고 배교하는 일이 성행했다는 반증이 되기도 합니다. 이때 히브리서의 저자는 신약성서 그 어디에서도 예수께 부여하지 않았던 호칭인 '대제사장'을 예수께 적용하며 예수의 대리적, 대속적 고난과 죽음을 신자들의 모범으로 강조합니다. 십자가를 지고 고난을 통과하신 영원한 대제사장 예수를 바라보라는 것입니다!

결론적으로 히브리서의 저자는 마지막 13장 12절에서 예수의 고난을 이렇게 정리합니다. "그러므로 예수께서도 자기의 피로 백성을 거룩하게 하시려고 성문 밖에서 고난을 받으셨습니다"(Διὸ καὶ Ἰησοῦς, ἵνα ἁγιάσῃ διὰ τοῦ ἰδίου αἵματος τὸν λαόν, ἔξω τῆς πύλης ἔπαθεν, 디오 카이 예수스, 히나 하기아세 디아 투 이두 하이마토스 톤 라온, 엑소 테스 퓔레스 에파텐) 문장이 길기 때문에 우리가 관심하는 제일 뒷

부분만 보겠습니다. 바로 "ἔξω τῆς πύλης ἔπαθεν."입니다. 그리 어렵지 않은 간단한 문장입니다.

먼저 엑소(ἔξω)는 "밖 혹은 바깥"이라는 장소에 관한 부사입니다. 그리고 퓔레스(πύλης)는 짐작하셨듯이 "문, 대문, 성문, 출입문"등의 의미를 가진 명사 퓔레(πύλη)의 2격인 속격의 형태입니다. 그리고 마지막에 나온 단어가 에파텐(ἔπαθεν)입니다. 이 에파텐에 들어 있는 어근 ⟨παθ⟩에 주목하시기 바랍니다. 접두어와 접미어 등으로 변형되었지만 에파텐은 "고난을 당하다, 고난을 받다"를 뜻하는 πάσχω(파스코)의 단순과거형입니다. 단순과거형은 역사적, 일회적으로 발생한 사태나 사건을 진술할 때 사용하는 과거형입니다. 그래서 이 문장만 놓고 단순하게 해석을 시도하면 이 문장은 "(성)문 밖에서 그가 고난당했다"라고 번역할 수 있습니다.

누구나 고난당하는 것을 싫어할 것입니다. 하지만 때로 고난은 사람을 깊이 있게 인생을 관조할 수 있게도 합니다. 때로 어떤 의미가 있을 수도 있습니다. 문장이 다소 길고 우리가 다루지 않은 부분들도 있지만, 이 문장의 앞부분이 예수의 고난이 가지는 의의와 의미를 설명합니다. 예수께서 자기의 피로, 즉 죽음으로 백성을 거룩하게 하시려고 그렇게 하셨다는 것입니다. 그러므로 예수를 좇는 자들은 고난을 두려워해서는 안 될 것입니다. 오히려 히브리서 저자의 마지막 당부와 권고처럼 "우리도 그의 치욕을 짊어지고 영문 밖으로 그에게 나아가자!"(히 2:13)

십자가, 스타우로스 (Σταυρός)

···

2017년은 종교개혁 500주년을 기념하는 해였습니다.

그럼에도 한국의 교회에서는 종교 개혁자들의 기본정신과 역행하는 여러 가지 부끄러운 일들이 벌어졌습니다. 아마도 그런 이슈 중에서 가장 큰 사건은 그해 연말에 단행한 대표적 대형교회의 목회 세습일 것입니다. 신앙과 교회의 본질과 근본에서 벗어난 많은 일들이 자행되고 있는 부끄러운 시대에 살고 있는 것이 우리들의 현실입니다.

그러나 종교 개혁자들은 당시 가톨릭교회가 신앙의 본질과 근본에서 어긋나고 타락의 일로一路에 있자 고난을 자처하며 목숨도 아끼지 않았습니다. 기독교의 진리를 바로 세우기 위해서 싸웠습니다. 그때 그들은 "오직 십자가만이 우리의 신학이다"(crux sola est nostra theologia, 크룩스 솔라 에스트 노스트라 테올로기아)라고 주장했습니다. 기독교의 본질로 돌아가려고 애썼던 그들이 "오직 십자가"를 말한 것은 십자가가 기독교의 상징이며 바로 교회의 상징이었기 때문입니다.

십자가는 또한 그 위에 달리신 예수의 고난을 기억하게 합니다. 예수의 고난에서 보듯이 십자가는 죽음과 부활이 교차하는 신비로운 의미를 지니기도 합니다. 나무가 서로 가로지른(cross) 형태를 표현하는 십자가十字架를 헬라어로는 '스타우로스'(σταυρός)라고 합니다. 원래 스타우로스라는 말은 나무가 엇갈린 모양을 표현하는 말은 아니었습니다. 그저 담이나 울타리를 만들려고 열 지어 땅에 박아두었던 나무 등속을 표현하는 말이었습니다.

그래서 십자가, 스타우로스로에서 파생된 동사 스타우로에인(σταυρόειν)에도 우리가 알듯이 "십자가에 매달다" 혹은 "십자가에 못 박다"라는 뜻보다는 "울타리를 치다" 또는 "땅에 박아 세워두다"라는 뜻이 더 알맞습니다.

그런데 이 말이 "십자가에 사람을 매달다, 십자가형을 처하다"라는 뜻으로 그 쓰임새가 바뀌게 됩니다. 자연스런 의미 변화라고 할 수 있습니다. 왜냐하면 나무에 사람을 매달아 죽이는 형벌에서 충분히 그런 의미의 확대를 연상할 수 있기 때문입니다. 사람을 매달거나 걸어 놓아 죽이는 형벌은 제일 처음 페르시아에서 시작되었다고 합니다.

그러나 이 형벌은 너무나 잔혹하고 처참하여 중죄인을 다루거나 피지배국에 강한 공포를 유발할 필요가 있을 때 사용되었다고 합니다.

봄. 에아르(ἔαρ)
:

그리고 이런 필요성은 시대를 넘어 그리스와 로마로 이어져 내려왔습니다. 십자가형의 잔혹성과 처참함 때문에 예수 당시 로마에서도 역시 중죄인과 노예에게만 십자가형을 받게 했고, 사람들은 십자가라는 말을 입에 올리는 것조차 수치스럽고 부끄러운 일로 여겼습니다.

이런 맥락에서 바울은 고린도전서 1장 23절에서 "십자가에 못 박힌 그리스도를 전하니 유대인에게는 거리끼는 것(σκάνδαλον, 스칸달론)이요 이방인에게는 미련한 것"이라고 말한 배경을 잘 이해할 수 있습니다. 당시 십자가에 달린 예수를 전한다는 것은 정말 '거리끼는 것'이며, '시험'이요 '덫'인 스칸달론에 해당하는 것이었습니다. 다시 말해서 오늘날 우리가 부끄러운 추문이라고 하는 '스캔들'이었던 것이다. 더욱이 유대인들에게 십자가는 아니 그 원형이었던 나무에 매달린 형벌에 관련된 일과 사람은 더 거리끼는 것이었습니다.

왜냐하면 그들은 이미 구약성서 에스더 7장 9절을 통해 유대인들을 몰살시키려고 모함했던 하만이 나무에 매달려죽은 것을 알았고, 신명기 21장 23절을 통해서는 나무에 달린 사람은 하나님의 저주를 받았다고 들었기 때문입니다. 이런 전이해 속에서 십자가에 달린 예수는 나무(ξύλον, 쑬론)에 달려 죽은 자에 다름 아니기 때문입니다. 그러나 십자가는 하나님의 역설(paradox)이 있는 곳입니다. 베드로(행 5:30)와 바울이(행 10:39) 사도행전에서 설교하듯이 나무에 달아 죽인 예수를 하나님은 살리셨던 것입니다. 그래서 이제는 입에 담기도 꺼리고 부끄럽게 여기는 십자가가 오히려 기독교와 교회의 상징일 뿐만 아니라 사람을 살리는 병원의 표지로, 여러 나라들의 국기로 그리고 예수를 사랑하는 사람들의 신앙의 징표로 사용되고 있는 것입니다.

　교회의 핵심에는 늘 십자가가 놓여 있어야 할 것입니다. 그리스도인이란 예수를 따르는 예수인이며, 바로 십자가의 사람들이라고 할 수 있습니다. 해마다 봄이 오면 교회에서는 예수의 고난과 십자가를 40일간 묵상하며 금욕의 시간을 갖는 사순절四旬節을 지킵니다. 성경은 십자가에서 죽었다는 말을 달리 나무에서 죽었다고도 합니다. 나무木에서 죽었다死는 말은 목사木死했다는 말입니다. 정말 이 시대의 목사牧師는 목사木死여야 할 것입니다. 그곳에서 하나님의 신비와 기적이 일어날 것입니다. 십자가는 죽음을 통과하여야 부활이 있음을 적나라하게 보여주는 표식입니다. 종교개혁의 아버지 마르틴 루터(Martin Luther)는 죽기를 각오하고 "때에 따라서는 황제와 국가의 명령보다도 하나님의 명령을 먼저 따라야 할 때가 있다"고 말했습니다. 그가 죽기를 각오했을 때 종교개혁을 이룰 수 있었던 것입니다. 우리는 아직도 종교 개혁자를 필요로 합니다. 개신교회改新敎會는 늘 개혁되어야 한다는 "Ecclesia semper reformanda est"(에클레시아 셈페르 레포르만다 에스트)라는 경구가 있습니다. 교회는 어떻게 날마다 개혁될 수 있겠습니까? 자기 십자가(스타우로스)를 지고 나무(쑬론)에서 죽기를 각오한 사람들이 가득할 때 그렇게 될 수 있을 것입니다.

부활, 아나스타시스 (ἀνάστασις)

···

   동유럽과 러시아에서 가장 선호하는 여자의 이름을 꼽는다면 주저
없이 '소피아'(Sofia 또는 Sophia)와 '아나스타시아'(Anastasia)를 들
수 있을 것입니다.

   중세 때부터 지금까지 여전히 그 인기가 식지 않은 이 유명한 이름
은 그 유래를 헬라어에서 찾을 수 있습니다. 소피아라는 이름은 많은
사람들이 사용하고 있어 그 뜻이 '지혜'라는 것을 모르는 사람이 거의
없을 듯합니다. 그러나 아나스타시아라는 이름의 뜻을 아는 사람은
별로 많지 않을 것입니다. 아나스타시아는 '부활'이란 뜻입니다. 당연
히 기독교에서 말하는 부활, 예수의 부활을 말합니다. 10월 말과 11월
초쯤 태어난 서양의 남자 아이들에게 마르틴(Martin)이라는 이름을
많이 지어주는 것처럼, 아나스타시아란 이름은 아마 부활절 전후나

성탄절 전후로 태어난 여자아이들에게 많이 지어주었을 것입니다. 그렇습니다. 아나스타시아란 기독교의 대표적인 이름 중 하나입니다.

그럼 이 아나스타시아가 어떤 헬라어로부터 왔는지 한번 살펴보겠습니다. 그리고 기독교에서, 성경에서 말하는 부활의 원초적인 의미와 기원에 대해서도 한번 생각해 보겠습니다. 신약성서의 4번째 복음서인 요한복음 11장 25절에 이런 구절이 있습니다. "나는 부활이요 생명이다."(ἐγώ εἰμι ἡ ἀνάστασις καὶ ἡ ζωή, 에고 에이미 헤 아나스타시스 카이 헤 조에) 이 말이 나온 배경은 예수의 절친이었던 나사로라는 사람의 죽음과 관계가 있습니다. 나사로에게는 마르다와 마리아라는 두 누이가 있었는데, 마르다는 오라비 나사로의 죽음을 목도하며 만일 예수께서 나사로의 곁에 계셨다면 자기의 오라비 나사로가 그렇게 쉬 죽지는 않았을 것이라는 확신을 갖고 있었습니다. 그래서 간절히 예수를 찾았지만 결국 오라비가 이미 절명한 후에야 예수를 만나게 되었습니다.

그녀는 서러운 마음에 울음을 터뜨립니다. 이때 오라비의 죽음을 애도하며 통곡하는 마르다에게 예수께서는 "나는 부활이요 생명"이라고 말씀하시며 그녀를 위로하고 동시에 자신을 계시啓示하십니다. 이 예수의 말씀 안에 나오는 부활이란 말의 헬라어 '아나스타시스'(ἀνάστασις)가 아직도 서양에서 여자의 이름으로 많이 사용하는 아나스타시아의 원형입니다. 아나스타시스는 '안이스테미'(ἀνίστημι)라는 동사의 명사 형태로 그 뜻은 "일어서다, 일어나다, 잠에서 깨다"입니다.

사실 안이스테미의 이런 기본적 의미에는 여러분이 보시듯이 부활이라는 의미가 아예 들어 있지 않습니다. 그러면 어찌된 일일까요? 단순히 "일어서며, 잠에서 깨어 일어나다"라는 이 말이 어떻게 "부활하다, 다시 살다"는 의미로 전이되었을까요?

그러나 이런 현상은 의미의 전이로 보기보다는 그 단어가 사용된 문맥 속에서 의미를 결정해야 한다고 보는 것이 정확할 것입니다.

그럼 이제 문맥을 통해 어떤 경우에 "일어나다" 혹은 "부활하다"로 결정해야 하는가 한번 보겠습니다.

먼저 누가복음 11장 7절로 가볼까요. 누가복음은 사도행전과 짝을 이룬 성경으로 사도행전은 누가복음의 속편입니다. 지금은 비록 누가복음과 사도행전 사이에 요한복음이 끼워져 있어 마치 다른 두 권의 책으로 보이지만, 원래 누가복음과 사도행전은 한 권의 책이었습니다. 아마 사도행전이 형식과 내용이 복음서라는 장르와는 달라서 분리된 후 편집되었을 것입니다.

어쨌든 이 누가복음 11장 7절은 마태복음의 산상설교山上說敎와 같은 문맥 속에 자리잡고 있습니다. 신약성서를 연구하는 학자들은 마태복음의 산상설교와 그 구성 그리고 내용이 유사한 누가복음의 이 부분을 마태복음의 산상설교와 비교해서 평지설교平地說敎라고 부릅니다. 다시 말해서 같은 내용이 산상山上에서, 그리고 장면과 배경을 바꿔 평지平地에서 전해졌다는 것입니다.

마태의 산상설교와 마찬가지로 누가의 평지설교에서도 이 부분의 주제는 기도입니다. 우리는 앞 장에서 휴레카를 다룰 때 기도의 속성을 잠깐 살펴보았었습니다. 누가복음 11장 7절에서도 기도는 실망하지 말고 꾸준히 문을 두드릴 때 문이 열리는 응답을 받는 다는 교훈을 주고 있습니다. 이미 밤이 늦어 친구가 잠자리에 들었지만 거듭 간청하면 친구가 문을 열고 그 청을 들어주지 않을 수 없다는 비유입니다.

친구는 먼저 이렇게 말할 수 있습니다. "나를 괴롭게 하지 말라 문이 이미 닫혔고 아이들이 나와 함께 침실에 누웠으니 일어나 (ἀναστὰς, 아나스타스) 네게 줄 수 없노라." 여기서 잠자리에 누웠다가 그저 단순이 "(다시) 일어나다"란 말을 안이스테미로 쓰고 있는 것을 볼 수 있습니다. 이 비유에서 아나스타스는 안이스테미의 분사의 형태입니다.

그러나 이 말은 위에서 설명한 것같이 죽은 자와 관련된 문맥에서 사용된다면 죽음에서 다시 일어나는 것이 되기 때문에 당연히 그저 "일어나다, (다시)일어나다"의 의미가 아니라 "다시 살았다, 부활하다"의 뜻이 되는 것입니다.

그 예도 한번 살펴보겠습니다. 누가복음 8장 49절 이하를 보면 예수께서 12살 난 어린 소녀를 살리는 장면이 나옵니다. 예수께서는 이미 죽어 누워 있는 12세의 어린 소녀를 향해서 "아이야 일어나라!"고 명령하셨고, 이어지는 누가의 설명에 따르면 "그 영이 돌아와 아이가 곧 일어났다"(καὶ ἐπέστρεψεν τὸ πνεῦμα αὐτῆς καὶ ἀνέστη, 카이 에페스트렙센 토 프뉴마 아우테스 카이 아네스테) 고 전합니다. 이때 죽음으로부터 "일어났다"고 할 때 쓴 아네스테가 안이스테미의 3인칭 단순 과거형으로 "(곧) 일어났다"라는 뜻입니다.

그런데 죽음으로부터 (다시) 일어났기 때문에 "다시 살아났다" 라는 부활의 의미로 봐야 할 것입니다. 이것은 우리가 위에서 다룬 나사로의 경우도 마찬가지입니다. 요한복음 11장 22절에서 예수 께서 마르다에게 "네 오라비가 다시 살리라"(ἀναστήσεται ὁ ἀδελφός σου, 아나스테세타이 호 아델포스 수)라고 하셨을 때 나오는 아나 스테세타이(ἀναστήσεται, 안이스테미의 미래)는 이미 죽은 지 나흘이 지난 나사로의 (다시) 일어남을 말하기 때문에 그의 부활을 말하는 것입니다.

그러나 여기서 조금 깊이 생각해야 할 것이 있습니다. 우리는 통상 죽었다 다시 살아나면 부활復活이라는 말을 씁니다. 위의 12살 난 여자 아이의 다시 살아남이나 죽은 나사로의 다시 살아남에 대하여 거침없 이 부활이라 칭합니다. 그러나 이 두 사람이 다시 살아난 것을 부활이 라 부르기에는 기독교 신학에서 말하는 부활의 본디 의미와 큰 거리가 있다고 할 수 있습니다. 이 경우는 소생蘇生이나 회생回生이라고 하는 것이 더 맞을 것입니다. 기독교에서 말하는 부활의 참 의미는 자기 오 라비의 죽음에 관하여 예수와 대화하던 마르다의 말 속에서 찾을 수 있 습니다. 다시 나사로의 소생 이야기를 살펴보면, 마르다는 24절에서 "마지막 날 부활 때에 그가 다시 살아나리라는 것은 내가 압니다"라 고 말하고 있습니다.

그렇습니다. 기독교에서 말하는 부활이란 원래 마지막 날(ἐν τῇ ἐσχάτῃ ἡμέρᾳ, 엔 테 에스카테 헤메라)에 일어나는 종말론적 사건을 말합니다. 바울이 유럽(그리스)전도 중에 세운 데살로니가에 세운 교회에 보낸 편지에 보면 "우리가 예수의 죽었다가 다시 사심(ἀνέστη, 아네스테)을 믿을진대 이와 같이 예수 안에서 자는 자들도 하나님이 저와 함께 데리고 오시리라"라고 쓰여 있습니다. 다시 말해서 죽은 자의 부활이란 하나님이 개입하시는 마지막 때에 있을 일이라는 것입니다. 그래서 예수의 부활에 관해서도 초기 기독교의 설교를 담고 있는 사도행전 2장 32절에 보면 "이 예수를 하나님이 살리셨다"(τοῦτον τὸν Ἰησοῦν ἀνέστησεν ὁ θεός, 투톤 톤 예순 아네스테센 호 테오스"라고 하는 것입니다.

기독교에서 봄은 부활의 계절입니다. 만물이 다시 소생하며 부활의 첫 번째 열매가 되신 예수를 기리는 절기도 들어 있습니다. 죽은 돌맹이와 같은 계란에서 새 생명이 살아나오듯이 마지막 날에 예수 안에서 새 생명으로 다시 사실 여러분들을 축복합니다!

봄. 에아르(ἔαρ)
:

8

사랑, 아가페 (ἀγαπή)

....

이 세상에서 가장 아름다운 말이 있다면 그 말은 아마도 '사랑'이 아닐까요?

이 말은 어떤 경우 자주 꺼내 놓지 않아서 그렇지 꺼내놓기만 한다면 누구의 마음이라도 녹일 수 있는 마법의 말일 것입니다. 물론 우리와 정서가 조금 다른 서양에서는 이 말을 꼭 가슴속에 담아두고 있다기보다는 입 밖으로 자주 표현하는 것 같기도 합니다. "I love you"(아이 러브 유)와 "Ich liebe dich"(이히 리베 디히) 그리고 "Je t'aime"(즈템무), 심지어 "Te amo"(떼 아모)나 "ti amo"(띠 아모)까지 그리 낯설게 들리지 않는 까닭입니다. 뭐 서양만 그런가요. 요즘은 우리나라에서도 "사랑해"나 "사랑해요", "사랑합니다"라는 말을 자주 들을 수 있고, 그 말을 별 주저 없이 하는 것을 보게 됩니다.

그러나 불과 한 세대, 두 세대 전만해도 이 사랑한다는 말은 입 밖으로 그렇게 쉽게 꺼낼 수 있는 말은 아니었습니다. 자신의 가슴속 깊은 곳에 있는 아주 내밀한 언어였습니다. 자신의 감정을 참고 자제하는 교육을 받았기도 하지만, 살다보니 그런 말은 그저 가슴속에 묻어 두는 걸로 알았습니다. 마치 감춰둔 소중한 것을 들킬세라 아니면 소중한 것이 입을 들썩일 때마다 밖으로 달아날까 입조심을 했던 것 같기도 합니다. 그만큼 소중했다는 반증이었겠지요.

이런 현상은 "I love you"를 남발하는 것처럼 보이는 서양에서도 예외는 아니었습니다. 사람은 동서양을 막론하고 거의 비슷하니까요. 기록으로 보면 로마시대까지만 해도 사랑한다는 말이 공공연히 발설되는 말은 아니었던 것 같습니다. 그들도 그런 말을 입 밖으로 내는 것을 꺼려했다고 합니다.

그럼 어떻게 이 마법의 언어 "사랑합니다"가 마음속에서 마음 밖으로 나오게 되었을까요? 거기에는 로마제국에 기독교가 알려지는 것과 관련이 있습니다. 기독교는 "모든 길은 로마로 통한다"는 바로 그 길을 통해 제국의 곳곳에 알려졌습니다.

그런데 당시 기독교는 선교의 과정에서 많은 오해와 박해를 받는 신생 소수종파의 하나였습니다. 특히 거리낌 없어 "서로 사랑한다"는 말을 한다는 것과 "피를 먹는다"는 소문은 미풍양속을 해치는 혐의嫌疑를 받기에 충분했습니다. 이 사실은 기원후 2세기경 기독교가 급속도로 번질 때 소아시아 지역의 총독이었던 플리니우스(Plinius)가 로마 황제 트라얀(Trajan)에게 보냈던 민정 보고서에서도 확인 할 수 있습니다. 플리니우스는 그리스도인들이 "범죄를 저지르지 않았음에도 그리고 그리스도인이라고 불리는 것만으로도 체포해서 조사해야 하는지"를 트라얀에게 물었던 적이 있습니다. 그만큼 그리스도인들의 행태는 그들에게 낯선 문화로 다가왔고 특이한 섹트로 보였던 것입니다. 그 중 "피를 먹는다"라는 것은 기독교의 성찬식에 대한 그리고 "서로 사랑한다"는 것은 기독교의 삼원덕三元德의 하나이며, 그 으뜸인 사랑에 대한 오해 때문에 생겼던 것입니다.

로마의 귀족들은 재미와 우스갯소리로 기독교인들의 언어를 흉내내며 서로 "내가 당신을 사랑하오"라며 영혼 없는 인사를 건네곤 했다고 합니다. 아무튼 이런 일을 계기로 기독교는 사랑의 종교이며 공공연한 사랑의 인사를 세상에 널리 알린 종교이기도 합니다.

우리말에도 사랑이라는 말 외에 같은 뜻인 '다솜'이라는 말이 있었던 것처럼 헬라어에도 사랑을 뜻하는 여러 말들이 있습니다.

먼저, 사랑의 대명사이며 남녀 간의 열정적인 사랑을 말하는 '에로스'(ἔρως)라는 말이 있습니다. 설명이 필요 없을 정도로 너무 익숙하고 자주 듣는 말이라 이 말이 수천 년 전 고전 헬라어에서 유래했는지조차 믿기지 않을 정도입니다.

우리말 '다솜'이라는 예쁜 말이 안타깝게도 쉽게 단명하여 현재 상용되지 못하고 있는 것과 달리 에로스는 아직도 전 세계 젊은 청춘의 격정적 사랑을 대변하는 말로 여전히 쓰이고 있습니다.

두 번째, 이 에로스와 좀 결을 달리 하는 말인 '필리아'(φιλία)가 있습니다. 플라톤이나 아리스토텔레스 등과 같은 고대의 철학자들이 즐겨 썼던 이 말은 주로 우정友情에서 비롯된 사랑을 뜻합니다.

철학자들은 에로스를 기피하고 필리아를 선호했는데 이때 필리아는 서로에 대한 관심과 신뢰 그리고 인정에 기초한 감정을 표현할 때 쓰는 말이었습니다. 철학자들의 이 필리아에 대한 사랑은 오늘날 우리가 철학이라고 말하는 '필로소피'(Philosophie)가 '필로소피아'(φιλοσοφία)에서 온 것만 봐도 잘 알 수 있습니다.

필로소피아의 '필로'라는 말은 "사랑하다"라는, 더 정확히는 내가 "사랑한다"라는 '필레오'(φιλέω)와 지혜라는 '소피아'(σοφία)의 결합어입니다. 즉 "지혜를 사랑한다" 혹은 "지혜에 대한 사랑"이 철학이라는 말입니다.

세 번째, 마지막으로 사랑을 표현하는 유명한 말로 '아가페'(ἀγάπη)라는 말이 있습니다. 통상 아가페의 사랑은 "숭고한 사랑, 신앙적 사랑, 희생의 사랑, 부모의 사랑"을 표현하는 말입니다. 로마의 귀족들이 장난삼아 사랑을 말했던 그 사랑은 아마도 아가페의 사랑이었을 것입니다. 왜냐하면 예수께서 제자들에게 가르치신 사랑은 아가페의 사랑이었고 바로 이 아가페의 사랑을 새로운 계명으로 주셨기 때문입니다.

우리는 이것을 요한복음 13장 34절에서 정확히 읽을 수 있습니다. "새 계명을 너희에게 주노니 서로 사랑하라."(Ἐντολὴν καινὴν δίδωμι ὑμῖν, ἵνα ἀγαπᾶτε ἀλλήλους, 엔톨렌 카이넨 디도미 휘민, 히나 아가파테 알렐루스) 여기에 나오는 '아가파테'는 아가페의 동사꼴로 2인칭 복수형입니다. 너희들이 '서로'(ἀλλήλους, 알렐루스) 아가페의 사랑으로 사랑하라는 말입니다. 그리고 이어서 35절에 "너희가 서로 사랑하면 이로써 모든 사람이 너희가 내 제자인줄 알리라."(ἐν τούτῳ γνώσονται πάντες ὅτι ἐμοὶ μαθηταί ἐστε, ἐὰν ἀγάπην ἔχητε ἐν ἀλλλοις, 엔 투토 그노손타이 판테스 호티 에모이 마테타이 에스테, 에안 아가펜 에케테 엔 알렐로이스) '아가펜'(ἀγάπην)은 아가페가 목적격으로 변한 형태입니다.

헬라어는 우리말처럼 어미의 격 변화를 통해서 주격은 '아가페'(ἀγάπη), 속격은 '아가페스'(ἀγάπης), 여격은 '아가페'(ἀγάπη), 대격 혹은 목적격은 '아가펜'(ἀγάπην)으로 씁니다. '아가펜'이니까 목적격으로 "사랑을" 이라는 뜻입니다. 따라서 그리스도인이란 숭고한 희생의 아가페적 사랑으로 서로 사랑하는 사람들이며, 가슴속에 바로 이 아가페의 사랑이 가득 들어 있는 사람들이란 뜻입니다. 그럴 때에 비로소 그들이 예수의 제자가 된다는 것입니다.

행복, 마카리오스 (μακάριος)

....

행복幸福은 모든 사람이 바라는 상태가 아닐까 생각합니다.

헌법에서도 행복추구권이라고 해서 인간의 존엄과 가치와 함께 모든 사람이 안락하고 만족스러운 삶을 추구할 권리가 있다고 규정하고 있습니다.

이 행복이란 말을 조금 넓게 보면 길흉화복吉凶禍福에 대한 줄임말이 아닐까 생각해 봅니다. 흉凶과 화禍라는 재앙과 재난, 근심과 걱정을 기피하고 길吉과 복福을, 만사가 형통하고 좋은 일만 생기라는 바람幸이 들어 있습니다.

고대 헬라의 철학자들도 사람들의 삶에 예외 없이 스쳐가는 길흉화복에 대해서 고민하고 그것을 해결하고 바른 답을 주려고 노력했습니다. 신화의 시대에는 그 모든 일들을 올림푸스(Olympus)의 신들이 벌인 일로 운명이라 여기며 살았습니다. 아마 이런 세계관에 도전하고 운명의 굴레에서 벗어나지 못한 사람들을 해방하려고 시도한 최초의 철학자는 데모크리토스(Democritos)와 그의 스승이었던 레우키포스(Leucippus)가 아닐까 싶습니다.

고대 유물론의 기초를 놓은 것으로 알려진 이 철학자들은 이 세상이 더 이상 나누어질 수 없고 구별이 가능한 최소의 입자인 원자, 즉 '아톰'(ἄτομος, 아토모스)으로 이루어졌다고 생각했습니다. 이들이 주창한 원자론의 기술용어인 아톰의 원어가 바로 헬라어 아토모스에서 왔습니다. 이 아토모스란 말을 분해하면 다시 아(ἄ)와 토모스(τόμος)란 말의 결합임을 알 수 있습니다.

여기서 접두어 '아'(ἄ)는 부정을 나타냅니다. "~이 없다, ~이 아니다"의 의미를 갖습니다. 예를 들어 '아테오스'(ἄθεος)는 '테오스'가 "신, 창조자, 하나님" 이므로 '아테오스'는 무신無神, 즉 "신이 없는, 신을 믿지 않는"의 뜻이며 사람에게 적용하면 무신론자無神論者가 됩니다. 같은 방법으로 조어造語해서 '아노모스'(ἄνομος)는 노모스(νομός)가 법이 라는 뜻이니까, '아노모스'는 "무법無法, 법이 없다"라는 말이 되고 이 말을 사람에게 적용하면, 그렇습니다. 법 없이 산다는 무법자無法者가 됩니다. 이 부정의 '아'(ἄ)는 자주 등장하기 때문에 뒤에서 더 자세히 다룰 기회가 있을 것입니다.

이런 식으로 '토모스'(τόμος)가 "나눌 수 있는, 자를 수 있는"이란 의미의 형용사이기 때문에 '아토모스'는 글자 그대로 "더 이 상 나누거나 자를 수 없는 것"의 남성형 주격 형용사가 됩니다.

아톰에 대한 설명이 좀 길어졌습니다만, 레우키포스와 데모크리토스는 온 세상이 바로 이런 아토모스로 구성되고 심지어 영혼과 정신까지도 이 원자론으로 설명합니다. 유물론의 기초를 놓은 철학자들답게 이들은 영혼과 정신에 의한 감각, 인식 뿐 아니라 인간의 생사화복生死禍福까지 다 원자가 진공의 공간에서 움직이는 것의 영향이라고 해석합니다. 따라서 길흉화복이란 이런 영혼과 정신을 구성하는 원자인 아토모스가 진공의 공간에서 움직이다가 다른 아토모스들과 충돌하고 결합할 때 발생하는 우연과 필연으로 설명합니다. 더 이상 사람의 불행이 제우스(Ζεύς)가 던진 징계의 번개에 맞은 것이 아니라는 것입니다. 그저 우연의 일치라는 것입니다. 이 이론에 따르면 행복도 마찬가지 일 수 있습니다. 그런데 사람은 누구나 불행은 원하지 않고 행복을 바라는 이율배반에 있습니다.

그렇다면 누구나 원하는 참된 행복, 참된 복이란 무엇일까요?

데모크리토스의 사상을 계승한 에피쿠로스(Epicuros)는 죽음과 고통 앞에서도 평정심(ataraxia)을 잃지 않는 것을 참된 행복이라고 정의했고 그의 제자들은 이를 쾌락 추구로 집대성했습니다. 물론 그들이 육체적, 물질적 풍요에 의한 쾌락만을 말한 것은 아닙니다. 반면에 유태인 출신 제논(Zenon)이 창시한 스토아철학은 금욕과 절제를 행복과 미덕으로 여겼습니다. 개와 같다는 비아냥거림을 듣기도 한 견유학파犬儒學派는 자연과 일치된 삶과 무소유를 참된 행복으로 여기며 유랑생활을 하기도 했습니다. 기독교에서는 이미 구약성서 시편을 보면 복 있는 사람(μακάριος ἀνήρ, 마카리오스 안네르)에 관한 노래로 시작합니다. "복 있는 사람은 악인들의 꾀를 따르지 아니하며 죄인들의 길에 서지 아니하며 오만한 자들의 자리에 앉지 아니하고 오직 여호와의 율법을 즐거워하여 그의 율법을 주야로 묵상하는도다." 또 신약성서 마태복음 5장은 8복福 혹은 9복福이라는 별칭이 붙어 있을 정도로 참된 복이란 무엇이며, 어떤 상태를 말하는 것인지 가르쳐 주고 있습니다. 신약성서 마태복음 5장은 그런 의미에서 시편 1편의 복에 대한 해설이 될 수도 있습니다.

그럼 이제부터 예수가 말하는 8복 혹은 9복이 무엇인지 알아보겠습니다. 여러분을 헷갈리게 8복, 9복 이렇게 이야기해서 좀 미안한 감이 있습니다. 그런데 우리가 살피려고 하는 부분이 구조상으론 8복이 맞고, 언급된 복의 개수를 세어 보면 9복이 맞기 때문에 그렇습니다. 앞으로는 그냥 8복이라고 통일해서 사용하겠습니다. 마태복음은 4권의 복음서 중에서 제일 앞에 위치하는 특별한 권위와 가치를 갖고 있습니다. 이 마태복음은 전통적으로 5개의 설교를 기본 뼈대로 구성되었다는 견해가 있습니다. 이 5개의 설교에는 산상 설교, 비유 설교, 파송 설교, 공동체 설교와 종말 설교라는 제목이 붙어 있습니다. 우리가 복에 관해서 다루려는 마태복음은 5장 3절부터 11절까지는 첫 번째 설교인 산상 설교에 들어 있습니다. 이 첫 번째 설교에 산상 설교라는 제목이 붙은 이유는 이 설교의 도입부인 5장 1절에 "예수께서 무리를 보시고 산(ὄρος, 호로스)에 올라가 앉으시니 …"에 기인합니다. 산에 올라가 입을 여신 예수께서는 참된 복을 마카리오스(μακάριος)로 전하십니다. 복, 축복, 행복을 말할 때 헬라어의 마카리오스는 가장 잘 들어맞습니다. 마카리오스는 먼저 하늘로부터 내려오는 축복, 신의 축복을 말하고, 두 번째는 걱정, 근심이 하나도 없는 상태를 말하기 때문입니다.

흡사 에피쿠로스의 행복관을 정확히 표현하는 용어 같습니다. 하지만 마카리오스가 꼭 이런 이상적인 복의 개념을 말할 때만 사용되는 것은 아닙니다. 사람이 사는 일상생활에서 벌어지는 세상만사世上萬事에 다 적용됩니다. 결혼, 출산, 자녀, 학업, 사업, 부와 명예 등 온갖 것에서 행운과 행복이 따르기를 바라는 마음, 복을 많이 받길 바라는 우리의 성정性情을 유감없이 드러냅니다. 그러나 예수의 일성一聲은 그것과 사뭇 다릅니다.

"아! 그 사람(들) 참 복이 있네, 그 마음이 가난하니."

(μακάριοι οἱ πτωχοὶ τῷ πνεύματι, 마카리오이 호이 프토코이 토 프뉴마)

'마카리오이'(μακάριοι)는 마카리오스의 복수형으로 "복 있는 사람들"입니다. 그런데 그 복 있는 사람들이 누군가 하면 가난한 사람들이라는 것입니다. 여기서 가난한 사람 '프토코이'(πτωχοί)는 '프토코스'(πτωχός)의 복수형입니다. 그 의미는 정말 가난하여 구걸해서 살아가는 정도를 말합니다. 그래서 다른 사람들의 도움이 없으면 삶을 영위하기가 힘들 정도를 의미합니다. 그 삶이 종속적이라는 것입니다. 그런데 예수의 이 축복 선언에서는 그 가난함이 '프뉴마'(πνεύμα)에 관한 가난함이라고 부연합니다. 프뉴마란 "영, 정신"을 뜻합니다. 결국 여기서 예수께서 하고자 하는 말씀은 신에게 의존적, 종속적인 마음과 정신을 가진 사람이 참으로 복된 사람이라며 경탄驚歎하시는 것입니다. 그만큼 신을 의지하는, 하나님을 의지하는 사람이 적다는 뜻일 겁니다. 그런 이유로 예수는 마음이 가난하여 하나님을 의지하는 사람이 천국에 갈 것이라고 설명합니다.

"아! 그 사람(들) 참 복이 있네, 슬픔 중에 있으니."
(μακάριοι οἱ πενθοῦντες, 마카리오이 호이 펜툰테스)

'펜툰테스'(πενθοῦντες)는 '펜테오'(πενθεώ)의 현재분사 복수 주격의 꼴입니다. 현재분사이니까 현재 진행의 상황을 담고 있습니다. 그 뜻은 "슬퍼하다, 울다" 등입니다. 지금 울고 있는 사람이 있다는 것입니다. 그런데 지금 울고 있고, 지금 슬픔을 당한 사람이 오히려 복이 있다는 역설을 가르칩니다. 위에서 살핀 것처럼, 사람들은 행복을 원하고 불행을 피한다고 했는데, 슬픔을 당한 것이 복이라는 말입니다. 왜 그럴까요? 예수는 하나님의 위로가 그때 찾아오기 때문이라고 가르칩니다. 많은 사람들이 하나님을 만나고 싶어 합니다. 그런데 그때가 언제일까요? 슬픔 중에, 어려움을 당한 중에, 내가 울고 있는 바로 그때에 하나님이 찾아오신다는 말입니다.

"아! 그 사람(들) 참 복이 있네, 온유한 성품을 가졌으니."
(μακάριοι οἱ πραεῖς, 마카리오이 호이 프라에이스)

이제 보니 이 문장뿐 아니라 지금까지 나온 축복 선언의 문장에 '호이'(οι)가 자주 보입니다. 이 '호이'는 복수를 나타내는 관사입니다. 여기서 '프라에이스'(πραεῖς)는 '프라우스'(πραΰς)의 복수로 "온유하다, 겸손하다, 사려깊다, 젠틀하다, 순하고, 친절하다" 등 많은 좋은 의미를 내포하는 형용사입니다. 사람의 성품을 말합니다. 좋은 성품을 가진 사람은 이 땅에서 살 동안 복을 받는다는 말입니다. 아무래도 다혈질로 버럭 화를 내는 사람보다는 온순하고 온유한 사람이 많은 사람들과 좋은 관계를 맺을 것이고 그 사람이 도모하는 일은 수월할 수 있겠습니다.

"아! 그 사람(들) 참 복이 있네, (정)의에 대한 굶주림과 갈증을 느끼니."
(μακάριοι οἱ πεινῶντες καὶ διψῶντες τὴν δικαιοσύνην, 마카리오이 호이 페이노온테스 카이 딥소온테스 텐 다카이오수넨)

네 번째, 축복 선언은 정의에 대한 굶주림과 갈증을 느끼는 사람에 관한 것입니다. 이 헬라어 문장의 순서대로 '페이노온테스'(πεινῶντες)가 먹을 것이 없어 굶주린 상태이고 '딥소온테스'(διψῶντες)가 물을 마시지 못해 갈증을 느끼는 상태입니다. 보통 사람은 음식을 먹지 못하고 물을 마시지 못하면 죽습니다. 가장 본질적인 욕구이며 일상에서의 반복이 필수적인 것이 바로 이런 욕구이며 본능입니다. 예수께서는 질문을 바꾸십니다. (정)의, 디카이오수네(δικαιοσύνη)에 관해서도 그런 목마름과 배고픔을 느끼는가를 묻습니다. 그리고 그런 사람에게 (정)의는 반드시 실현된다는 축복의 약속입니다. 왜냐하면 하나님은 정의의 하나님이시기 때문입니다.

"아! 그 사람(들) 참 복이 있네, (그렇게) 자비하니."
(μακάριοι οἱ ἐλεήμονες, 마카리오이 호이 엘레에모네스)

'엘레에모네스'(ἐλεήμονες)는 "자비롭다, 측은히 여기다, 동정을 베풀다"라는 뜻에서 "공감하고, 동감하다"는 의미로 확장할 수 있는 형용사 '엘레에몬'(ἐλεήμων)의 복수형입니다. 이 형용사와 같은 어근을 갖는 동사로 '엘레에오'(ἐλεέω)가 있고 이것이 단수과거 명령형으로 바뀌면 다급하게 사람을 도와달라는 '엘레에손(ἐλέησόν)이 됩니다. 예수께 "나를 살려 주세요! 나에게 자비를 베풀어 주세요!"라며 "엘레에손 메"(ἐλέησόν με)를 외쳤던 장님 바디메오가 생각납니다.(막 10:46~52) 또 엘레에숀은 예수께 자비를 구하는 성가곡에 자주 등장하는 가사로 우리는 "키리에 엘레에숀"($κύριε\ ἐλέησόν$)이라고 부르는 찬송을 자주 듣기도 합니다. 다른 사람의 딱한 처지에 공감하고 자비를 베푸는 사람은 하나님께서도 그 사람에게 그렇게 자비를 베풀어 주시고 공감해주시는 복을 받는다는 약속이 8복 중 다섯 번째의 축복입니다.

"아! 그 사람(들) 참 복이 있네, 그 마음이 깨끗하니."
($μακάριοι\ οἱ\ καθαροὶ\ τῇ\ καρδίᾳ$, 마카리오이 호이 카타로이 테 카르디아)

마음이란 사람의 의도, 생각, 감정의 중심이라고 바꾸어 말할 수 있을 것입니다. 이어지는 복에 관한 예수의 가르침은 그런 마음이 깨끗한 사람의 복을 말합니다. 헬라어에서 깨끗하다는 말은 '카타로스'($καθαρός$)입니다. 우리말과 동일하게 "깨끗하다, 정결하다. 흠이 없다"라는 뜻입니다. 위의 축복 선언에서는 그 복수형인 '카타로이'($καθαροί$)가 사용되었습니다. 이제 어미에 '오이'($οι$)가 붙으면 복수형태로구나 바로 짐작하실 것입니다. 맨 뒤에 나오는 '카르디아'($καρδία$)는 마음이란 뜻입니다. 그럼 이제는 카르디아(마음)가 카타로스(깨끗함)하다는 말이 무엇인지 서로 연관 지어서 잠깐 생각해봐야 할 차례입니다. 마음이란 것이 우리의 의도, 생각, 그리고 감정의 중심을 달리 표현한 것이라면 카르디아의 카타로스는 그 의도의 순수성, 올바른 생각, 솔직한 감정 등을 말하는 것으로 볼 수 있습니다. 그 반대는 불순한 의도, 악한 생각, 거짓된 감정이 될 것입니다. 예수께서는 마음이 깨끗한 사람을 하나님이 초대하신다고 말씀하고 있습니다. 마음이 깨끗한 사람은 하나님을 보게 된다는 말입니다.

"아! 그 사람(들) 참 복이 있네, 평화를 만들어가니."
(μακάριοι οἱ εἰρηνοποιοί, 마카리오이 호이 에이레노포이오이)

행복, 복을 이야기하다 보니 설명이 점점 길어지고 있습니다. 다 여러분이 많은 복을 받았으면 하는 바람에서 이렇게 된 것 같습니다. 이제 7복에 이르렀습니다. 왠지 큰 복이 내릴 것 같습니다. 이 일곱 번째 축복에서 눈에 띄는 단어는 '에이레노포이오이'(εἰρηνοποιοί)입니다. 다소 길어 보이는 이 단어는 역시나 두 단어의 합성어입니다.

먼저 앞에 숨어 있는 말은 '에이레네'(εἰρήνη)입니다. 그 뜻은 "평화, 조화, 평온" 등입니다. 바로 뒤에 숨어 있는 말은 '포이에오'(ποιέω)로 "만들다, 이루다, 행하다, 실천하다"라는 의미입니다. 그럼 이 두 단어의 합성어는 무슨 뜻일까요? 그렇습니다. 에이레노포이오이(εἰρηνοποιοί)는 "평화를 만드는 사람들, 평화를 이루는 사람들"이라고 번역할 수 있습니다. 영어로 한다면 글자그대로 peacemaker(피스메이커)가 됩니다. 누구나 troublemaker(트러블메이커) 보다는 peacemaker를 좋아할 것입니다. 전쟁보다는 평화를 원할 것입니다. 그런데 여기서 말하는 에이레노포이오이는 전쟁이 없거나, 평화를 유지하거나가 아니라 보다 더 적극적으로 평화를 만들어 내는 사람, 평화를 이루어 내는 사람을 말하고 있습니다. 그리고 그런 사람들은 하늘이 내린 사람, 하나님의 아들과 딸이라는 축복입니다.

"아! 그 사람(들) 참 복이 있네, (정)의를 위해 박해를 받으니."
(μακάριοι οἱ δεδιωγμένοι ἕνεκεν δικαιοσύνης,
마카리오이 호이 데디오그메노이 헤네켄 디카이오수네스)

드디어 8복의 마지막 여덟 번째 복 이야기입니다. 이 여덟 번째 복은 위의 네 번째 축복 선언인 "아! 그 사람(들) 참 복이 있네, (정)의에 대한 굶주림과 갈증을 느끼니"와 같은 주제입니다. 그리고 이어지는 이 여덟 번째 복에 대한 설명에서 또 다른 복이 하나 더 추가되어 시적인 운율을 깨뜨리기 때문에 8복이 되기도 하다가 9복이 되기도 하는 지점입니다. (정)의에 대한 굶주림과 갈증을 느끼는 사람의 애달픈 상황을 위로하는 느낌이 듭니다. 예수께서도 (정)의에 대한 목마름과 굶주림을 느끼고 실천하는 사람들이 직면한 삶의 곤고함과 절박함이 어떠한가를 잘 알고 계셨다는 것입니다. 여기에 사용된 '데디오그메노이'(δεδιωγμένοι)는 "서두르다, 달리다, 쫓다, 추구하다, 노력하다"라는 뜻에서 "박해하다"라는 뜻까지 의미의 확장이 이루어진 '디오코'(διώκω)의 현재완료 수동형 분사입니다. 아시겠지만 현재완료의 문법적 의미는 과거에 완료된 사건의 결과로 비롯된 그 영향이 현재까지도 지속되는 것입니다. 단순과거란 과거에 일시적, 일회적으로 발생했던 사태나 사건에 관한 진술을 나타내므로 데디오그메노이는 (정)의를 외치다 과거에 많은 핍박을 받았고 그 영향과 결과가 현재에까지 미치고 있는 사람을 말하는 것입니다. 그런 사람에게 하늘의 위로와 축복이 있다는 것입니다. 하늘나라, 천국이란 바로 그런 사람들을 위해서 있는 것이라는 큰 축복의 말씀입니다.

이 8복 중에서 여러분이 차지하시는 그리고 바라시는 참된 행복, 복은 무엇입니까?

10

가족, 게노스 (γένος)

....

스페인의 바르셀로나에 가면 카탈루냐 출신 천재적인 건축가 안토니 가우디(Antoni Gaudi)의 숨결과 손길이 배어 있는 건축물들을 곳곳에서 볼 수 있습니다. 흡사 살바도르 달리 (Salvador Dali)의 '흐느적 녹아내리는' 그림이 눈앞에 현실로 재현된 듯 한 착각을 불러일으키는 그의 건축물들은 자연의 형상에서 모티브를 얻어 건축에 적용하는 이른바 카탈루냐 모더니즘의 걸작傑作으로 손꼽히고 있습니다.

그 중에서도 가우디 필생의 역작인 사그라다 파밀리아(Sagrada familia)는 지금까지도 여전히 건축 중에 있습니다. 어울릴지 모르겠지만 제 머릿속에는 중국의 고사성어 "사공명주생중달"死孔明走生仲達이 불현듯 떠올랐습니다.

여러분도 잘 아시는 것처럼 이 구절은 나관중의 「삼국지연의」에 등장합니다. 당대 최고의 전략가 제갈공명諸葛孔明이 이미 죽었음에도 불구하고 그가 살아생전 계획한 전략을 이어받아 상대편을 지휘하는 사마의司馬懿 중달의 군사들을 물리친다는 고사입니다. 사그라다 파밀리아의 경우도 가우디가 이미 세상을 떠났지만 후배 건축가들이 그가 남긴 설계도와 스케치를 해석하며 100년이 넘도록 건축 중입니다.

가우디 불후의 명작인 사그라다 파밀리아에는 이 5월에 한번 생각해볼 만한 주제가 들어 있습니다. 5월에는 가족과 이웃, 함께 사는 이들에 대한 관심과 사랑을 촉구하는 많은 기념일들이 있습니다.

예를 들어, 먼저 1일은 노동자의 날, 5일은 어린이 날, 8일은 어버이 날, 15일 스승의 날, 21일 부부의 날입니다. 그래서 5월은 가정의 달이라고 합니다. 이제 가우디의 사그라다 파밀리아와 우리의 주제와의 연관성을 눈치 채셨겠지요. 그렇습니다. 가우디가 심혈을 기울인 '사그라다 파밀리아'의 뜻은 '성가족聖家族'입니다. 스페인어로 사그라다가 영어의 "holy, 거룩하다"란 뜻이고 파밀리아는 영어의 "family, 가족"이라는 뜻입니다. 가우디가 꿈꾸던 성가족교회는 그의 사망 100주년이 되는 2026년 완공이 된다고 합니다. 완성을 알리는 최종 시그널은 예수의 12제자를 상징하는 100m가 넘는 12개의 첨탑이 세워지는 것과 그 중앙에 예수를 상징하는 170m 높이의 탑에 십자가가 세워지는 것이 화룡점정畵龍點睛이라고 할 수 있습니다.

사람들은 이 지점에서 가우디는 예수를 상징하는 탑의 높이를 왜 170m로 설계했을까 궁금해 합니다. 그 배경에는 가우디의 자연주의 건축가다운 면모와 독실한 신앙심이 숨어 있습니다. 먼저 가우디는 사그라다 파밀리아교회가 바르셀로나에서 가장 높은 몬주익 언덕(171m)보다 더 높아서 자연스런 스카이라인을 해쳐서는 안 된다고 생각했던 것 같습니다. 그리고 또 하나는 자신의 건축물이 하나님이 만드신 자연보다 더 높아서도 안 된다고 생각했던 것 같습니다. 하늘에 오르는 탑을 쌓자는 구약 성서의 바벨탑 사건을 극복하는 놀라운 경외심입니다.

이 글을 쓰면서 문득 저를 신약성서 연구의 길로 인도해주신 은사의 생각이 떠오릅니다. 세기말 1999년 수원의 한 기도원에서 금식기도를 하던 그분은 통상 기독교인들이 예수를 좇아 40일 동안 하는 금식을 39일 만에 끝내고 내려오셨습니다. 어리석은 마음에 그 이유를 묻자 그분은 "하루는 주님께 양보했네"라며 미소를 지었습니다. 40일 금식기도 했다는 사람은 많이 보았지만, 39일 금식기도한 사람은 그때 처음 보았습니다. 가우디나 저의 은사나 자기가 하는 일에서 하나님을 능가하고 앞서가지 않으려는 소박하고 겸손한 신앙의 태도를 보게 됩니다. 오늘 헬라어 수업은 삼천포로 많이 빠졌군요. 이제 헬라어로 가족에 관한 얘기를 좀 하겠습니다.

헬라어에서 가족이란 말은 '게노스'(γένος)입니다. 물론 기본적으로 집이라는 의미에서 출발한 '오이키아'(οἰκία)나 '오이코스'(οἶκος)라는 말도 가족이라는 의미로 사용되기도 합니다. 그러나 오이키아와 오이코스가 집이라는 한 거주 공간을 중심으로 가족을 생각한다면,

게노스는 혈연을 중심으로 생각하는 가족 구성이라고 비교할 수 있습니다.

이런 맥락에서 게노스는 "조상과 후손"을 말할 때도, 동일한 혈연으로 이루어진 민족을 일컬을 때도 사용됩니다. 예를 들어 베드로전서 2장 9절의 "너희는 택하신 족속이요"(ὑμεῖς δὲ γένος ἐκλεκτόν, 휘메이스 데 게노스 에크렉톤)가 그런 경우입니다. 이렇게 게노스가 광범위하게 "한 민족, 가계"를 나타내기도 하지만 좁은 의미로는 "한 가족, 친척"을 의미하기도 합니다. 사도행전 7장 13절이 바로 이 경우로 게노스가 한 가족만을 지칭하고 있습니다. "요셉의 가족 관계가 바로에게 알려졌습니다."(φανερὸν ἐγένετο τῷ Φαραὼ τὸ γένος Ἰωσήφ, 파네론 에게네토 토 파라오 토 게노스 요세프) 순교자 스데반의 설교에 나오는 부분으로 구약성서 창세기 42장의 요셉 이야기가 그 배경에 있습니다.

이집트의 총리가 된 요셉이 기근 때문에 양식을 구하러 이집트에 왔던 형제들과 상봉했다는 사실을 바로가 들었다는 내용입니다. 여기서 사용된 게노스는 위에서 설명한 것처럼 요셉의 직계가족만을 말하는 것입니다.

사실 신약성서에서 가족을 표현할 때 게노스를 쓰기보다는 가족의 호칭을 부르면서 우회적으로 가족 관계를 보이는 경우가 더 많습니다. 그것이 신약성서에서 게노스가 8회밖에 등장하지 않는 이유이기도 합니다. 다시 말해서 가족이란 가족 간의 호칭인 아버지, 어머니,

아들, 딸이나 형제나 자매를 지칭하여 한 가족임을 나타낸다는 것입니다.

이렇게 가족 관계를 표현하는 대표적인 장면을 최초의 복음서인 마가복음 3장 31절로 35절에 기록된 에피소드에서 볼 수 있습니다. 특히 이 구절에서 우리는 예수의 가족관을 읽어낼 수 있습니다. 장면은 이렇습니다.

집을 나와(?) 사역으로 바쁜 예수를 걱정하던 그의 모친(μήτηρ, 메테르)과 동생(ἀδελφοὶ, 아델포이)들이 찾아왔습니다. 여기에 누이들(ἀδελφαί, 아델파이)도 빠질세라 합세합니다. 이 메테르, 아델포이, 아델파이 등이 가족을 돌려서 말하는 호칭이며 가족 관계를 정확히 나타냅니다. 상황은 예수의 모든 가족이 지금 예수를 찾고 있다는 것입니다. 그들은 사역에 바쁜 예수를 문 밖에서 재차 부릅니다. 이때 예수께서는 이렇게 말씀하십니다. "누가 내 모친이며 동생들이냐."(τίς ἐστιν ἡ μήτηρ μου καὶ οἱ ἀδελφοί μου; 티스 에스틴 헤 메테르 무 카이 호이 아델포이 무) 다시 말해서 "누가 내 가족이냐?"라는 말입니다. 그러면서 예수는 다시 "누구든지 하나님의 뜻대로 행하는 자는 내 형제요 자매요 모친이니라"(ὃς γὰρ ἂν ποιήσῃ τὸ θέλημα τοῦ θεοῦ, οὗτος ἀδελφός μου καὶ ἀδελφὴ καὶ μήτηρ ἐστίν, 호스 안 포이에세 토 텔레마 투 테우, 아우토스 아델포스 무 카이 아델페 카이 메테르 에스틴)라고 말씀하십니다. 즉 하나님의 뜻을 실천하는 사람들이 내 가족이라는 말입니다.

예수는 여기서 혈연으로 이루어진 가족관을 해체하고 새로운 신앙적 가족관을 정립하고 있습니다. 가족이란 게노스의 용례에서 살펴본 것처럼 혈연을 중심으로 하는 한 가족, 한 가문이 한 가계와 민족으로까지 확대되는 것입니다. 그런데 예수의 가족은 혈연 중심이 아니라 하나님의 뜻을 중심으로 그것을 실천하는 사람들이라면 누구나 예수의 가족, 하나님의 가족이 된다는 것입니다. 학자들은 그래서 마가복음의 이 구절에 성가족(holy family)이라는 별칭을 붙여놓았습니다.

그럼 이번 주제와 어떤 연결점이 연상이 되는지요? 가우디의 역작도 성가족(sagrada familia)입니다. 성가족이란 혈연 관계를 뛰어 넘는 가족을 말합니다. 함께 사는 우리 모두가 한 가족이라는 의미입니다. 맹자孟子는 남모르는 어린아이가 우물가로 기어가는 것을 보고 소스라치게 놀라는 것이 인간 본성의 하나인 측은지심惻隱之心이라고 했습니다. 위험 앞에 있는 아기를 보고 내 아기 남의 아기 따지지 않는다는 것입니다. 우리나라의 3·1 운동에도 세계의 모든 사람들이 한 가족이라는 사해동포四海同胞주의가 들어 있습니다. 나에서 우리로 가야 하는 중요한 대목입니다.

다시 가우디의 사그라다 파밀리아 교회로 돌아가 보겠습니다. 가우디는 자신의 필생의 역작인 이 교회의 이름을 굳이 왜 성가족교회라고 불렀을까요? 사그라다 파밀리아의 곳곳에는 예수의 일생을 보여주는 조각과 조형들이 설치되어 있습니다. 그 중에는 어린 예수가 나귀를 끄는 부모 요셉과 마리아와 함께 어디론가 가는, 아마 예루살렘으로 성지순례를 가는 모습이겠지요. 그야말로 성가족입니다. 성자 예수와 그의 아버지 요셉, 어머니 마리아로 구성된 단출한 한 가족의 모습니다. 이 조형으로부터 이 교회의 이름을 성가족이라고 붙일 수 있습니다. 흡사 게노스가 가장 단출한 한 가족을 말하는 것처럼 말입니다.

그러나 그것만으로 가우디의 사그라다 파밀리아를 성가족교회라 부를 수는 없을 것입니다. 아직 미완성인 이 교회는 성모 마리아를 기념하는 돔(dome)과 복음서를 남겼다는 마태, 마가, 누가, 요한의 이름을 가진 부속 돔, 그리고 예수의 12제자를 상징하는 12개의 첨탑까지를 모두 합해야 완성된다고 합니다. 그때서야 비로써 혈연을 뛰어넘은 신앙으로 하나 된 성가족교회를 이룬다는 것입니다. 이것이야말로 예수께서 "누구든지 하나님의 뜻대로 행하는 자는 내 형제(아델포스)요 자매(아델페)요 모친(메테르)이니라"고 하신 말씀이 이루어진 것이라 생각합니다.

기회가 된다면 바르셀로나를 한번 방문해보시기를 권해봅니다. 그리고 그곳에서 가우디가 꿈꾸었던 성가족(사그라다 파밀리아)의 참된 의미를 함께 꿈꿔 보면 어떨까요?

봄. 에아르(ἔαρ)

11

남편과 아내, 안네르 (ἀνήρ) 와 구네 (γυνή)

....

5월을 '가정의 달'이라고 부른다면, 성경에도 마가복음 10장을 가정복음 혹은 가족복음이라고 부릅니다. 이 장에는 한 가정에서 이루어지는 중요한 일들을 이야기 하고 있습니다. 결혼과 부부, 자녀들 그리고 재물과 바른 신앙생활에 대한 주제들이 연이어 나옵니다. 그래서 가족복음 혹은 가정복음이란 별칭이 붙게 된 것입니다.

신약성서 가운데 사랑에 관한 주제들이 모여 사랑장, 믿음에 관한 주제들이 모여 믿음장이라고 부르는 것과 마찬가지입니다. 이 가족복음은 부부에 관한 가르침으로 시작합니다. 부부란 정말 신비로운 이름입니다.

중국 당나라 때의 유명한 시인 백거이白居易의 서사시인 장한가長恨歌에는 부부의 그 신비로운 관계를 묘사하는 전설의 새 비익조比翼鳥

가 나옵니다. 이 새는 암컷과 수컷이 각각 눈과 날개가 하나밖에 없어 제대로 볼 수 없고 재대로 날 수 없는 불완전한 새입니다. 이 두 새는 서로 하나가 될 때 비로소 온전한 새가 되어 하늘을 날 수 있다는 새입니다.

고대 그리스에도 이와 유사한 전설이 있습니다. 플라톤의『향연』(συμπόσιον, 숨포지온)에는 에로스(ἔρως)를 논하는 대목이 있습니다. 이때 소크라테스(Socrates)의 대화 상대인 아리스토파네스(Aristophanes)는 인간 창조의 전설을 말합니다.

원래 인간은 머리가 둘, 팔 다리가 네 개로 창조되었다고 합니다. 4개의 눈은 사방을 동시에 둘러볼 수 있고, 4개의 팔과 다리는 빠른 속도로 모든 일들을 막힘없이 할 수 있었습니다. 이런 사람들이 대지 위에 번성하자 위협을 느낀 제우스는 번개가위로 사람을 절반으로 나누었다고 합니다. 그 후 사람들은 힘을 잃고 자기의 나머지 반쪽을 찾아 다시 하나가 되려고 세상을 떠돌아다닌다는 것입니다.

백거이가 말한 전설의 비익조는 동양의 철학처럼 결핍과 부족함에서 출발하여 완전함으로 나아가려는 부부의 상像을 말하고 있다면 플라톤의 향연에서 말한 부부상은 하나가 됨으로 더 강력해지고 그 능력이 더 배가倍加되는 서양의 철학이 반영된 것이 아닌가 생각됩니다. 이처럼 동서양을 막론하고 부부라는 남녀의 결합은 신비하고 소중한 일임이 분명합니다.

그렇다면 가족복음에서 예수는 어떻게 말하고 있을까요? 가족복음의 발단은 이렇습니다. 마가복음 10장 2절에 보면 율법을 생활에서 준수하고 실현하려는 유대교의 한 종파인 바리새파 사람들이 예수께 묻습니다. "남편이 아내를 버려도 됩니까?"(εἰ ἔξεστιν ἀνδρὶ γυναῖκα ἀπολῦσαι, 에이, 엑세스틴 안드리 구나이카 아폴루사이) 이 구절에서 각각 남편과 아내로 나온 말이 '안드리'(ἀνδρὶ)와 '구나이카'(γυναῖκα)입니다. 이 '안드리'와 '구나이카'의 원형은 '안네르'(ἀνήρ)와 '구네'(γυνή)입니다. 다소 격 변화가 대담한 것 같아서 한번 그 격을 단수만 변형시켜 보겠습니다. 주격인 1격은 원형인 '안네르'(ἀνήρ), 속격인 2격은 '안드로스'(ἀνδρός), 여격인 3격은 '안드리'(ἀνδρί), 대격, 목적격이라고 하는 4격은 '안드라'(ἄνδρα)입니다.

이번엔 '구네'(γυνή)의 격 변화를 보겠습니다. 주격은 '구네'(γυνή), 속격은 '구나이코스'(γυναικός), 여격은 '구나이키'(γυναικί), 대격은 '구나이카'(γυναῖκα)입니다.

이제 위의 문장에서 나온 안드리와 구나이카가 각각 안네르의 3격인, 안드리 그리고 구네의 4격인 구나이카가 쓰였다는 것을 알 수 있습니다. 안네르와 구네는 원래 남자와 여자란 말이었지만, 남자와 여자란 말의 쓰임새가 그렇듯이 남편과 아내로 많이 전용되어 사용됩니다. 물론 그렇게 안네르란 말도 남자라는 말을 뛰어넘어 사람 혹은 인류라는 말로 사용되기도 합니다.

자, 이제 본론으로 돌아가서. 바리새파 사람들은 예수께 "남편이 아내를 버려도 됩니까?"라고 물으며 시험을 합니다. 당시 유대에서는 남자들이 이혼증서를 주고 아내를 버리는 일이 흔히 있었던 것 같습니다. 아니 남용했을 수도 있습니다. 그 당시 율법을 온건하게 해석한다던 랍비 힐렐도 부엌의 불을 꺼뜨리는 아내와 이혼할 수 있다고 해석할 정도였으니까요. 그런데 예수께서는 구약성서의 창조이야기를 통해 이 질문에 대한 답을 하십니다. "창조 때로부터 사람을 남자와 여자로 지으셨으니 그러므로 사람이 그 부모를 떠나서 그 둘이 한 몸이 될지니라 이러한즉 이제 둘이 아니요 한 몸이니 그러므로 하나님이 짝지어 주신 것을 사람이 나누지 못할지니라 하시더라"(막 10:6~9)

예수는 비익조와 향연의 이야기처럼 남자(안네르)와 여자(구나이카)는 역시 같은 말인 남편(안네르)과 아내(구나이카)라는 이름으로 하나가 되었기 때문에 나뉠 수 없다고 말합니다. 그것이 하늘의 이치이며 창조의 원리하고 합니다. 둘이 하나가 됨으로 서로의 부족을 채워서 완벽해지고 더 강력해진다면 세상의 거친 세파를 이겨내기가 훨씬 수월할 것입니다. 그래서 남자와 여자가 남편과 아내가 되는 것은 부부라는 새로운 이름이 가질 수 있는 신비한 원리입니다. 세상에 수많은 사람들 중에 지금 곁에 있는 사람을 만난 것이 새삼 경이롭게 느껴지지 않나요? 혹은 누군가 미래에 나의 반쪽이 될 한 남자, 한 여자를 기다리면서 어디서 오는지 모르는 기쁨의 에너지를 감지할 수 있지 않나요?

아이와 어린이, 파이디온 (παιδίον)과 테크논 (τέκνον)

···

    어린이를 생각할 때 소파 방정환方定煥 선생을 빼놓고 이야기 할 수
는 없을 것입니다. 마땅한 명칭이 없었던 때, "이놈, 저놈"이라 불리던
어린이들에게 "작은 어른"이란 의미의 '어린이'라는 예쁜 말을 보급
했을 뿐 아니라 어린이에 대한 관심을 고취시키고자 어린이날을 제정
하고 평생을 어린이의 정서와 권익 향상을 위한 그의 노력은 이루 말
할 수 없을 것입니다. 어린이에게 존댓말을 쓰자는 캠페인을 벌이고
"어린이를 두고 가니 잘 부탁하오"라는 그의 마지막 유언에서 우리는
어린이에 대한 그의 각별한 사랑이 어떠했는지 충분히 짐작할 수 있
습니다.

    신약성서에도 많은 어린이들이 등장합니다. 특히 가족복음이라는
별명이 붙은 마가복음 10장에 보면 예수께서도 어린아이들이 그에게

다가오는 것을 무척 즐거워 하셨습니다. 예수는 그에게 다가온 어린 아이들을 번쩍 안아 주시고 축복해주셨습니다. 13절 이하에 보면 예수의 바쁘고 지친 사역을 염려하던 제자들이 예수께로 다가오는 어린 아이들을 금하자 오히려 예수님은 노하시며 이렇게 명령하십니다.

"어린이들이 내게 오는 것을 허락하고 막지 말아라!"(ἄφετε τὰ παιδία ἔρχεσθαι πρός με, μὴ κωλύετε αὐτά, 아페테 타 파이디아 에르케스타이 프로스 메, 메에 콜루에테 아우타) '아페테'(ἄφετε)는 "허락하다"라는 뜻을 가진 '아피에미'(ἄφίημι)의 단순과거 2인칭 복수 명령형입니다. "너희들은 허락하라!"라는 말입니다. 무엇을 허락합니까? 어린이들, 파이디아(παιδία)가 "프로스 메"(πρός με) 즉 "나를 향해" 오는 것을 허락하라는 말입니다. 그리고 또한 "메에 콜루에테"(μὴ κωλύετε)에서 콜루에테는 "막는다, 금지하다"라는 '콜루오'(κωλύω) 동사의 현재 2인칭 복수 명령형입니다. 이 말이 부정의 불변화사 '메에'(μή)와 같이 사용되어 "막지 마라!"라는 말이 됩니다. 여기서 이 부정의 불변화사 '메에'(μή)는 '나'를 뜻하는 '메'(με)와 구별하려고 약간 긴 발음인 '메에'(μή)로 표기했습니다.

가족복음에서 예수님께 다가온 아이들을 '파이디아'(παιδία)라고 불렀습니다. 파이디아는 당연히 아이들이란 말의 복수 형태이고 아이 하나를 말할 땐 '파이디온'(παιδίον)이 됩니다. 요한복음 6장에는 공관복음서(마태, 마가, 누가복음을 한꺼번에 일컫는 용어)와 일치하게 예수께서 행하신 5병2어(빵 다섯 덩어리와 생선 2마리를 일컫는 말)

봄, 에아르(ἔαρ)

의 기적 이야기를 싣고 있습니다.

요한복음은 한편으로 공관복음서에서 궁금해 하는 것에 대한 답을 많이 주는 성경이라는 견해도 있습니다. 5병2어의 기적 사건도 그 예에 해당한다고 볼 수 있습니다. 요한복음은 공관복음서와 달리 5병2어가 들어 있는 도시락을 누가 예수님께 가져왔는지 독자들에게 가르쳐 주고 있습니다. 아마 5개의 작은 빵 덩어리와 2마리의 작은 생선이 들어 있는 도시락을 예수님과 공동체에 드렸던 인물이 누구였는지 궁금했었나 봅니다.

요한복음은 그가 바로 '한 작은 아이'라고 밝힙니다.(요 6:9) 요한복음에서는 이 작은 아이를 '파이다리온'(παιδάριον)이라 불렀습니다. 파이다리온은 파이디온과 마찬가지로 모두 '파이스'(παῖς)의 축소어형입니다. 축소어형이란 어떤 모양이나 형태에 보다 작고 귀여운 이미지를 만들기 위해 특정한 접미어를 붙여 축소된 모양이나 형상을 나타내는 단어라고 생각하면 됩니다.

독일어에도 이런 현상이 있는데, 단어 끝에 'chen'을 붙이면 그런 효과가 나타납니다. 예를 들어 빵을 말하는 '브로트'(Brot)에 축소형 어미 'chen'과 독일어의 특징인 모음변화 움라우트를 붙이면 브뢰첸(Brötchen)이 되어 '작은 빵'이란 뜻이 됩니다. 꽃이라는 단어 '블루멘'(Blumen)도 이 축소형 어미가 붙으면 블륌쉔(Blümchen)으로 바뀌어 '작고 예쁜 꽃'을 부를 때 사용합니다.

헬라어 파이스는 아이를 뜻하기도 하지만 종종 "종"이나 "시종"을 부를 때도 쓰입니다. 아이라는 말이 종이라는 말과 동의어로 상호 대치되어 사용되었다는 것은 고대 그리스의 스파르타나 플라톤이 아이들을 국가의 귀속歸屬으로 본 것과 일맥상통합니다.

이런 용례는 신약성서에서도 등장하는데, 예수께서 가버나움이라는 마을에 들렀을 때 한 백부장(centurion)은 예수께 이렇게 간청합니다. "주여 내 하인(παῖς, 파이스)이 중풍병으로 누워 몹시 괴로워하나이다."(마 8:6) 우리 성경도 이 '파이스'를 하인이라고 번역한 것처럼, 파이스는 헬라어에서 실지로 어린아이뿐 아니라 종이나 하인이라는 말로 종종 대치되어 사용되었습니다.

신약성서에는 파이스처럼 아이라는 의미를 가지면서 광범위하게 쓰이는 또 다른 말로 '테크논'(τέκνον)이라는 말이 있습니다. 테크논은 파이스와 같이 아이라는 뜻이지만, 주로 가족관계 속에서 쓰이는 말입니다. 즉 "자식, 자녀"라는 의미의 "아이"라는 것입니다.

마가복음 2장에 보면 예수께서 가버나움에 계실 때 지붕을 뜯고 지붕 위에서 아래로 중풍병자를 내려 보내는 해프닝이 등장합니다. 예수께 고침을 받고자 하는 사람들이 장사진을 이루자 지붕을 뜯고 환자를 예수 앞에 바로 내려놓았던 에피소드입니다. 이 때 천정으로부터 내려온 중풍병자를 향해 예수는 "테크논!"이라고 부르십니다.

우리 성경에는 보통 "작은 자야!, 소자야!"로 번역되기도 하지만, 이 표현은 예수께서 그 중풍병자를 자신의 아이, 즉 자기 자식과 같은 심정으로 여겼다는 뜻입니다. 테크논은 혈연 관계가 강조되는 말이기

봄. 에아르(ἔαρ)

때문에 복수형인 '테크나'(τέκνα)로 바뀌면 자녀들이란 뜻을 넘어 자손들이라는 의미도 갖습니다. 아브라함의 자손들(테크나)이라고 표현할 때 뿐 아니라(마 3:9), 예수를 십자가에 못 박으면서 그 핏값을 우리 후손들(테크나)에게 돌리라고 할 때도(마 27:25) 이 테크나가 사용되었습니다. 바울의 후기 서신에 속하는 골로새서와 에베소서에서도 교인들을 위한 훈계를 할 때 "테크나!" 즉 "자녀들아!"라고 부르면서 시작하는 것을 읽을 수가 있습니다. 교회 공동체가 한 가족임을 상징적으로 보여 주는 예들이라고 하겠습니다.

이렇게 아이를 뜻하는 파이스와 테크논은 또 이 아이들이 말귀를 알아듣고 기술 습득이 가능하다는 의미도 동시에 갖고 있습니다. 그래서 파이스에서는 어린이에 대한 전반적인 훈련과 교육을 뜻하는 말 '파이데이아'(παιδεία)가 유래하고, 또 테크논에서 기술, 기술자라는 의미의 '테크톤'(τέκτων)이라는 말이 나옵니다.

테크톤이란 말은 신약성서에서 수공업자인 목수木手라는 말로도 쓰입니다. 마가복음 6장 3절은 예수께서 자신의 고향 나사렛을 방문하는 이야기를 전합니다. 거기에 보면 예수를 알아본 고향 사람들은 예수를 향해 "이 사람이 마리아의 아들 목수(τέκτων, 테크톤)가 아니냐"고 말합니다. 이 테크톤은 오늘날도 역시 기술을 말할 때 사용하는 테크닉(technique)이란 말의 어원이기도 합니다. 말귀를 알아들어 교육과 훈련 그리고 기술교육을 시킬 수 있는 파이디아와 테크나를 바르게 교육(παιδεία, 파이데이아)하고 양육해야 할 것입니다.

18

은혜와 평화, 카리스(χάρις)와 에이레네(εἰρηνη)

··

    신약성서의 절반을 훨씬 넘는 분량을 차지하는 바울의 편지는 교회와 신자들에게 언제나 "은혜와 평강"을 기원하는 인사로 시작합니다. 바울의 편지에 빠짐없이 등장하는 인사인 이 "은혜와 평강"이 헬라어로 '카리스'(χάρις)와 '에이레네'(εἰρήνη)입니다. 먼저 카리스(χάρις)라는 말은 "기쁨, 즐거움, 연민, 자비, 친절, 감사" 등의 의미를 담고 있는 아주 자주 쓰이는 인사말이었습니다. 그리고 이런 모든 아름다운 뜻을 모아서 인사할 때, 그 의도는 인사를 받는 사람에게 그런 모든 "행운"이 깃들기를 바라는 것입니다.

    카리스라는 인사를 초기 기독교의 신자들이 서로 주고받았다면 그 카리스에는 당시 사람들이 사용하던 그 의미와 거기에 더하여 그 기쁨과 감사의 배후에 하나님이 계신다는 신앙 고백을 표현한 인사라고 볼 수 있습니다. 모든 것이 다 하나님의 은혜요, 감사라는 신앙 고백인 것입니다. 그래서 카리스를 인사한다는 것은 인생만사人生萬事와 생사화복生死禍福의 주권과 동기가 하나님께 있고 하나님께로부터 온다는 믿음을 말하고, 믿음으로 하나님의 은혜를 받은 사람들에게는 그 은혜가 다양한 징표인, 은사(χάριςμα, 카리스마)로 나타난다는 것입니다. 재미있게도 이 카리스라는 말에는 '공짜'라는 의미도 있으니 카리스마는 하나님께로부터 거저 받은 선물들을 말하기도 합니다. 하나님께 카리스마를 받는 사람들은 당연히 하나님과 얼마나 친밀한 관계 속에 있는 지 말할 필요가 없을 것입니다.

바울의 두 번째 인사말은 평강입니다.

평강은 이제 우리에게 평화라는 말로 더 친숙합니다. 이 평화가 바로 에이레네(εἰρήνη)입니다. 이 에이레네는 위에서 우리가 다룬 것처럼 기본적으로 어떤 상태나 관계를 말하기보다는 단지 "전쟁의 반대"를 뜻했습니다. 혹은 "혼돈, 혼란이 없음"을 말합니다. 그리고 이로부터 평화의 의미가 파생되었다고 봅니다.

하지만 헬라 사람들은 이 에이레네를 인사말로 사용하지는 않았습니다. 그들의 인사는 이 글의 도입에서 살펴본 것처럼 카리스입니다. 에이레네, 즉 평화를 인사의 말로 사용하는 사람들은 팔레스틴과 중동 아시아의 사람들이었습니다. 그러므로 바울이 그의 편지에서 에이레네라는 인사를 말할 때는 헬라의 인사법을 따랐다기보다는 구약성서와 유대인의 전통에 있는 인사인 '샬롬'을 헬라어로 번역해서 사용했다고 봐야할 것입니다. 샬롬은 보통 구약성서와 팔레스틴의 전통에서 볼 때는 "문제없음, 만사형통, 건강, 번영, 좋은 관계"등을 뜻합니다. 그 의미가 우리의 인사 '안녕'과 유사하다고 할 수 있습니다. 그러고 보니 우리 민족도 단순히 그 날의 날씨와 시간에 빗대어 아침, 점심, 저녁을 인사하는 민족과는 사뭇 다른 '평화'를 기원하는 고귀한 민족입니다. 어쨌든 샬롬은 그 마지막 뜻으로 '완성'을 의미하기도 합니다. 종말에 하나님이 이루시는 완벽한 평화의 기원을 담고 있는 것입니다. 이런 맥락에서 위의 카리스에서처럼 샬롬은 하나님께로부터 오는 선물과도 같은 것이며 에이레네는 샬롬의 모든 뜻을 담아 그것을 헬라 세계에서 사용한 바울의 번역으로 봐야할 것입니다.

바울은 이 헬라의 대표적인 인사 카리스와 아시아의 대표적인 인사 에이레네를 창조적으로 결합해서 교회와 성도들에게 사용했던 것입니다. 그는 이런 인사말을 통해 유럽과 아시아가 복음(유앙겔리온)으로 하나 될 것을 꿈꾸었을지도 모릅니다. 어쨌든 모든 그리스도인들이 서로에게 하는 인사는 하나님의 은혜와 평화를 기원하는 카리스와 에이레네입니다.

여러분 모두에게 여러분 모두에게 따뜻한 봄 인사를 보냅니다. "기쁨과 평화가 늘 넘치시기를…."

봄, 에아르($\check{\epsilon}\alpha\rho$)
:

여름

테로스
ΘΕΡΟΣ

Δύο ὦτα ἔχομεν, στόμα δὲ ἕν,
ἵνα πλείονα μὲν ἀκούωμεν, ἥττονα δὲ λέγωμεν.

사람에게 귀가 둘, 입이 하나인 것은
더 많이 듣고 더 적게 말하라는 것이다.

·

- Διογένης Λαέρτιος -
- 디오게네스 라에르티오스 -

1

여름, 테로스 (θέρος)

....

봄은 만물이 생동하는 것을 볼 수 있는 계절입니다.

겨우내 꽁꽁 얼어 마치 죽었던 것 같던 자연에서 새싹이 나오고 꽃이 피는 것을 볼 수 있어서 봄이라 불렀다고 합니다. 순수 우리말인 여름도 자연과 더불어 살아가던 선조들이 "열리다"라는 말에서 여름이라 불렀다고 합니다. 봄은 꽃이 피는 시절이고 여름에는 열매가 "열리고, 맺히는" 시절이라는 것입니다. 이렇게 자연에 대한 관찰을 토대로 생성된 계절의 이름에서 우리 민족이 농경 민족이었다는 것을 알 수 있습니다.

고대 그리스인들은 계절의 이름을 어떻게 지었을까요?

슬며시 궁금해집니다. 봄은 헬라어로 '에아르'(ἔαρ)라고 합니다. 에아르에는 봄이라고 굳어진 의미 외에 "아침, 동터옴" 등의 의미도 있는데 이런 의미들은 새로운 계절의 시작을 알리는 봄의 이미지와 잘 들어맞습니다. 한편 이 에아르는 또한 고대 헬라어의 다른 방언 계열인 아티카 방언에서는 '에로스'(ἦρος)로 불리기도 했습니다. 이 에로스란 말에서 유추 가능한 동사들 중에는 "쟁기질하다, 경작하다, 씨뿌리다" 등의 의미를 가진 '아로오'(ἀρόω)도 있는데, 이런 사실들로 미루어 볼 때 에아르는 뭔가 시작하는 계절이며, 밭을 갈고 씨를 뿌린다는 의미의 우리나라의 봄에 대한 계절 감각과 별반 다르지 않습니다.

그럼 여름의 경우는 어떨까요?

헬라어의 여름이란 말 '테로스'(θέρος)는 '테로'(θέρω)라는 말에서 왔습니다. 테로가 "열을 내다, 더워지다"라는 의미이니까 헬라어의 여름이란 말은 단순히 덥다는 의미에서 온 것입니다. 물론 테로스가 가끔 '여름 과일'이란 말로 쓰이기는 하지만 우리처럼 열매가 열린다는 뜻과는 좀 다르다고 할 수 있습니다. 신약성서에서는 여름이라는 말이 마태복음 24장 32절, 마가복음 13장 28절 그리고 누가복음 21장 30절에 나옵니다.

그런데 각기 다른 성경에 나오는 이 여름이라는 말의 배경은 모두 같습니다. 그래서 성서 학자들은 마태복음, 마가복음, 누가복음을 한 꺼번에 부를 때 공관복음共觀福音이라고 합니다. 성서를 기술하는 관점이 유사하고 내용이 비슷하다는 말입니다. 그래서 마태, 마가, 누가 이 세 복음서는 상호 간에 비교하며 연구하는 경우가 많습니다.

공관복음을 연구할 때 이 셋 중에 기준은 항상 마가복음으로 잡습니다. 그 이유는 공관복음서 중에서 마가복음이 제일 먼저 기록되어 마태와 누가가 마가를 참조하여 자신들의 복음서를 썼다는 가설 때문입니다. 다른 말로 '마가-우선설'이라고도 합니다. 여름, 테로스가 나오는 이 세 본문이 발생상의 이유로 대동소이大同小異하기 때문에 여기서도 마가-우선설을 따라 먼저 마가복음 13장 28절을 보면서 테로스에 관한 이야기를 해 보겠습니다.

마가복음 13장은 원접맥락인 마크로 텍스트의 관점에서 보면 생애의 마지막 일주일을 보내는 예수에 초점을 맞추고 있습니다. 제가 선택한 구절은 종말과 말세에 관한 가르침의 한 대목으로 그때와 시기에 대한 부분입니다. 예수는 "무화과나무의 비유를 배우라 그 가지가 연하여지고 잎사귀를 내면 여름이 가까운 줄 아나니"(ἀπὸ δὲ τῆς συκῆς μάθετε τὴν παραβολήν· ὅταν ἤδη ὁ κλάδος αὐτῆς ἁπαλὸς γένηται καὶ ἐκφύῃ τὰ φύλλα, γινώσκετε ὅτι ἐγγὺς τὸ θέρος ἐστίν, 아포 데 테스 수케스 마테테 텐 파라볼렌. 호탄 에데 호 클라도스 아우테스 하팔로스 게네타이 카이 에크퓌에 타 퓔라, 기노스케테 호티 엥구스 토 테로스 에스틴)라고 말씀하시면서 무화과나무를 보면서 계절의 추이를, 즉 여름이 다가온 것을 알아채라고 말씀하십니다.

무화과나무, 헬라어로 '수케에'(συκῆ)는 지중해 연안 지역에서 많이 키우는 나무 중의 하나입니다. 특히 신약성서 시대를 전후로는 가난한 사람들의 식량 대용으로도 각광을 받아 사람들은 열매를 바로 먹기도 하고 말려서 먹기도 했습니다. 말린 무화과는 여행자의 흔한 도시락이 되기도 했습니다. 이런 배경에서 본다면 마가복음 11장 12~14절을 더 잘 이해할 수 있습니다. 여행 중에 시장하신 예수가 길가에 심긴 무화과나무를 보고 그 열매를 먹으려고 다가갔습니다. 그러나 잎사귀는 무성한데 열매가 하나도 달리지 않은 무화과나무에 큰 실망을 드러냈다는 에피소드입니다.

뚜렷하게 드러나지 않는 봄과 가을을 가진 팔레스틴의 기후는 우기와 건기로만 나뉘어져 있어 여름과 겨울만 있습니다. 겨울에는 잎이 지고 여름이 되면 새싹이 나고 잎이 연하여지며 무성해집니다. 무화과나무는 3번의 추수가 가능해서 이르면 초여름에 열매를 맺기도 합니다. 마가복음 13장 28절은 이런 현상을 정확히 반영하고 있습니다.

먼저 가지(κλάδος, 클라도스)가 연해지면 열매를 맺을 준비를 합니다. 그리고 잎(φύλλα, 퓔라)이 무성해집니다. 퓔라는 여기서 중성 복수 명사입니다. 단수로는 '퓔론'(φύλλον)입니다. 그리고 이런 변화가 나타나면 이제 여름, 테로스라는 것을 알아야 한다는 말입니다. 무화과나무는 이때 서서히 열매를 맺기 시작합니다. 거름을 잘 주고 발육이 빠른 나무는 이미 열매가 달리기도 합니다.

앞에서 살펴보았듯이, 헬라어의 여름이란 단어, '테로스'(θέρος)는 단순히 '덥다'라는 뜻 이외에 별 다른 의미는 없습니다. 그러나 식물이 열매를 맺기 위해서는 거름과 같은 영양분도 있어야 하지만 이런 더위, 열기가 있기 때문에 열매가 나오고 익어갈 수 있는 것이 아닐까요?

예수님께서 질책하신 무화과나무는 많은 결실을 맺어야 하는 여름임에도 불구하고 잎만 무성하고 결실이 없어서 결국 영원토록 사람이 그 무화과나무에서 열매를 따 먹지 못할 것이라는 말을 들었습니다. 이 무화과나무에게는 얼마나 끔찍한 저주의 말이었을까요? 이 에피소드는 지금 우리의 삶을 돌아보고 정신을 차리라고 말하고 있습니다. 결실을 맺어야 하는 인생의 여름에, 분주함으로 쓸데없이 잎만 무성한 때를 보내고 있지는 않은지요? 예수님께서 질책하시는 소리가 귀에 들리는 듯합니다.

여러분은 지금 인생의 어느 계절에 와 있습니까?

뜨거운 태양 아래 땀 흘리는 수고를 하고 계십니까? 그때가 바로 열매가 열리기 시작하는 여름입니다!

2

나무와 열매, 덴드론(δένδρον)과 카르포스(κάρπος)

....

웬만한 식견을 가지지 않고서는 산과 들에 심겨진 각종 나무가 어떤 나무인지 정확하게 구별해 낼 수 있는 사람은 그리 많지 않을 것이라 생각합니다.

예를 들어 이 나무가 사과나무인지 배나무인지 아니면 감나무나 대추나무인지를 가려내기가 쉽지 않습니다. 그러나 이렇게 얘기하면 그게 뭐 그리 어려워? 반문하실 분들이 있을 것입니다. 사과나무야 사과가 열려 있으면 사과나무이고, 배나무야 배가 열려 있으면 배나무지 그걸 왜 구별 못할까 라며 즉각 응수할 수 있습니다. 맞습니다! 나무는 그 열매를 보면 누구나 그 나무가 어떤 나무인지 쉽게 구별할 수 있습니다. 그러나 열매가 열리기 전까지는 어떨까요? 아마 제가 말문을 연 것처럼 열매가 열리기 전에 그 나무가 어떤 나무인지 알아맞히는 것이 수월한 일은 아닐 것입니다. 더구나 열매가 열리지 않는 나무의 구별은 어쩌면 전문가의 영역으로 갈 수밖에 없을 것입니다.

헬라어에서는 나무를 '덴드론'(δένδρον)이라 부르고 그 열매는 '카르포스'(καρπος)라고 합니다. 예수께서도 마태복음 7장 16절에서 나무는 열매를 보고 알 수 있다고 말씀하신 적이 있습니다. 열매를 보기 전에는 그 나무가 어떤 나무인지 알 수가 없다는 것을 수긍하시는 것처럼 말입니다. "그들의 열매로 그들을 알지니"(ἀπὸ τῶν καρπῶν αὐτῶν ἐπιγνώσεσθε αὐτούς, 아포 톤 카르폰 아우톤 에피그노세스테 아우투스)라고 말입니다. 이어서 "가시나무에서 포도를, 또는 엉겅퀴에서 무화과를 따겠느냐?"(μήτι συλλέγουσιν ἀπὸ ἀκανθῶν σταφυλὰς ἢ ἀπὸ τριβόλων σῦκα; 메티 술래구신 아포 아칸톤 스타퓔라스 헤 아포 트리볼론 수카)고 반문하십니다. 그렇습니다. 당연히 가시나무에서 포도를 딸 수 없고 엉겅퀴에서 무화과를 딸 수는 없습니다.

그런데 여기에서 흥미로운 것은 바로 이 나무와 열매, 덴드론과 카르포스의 관계를 사람에 비유하여 말하고 있다는 것입니다. 우리도 훌륭한 인재를 나무에 비유하여 재목材木이라고 말하곤 합니다. 이런 사실은 18절에 이어지는 예수의 말 속에서 그것을 구체적으로 확인할 수 있습니다.

"좋은 나무마다 아름다운 열매를 맺고 못된 나무가 나쁜 열매를 맺나니."(πᾶν δένδρον ἀγαθὸν καρποὺς καλοὺς ποιεῖ, τὸ δὲ σαπρὸν δένδρον καρποὺς πονηροὺς ποιεῖ, 판 덴드론 아가톤 카르푸스 칼루스

여름. 테로스(θέρος)

123

포이에이, 토 데 사프론 덴드론 카르푸스 포네루스 포이에이) 바꾸어 말하면, 좋은 사람에게서 좋은 열매가, 나쁜 사람에게서 나쁜 열매가 맺힌다는 말입니다.

여기서 우리가 이 열매를 마태복음의 해석을 위한 열쇠말로 보면 그 의미는 행실, 행위, 실천이라고 할 수 있습니다. 그 이유는 마태와 마태 공동체는 아직 율법의 행위를 중시하는 유대인 출신 그리스도인들로 구성되었다고 보기 때문입니다. 좋은 사람에게서 좋은 열매와 같은 행실과 실천이 나타난다는 것은 너무나 당연한 일일 것입니다. 위 구절에서 좋다善와 아름답다美에 해당하는 헬라어로 각각 '아가톤'(ἀγαθὸν)과 '칼루스'(καλοὺς)가 쓰였습니다. 형용사의 경우 원형은 남성 주격 단수이므로, 이 두 단어의 원형은 '아가토스'(ἀγαθός)와 '칼로스'(καλός)입니다. 우리 성경에 이 아가토스와 칼로스는 각기 좋은 것과 아름다운 것, 즉 선과 미로 번역이 되어 있습니다.

그래서 "좋은 나무가 아름다운 열매를 맺는다"라고 되어 있으나 다른 우리말 번역이나 다른 나라의 성경 중에는 "좋은 나무가 좋은 열매를 맺는다"라고 번역하여 아가토스나 칼로스 모두 "좋은"이라는 말로 번역했습니다. 원문에 충실한 문자적 번역 의도라면 아가토스와 칼로스를 "좋은 나무"와 "아름다운 열매"로 번역할 수 있겠습니다.

그러나 다른 측면에서, 즉 문장의 논리적 흐름을 따르고 칼로스의 의미를 아가토스와 상응하게 번역한다면 "좋은 나무"와 "좋은 열매"라고 해도 좋은 번역이라 할 수 있습니다. 왜냐하면 칼로스는 종류와 특성을 묘사하는 형용사로 "아름답다, 멋지다, 좋다, 선하다, 유익하다, 쓸모 있다"라는 뜻을 가지고 있기 때문입니다. 이렇게 볼 때 칼로스는 아가토스를 반복해서 사용하기보다는 같은 의미를 가진 다른 말인 칼로스를 씀으로 문장의 밋밋함을 회피하고 그 의미도 더 확대하려는 의도가 있지 않았나 하는 생각이 들기도 합니다. 그래서인지 많은 영어 번역본 성경들은 "every good tree bears good fruit; but the bad tree bears bad fruit."라는 번역을 선호합니다.

좋은 나무가 좋은 열매를 맺듯이 착한 사람은 착한 행실, 행위를 동반할 수밖에 없습니다. 우리 속담에 "열 길 물 속은 알아도 한 길 사람 속은 모른다"는 말이 있는 것처럼 어떤 사람이 좋은 사람인지, 어떤 사람이 나쁜 사람인지 그 사람의 본바탕을 알기가 쉽지 않습니다. 하지만 그 사람이 맺는 열매를 보면 어떤 사람인지 정확히 알 수 있습니다. 그래서 예수께서도 사람을 말이 아니라 실천과 행위를 동반한 열매로 알 수 있다고 가르치신 것입니다.

그렇다면 좋은 사람이 맺을 수 있는 좋은 열매, 착한 열매에는 어떤 것들이 있을까요? 초기 기독교의 뛰어난 지도자 바울은 지금 터키 북부 지역인 당시의 갈라디아 지방에 세워진 교회에 보내는 편지에서 그리스도인들은 이런 열매를 맺어야 한다고 전한 적이 있습니다. 갈라디아서 5장 22절로 23절입니다. "사랑과 희락과 화평과 오래 참음과 자비와 양선과 충성과 온유와 절제"(ἀγάπη, χαρά, εἰρήνη, μακροθυμία, χρηστότης, ἀγαθωσύνη, πίστις, πραΰτης, ἐγκράτεια, 아가페, 카라, 에이레네, 마크로튀미아, 크레스토테스, 아가토수네, 피스티스, 프라우테스, 엥크라테이아), 바울이 열거한 이 모든 좋은 열매의 리스트는 이미 고대 그리스에서 칭송받고 그렇게 살기를 기대하는 덕과 선행의 목록입니다.

좋은 사람이 맺을 수 있는 이 9가지 열매는 다시 3개의 열매가 차례로 짝을 이루고 있습니다. 아가페, 카라, 에이레네가 한 짝이고 마크로튀미아, 크레스토테스, 아가토수네가 그 다음 한 짝 그리고 피스티스, 프라우테스, 엥크라테이아가 나머지 한 짝입니다.

이 헬라어의 덕과 선행 목록이 우리말로 잘 번역되어 있지만 번역의 특성상 출발어에서 도착어로 넘어갈 때 한 의미만을 선택하여 일대일로 번역할 수밖에 없는 한계가 있습니다. 이 덕목들이 원래 헬라어에서는 어떤 추가적인 의미가 있는지 조금 더 살펴보겠습니다.

사랑, 아가페(ἀγάπη)

아가페는 종종 '사랑하다'라는 말을 표현할 때 가장 많이 사용하는 필리아와 종종 교차해서 사용되기도 하지만, 아가페를 쓴다면 좀 색다른 느낌을 주기도 합니다.

아가페는 일상에서 사용하는 이런 일반적인 용례를 넘어 이제는 기독교의 사랑을 특징적으로 설명하는 말로 자리매김하고 있습니다. 그이유는 아가페는 조건 없는 희생적인, 숭고한 사랑을 말하기에 신적인 사랑, 부모의 사랑을 표현할 때 자주 등장하기 때문입니다.

신약성서에서도 이 아가페는 필리아의 대치어로 사용되기도 하지만, 형제간의 사랑이나 교회 공동체에 대한 사랑을 표현할 때는 필리아의 의미보다는 기독교적으로 전문화되어 사용되는 아가페의 의미로 보아야 할 것입니다.

기쁨, 카라(χαρά)

헬라어에서 〈히〉 혹은 〈크시〉라는 알파벳 χ의 발음은 쉽지 않습니다. 우리가 굳이 후두음까지 내지 않고 쉽게 발음하면 χαρά의 경우 '카라'입니다.

그러나 이 알파벳이 "히" 혹은 "크시"라는 것을 고려하면 이 χαρά는 '샤라' 또는 아주 거센 〈ㅎ〉발음으로 '하라'가 될 수도 있습니다. 이런 발음을 따르면 그리스도의 헬라어 표기인 Χριστός는 '흐리스토스'로 발음할 수도 있습니다. 카라는 "기쁨, 유쾌함"이란 뜻으로 고대 그리스에서는 신이 마음에 주는 선물로도 이해합니다.

평화, 에이레네(εἰρήνη)

'에이레네'(εἰρήνη)는 보통 관계와 상태에 있어서의 평화로움을 말합니다. 그래서 흔히 전쟁과 혼란의 반대말이기도 합니다. 이 에이레네는 로마의 아우구스투스(Augustus) 황제 때에 주창된 로마에 의한 평화, Pax Romana(팍스 로마나)의 라틴어 pax와 상응하는 헬라어이기도 합니다.

여름, 테로스(θέρος)

그러나 로마에 의한 평화라는 것은 어디까지나 로마의 지배 아래에서, 로마가 허용하는 한에서의 평화를 누리라는 로마제국의 통치 이념이기도 합니다. 이것은 사실 진정한 평화가 아니라 거짓된 평화, 위장된 평화 그리고 조작된 평화라고 할 수 있습니다.

신약성서에서 로마의 국치國治에 숨겨진 기만과 불의에 반기를 든 대표적인 성경이 누가복음입니다. 누가복음 2장은 아우구스투스 때에 이 세상에 오신 예수 그리스도를 소개합니다. 그리고 그분이 이 땅에 참된 평화(in terra pax, 인 테라 팍스)를 주실 '평화의 왕'이라고 합니다.

인내, 마크로튀미아(μακροθυμία)

헬라어 형용사에 시간과 거리가 멀찍이 떨어져 있는 것을 표현하는 '마크로스'(μακρός)와 아주 가까이 접해 있다는 것을 표현하는 '미크로스'(μικρός)라는 단어가 있습니다. 이 헬라어에서 유래한 '매크로'(macro)와 '마이크로'(micro)는 아직도 우리가 생활 속에서 익숙하게 사용하고 있습니다.

인내를 뜻하는 '마크로튀미아'(μακροθυμία)는 '마크로스'(μακρός)와 '튀모스'(θυμός)의 합성어입니다. 튀모스는 "기질, 성향, 기분"등의 기본 뜻과 "끈질기다, 염원하다"는 의미들도 가지고 있습니다. 이 두 의미를 합성하면 "끈질기게 멀리 보는, 오랫동안 염원하는" 등의 의미가 만들어집니다. 우리의 인내라는 뜻과 많이 상통합니다.

자비, 크레스토테스(χρηστότης)

한국개신교 17개 교단에서 예배와 예전의 공인 성경으로 결정한 『개역개정역』성경에서 '자비'로 번역한 '크레스토테스'(χρηστότης)는 그 뉘앙스면에서는 '자비'보다는 '친절'로 번역하는 것이 더 적절해 보이는 말입니다. 이를 증명하듯이 대부분의 영어성경은 "kindness, gentle"(카인드니스, 젠틀)등으로 번역했고 독일어 성경도 같은 의미인 "freundlichkeit"(프로인트리히카이트)로 번역하고 있습니다.

크레스토테스의 여러 뜻 중에서 "인자한 마음, 관대함" 등도 발견할 수 있어 '자비'로 번역할 가능성을 전혀 배제할 수 없기도 합니다. 그러나 그 경우는 왕이나 통치자 등 높은 지위에 있는 사람의 마음과 태도를 표현할 때 더 적당한 표현으로 보입니다.

따라서 평범한 개인과 개인과의 관계 속에서 벌어지는 일을 표현할 때는 "친절"이란 말로 생각하는 것이 더 어울립니다.

양선, 아가토수네(ἀγαθωσύνη)

'아가토수네'(ἀγαθωσύνη)는 '아가토스'(ἀγαθός)에서 온 말입니다. 아가토스는 위에서 다룬 것처럼 '칼로스'(καλός)와 종종 상호 교차하여 쓰는 동의어로 "좋음, 아름다움, 선함"의 뜻에서 왔습니다.

고대 그리스의 철학에서 아가토스는 아주 중요한 화두였습니다. 심지어 아리스토텔레스 철학의 핵심이며 요체라고까지 말하는 사람들도 있습니다. 아리스토텔레스의 『니코마코스 윤리』('Ηθικὰ Νικομάχεια, 에티카 니코마케이아)에서 이 아가토스는 사람들이 살아가는 삶의 실재적 표준이며 목표와 목적이라고까지 설명하고 있습니다.

이런 의미의 연장에서 보면 아가토스에서 명사형으로 파생된 아가토수네는 "착함, 선량함"으로 번역할 수 있고 삶 속에서 윤리적 행동을 촉구한다면 "선행"이라는 의미도 잘 들어맞습니다.

충성, 피스티스(πίστις)

충성이라고 한 '피스티스'(πίστις)는 본래 "성실, 신실, 신뢰, 믿음"이란 다양한 의미를 함축하지만, 여기서는 충성이라고 번역되었습니다.

피스티스는 신약성서의 다른 곳에서는 주로 믿음으로 더 광범위하게 사용됩니다. 예를 들어 예수가 함께 계심에도 풍랑에 겁을 집어먹고 두려워 떠는 제자들에게 예수께서 "너희가 어찌 믿음이 없느냐?"(οὔπω ἔχετε πίστιν, 우포 에케테 피스틴;)라고 하신 것이 그 대표적 구절이라고 할 수 있습니다.

따라서 신약성서에서는 피스티스 하면 곧바로 믿음으로 여기는 경향이 강한데, 이곳에서는 "성실, 신실, 신뢰, 믿음" 이 모든 것을 아우른다는 뜻에서 충성이라고 번역한 것으로 보입니다.

온유, 프라우테스(πραΰτης)

'프라우테스'(πραΰτης)란 말에서는 헬라어의 발음기호 하나를 배워야 할 필요가 있습니다. 소위 "앞의 음절과 나누어서 발음하라"는 〈··〉 기호로 모음의 머리 위에 붙여 음절을 어떻게 끊어서 발음하는지 알려 주는 트레마(trema)라는 것입니다.

프라우테스의 경우 정확히는 "프라우-테스"로 소리 내야 한다는 말입니다. 프라우테스는 과도하지 않은 내면의 성향을 표현하는 말로 "온유, 겸손, 예절바름, 사려 깊음" 등의 뜻을 갖습니다.

절제, 엥크라테이아(ἐγκράτεια)

고대 그리스의 철학과 윤리에서 '엥크라테이아'(ἐγκράτεια)는 자주 언급이 되는 단어 중 하나입니다.

이 말은 주로 내면의 욕구나 욕망과의 관련 속에서, 말하자면 먹고 마시는 기본적인 욕구와 그것으로부터 확대된 모든 욕망에서 자유로운 상태, 즉 그로부터 독립되어 종속적이지 않음을 표현할 때 쓰는 말입니다. 따라서 엥크라테이아는 더 정확히 자기절제, 자기훈련, 자기통제를 의미한다고 할 수 있습니다.

이상으로 고대 그리스에서 칭송받고 그렇게 살기를 기대한 선행 목록과 일치하는 바울의 좋은 열매 리스트를 살펴보았습니다. 좋은 나무에 좋은 열매가 열리듯이 좋은 나무이신 여러분에게도 이런 아름다운 열매인 사랑, 희락, 화평, 인내, 자비, 선행, 신실함, 온유, 절제가 삶속에 주렁주렁 열리기를 소망합니다.

여름, 테로스(θέρος)

8

유월절의 아주마(ἄζυμα)

....

우리의 설날이나 추석처럼 유대인들에게도 오랜 전통으로 중요하게 지키는 명절 가운데 유월절이 있습니다.

이 절기에 유월이라는 말이 붙어 있다고 해서 6월에 지내는 어떤 절기를 말하는 것은 아닙니다. 유대인들이 소중히 여기고 성경에 자주 나오는 이 유월절踰越節은 고대 이스라엘 민족이 이집트의 노예로 있다가 해방되고 탈출한 것을 기념하는 절기입니다.

구약성서 출애굽기 12장은 유월절이 어떻게 시작되었는지 자세히 알려 주고 있습니다. 유월절에 들어 있는 유월이라는 말은 한자 표기에서 알 수 있듯이 "유월했다, 넘어갔다"라는 의미를 갖고 있습니다. 영어로는 pass over(패스 오버)라고 합니다.

이 유월절이라는 절기는 고대 이스라엘의 위대한 지도자였던 모세

(Μωυσῆς)의 에피소드와 깊은 관련이 있습니다. 모세의 일화는 많은 극적인 요소를 담고 있어 할리우드 영화에 자주 등장하기도 하지만 만화영화의 소재로도 심심치 않게 쓰입니다. 모세는 "스스로 있는 자"('Εγώ εἰμι ὁ ὤν, 에고 에이미 호 온), 하나님으로부터 이스라엘 민족을 이집트에서 해방시키고 가나안으로 이주시키라는 신탁을 받습니다. 그러나 이집트의 왕 파라오(Φαραω)가 그것을 받아드릴 리 만무했습니다. 결국 모세는 하나님의 능력을 힘입어 이집트에 10가지 재앙을 내리게 되고 거듭되는 재앙에 겁을 먹은 파라오는 이스라엘 민족이 가나안 땅, 지금의 팔레스틴으로 이주하는 것을 허락하게 됩니다.

유월절은 그때 하나님이 고대 이집트에 내린 마지막 열 번째 재앙과 밀접한 관련이 있습니다. 열 번째 재앙은 파라오의 완고함에 하나님께서 이집트 땅에 처음 난 짐승이나 사람의 목숨을 빼앗았던 것으로 흡사 종말론적 심판의 성격을 띠고 있다고 하겠습니다.

이 재앙에는 이집트 사람이든 이스라엘 민족의 조상인 히브리 사람이든 예외 없이 받아야 할 재앙이 있었습니다. 단 그 재앙을 피할 수 있는, pass over 즉 유월할 수 있는 방법이 하나 있었습니다. 종말론적 심판과 같았던 이 재앙을 넘길 수 있는 유일한 방법은 첫 번째 유월절을 설명하고 있는 출애굽기 12장 1~14절에 잘 나타나 있습니다. 그곳에 기록된 첫 유월절에 행한 일들을 보면 이집트에서 탈출하는 달 14일 저녁에 가족 단위로 흠 없고 일 년 된 수컷 어린양이나 염소를 잡아 그 피를 문 좌우의 문설주와 인방에 바르는 것으로 시작하여, 밤이 되면

여름, 테로스($\theta\acute{\varepsilon}\rho o\varsigma$)

그 고기를 구운 후 무교병과 쓴 나물을 먹었야 했습니다. 문틀과 문설주에 피를 바른 집은 그 재앙이 넘어가서 사람이든 짐승이든 첫 번째 태생이 죽어야 하는 재앙을 피할 수 있었습니다.

이스라엘 사람들은 그 명령에 순종했고 이집트 사람은 그것을 무시하여 파라오의 첫 아들까지 목숨을 잃게 되었습니다. 이렇게 구원과 해방을 얻은 이스라엘 민족은 이것을 기념하여 대대로 지켰고 "넘어가다, 유월하다"라는 의미의 유월절($\pi\alpha\sigma\chi\alpha$, 파스카)을 명절로 지키게 되었습니다.

그런데 이 유월절 기간에 무교병無酵餠을 먹었기 때문에 무교병을 먹는 절기라는 의미로 이 명절은 유월절이라 불림과 동시에 또 무교절이라고도 했습니다. 그래서 유월절 혹은 무교절이라는 축제는 한편으로 하나님의 말씀을 순종하고 실천한다는 의미와 그것을 기념하고 반복한다는 이중적 의미를 갖고 있다고 할 수 있습니다.

이 유월절에는 문설주와 문틀에 양이나 염소의 피를 발라야 했던 상징과 일치하게 대속의 의미를 가진 어린양 혹은 어린 염소를 잡은 후 먹는 풍습이 있었습니다. 그리고 위의 출애굽기 이야기에서 읽은 것처럼 무교병과 쓴 나물도 먹어야 했습니다. 축제의 잔치 음식으로 보기에는 뭔가 어울리지 않는 면이 있습니다. 무교병과 쓴 나물은 한마디로 맛없는 음식입니다. 어떻게 보면 간이 음식일 수도 있습니다.

이집트에서 급히 빠져나오느라 미처 빵을 발효시킬 여유도 나물 또한 양념해서 맛있게 무칠 수 있는 여유조차 없었을 것입니다. 그리고 이런 음식을 먹어야 하는 또 다른 의미는 맛없는 음식을 먹으며 조상들이 과거에 특별하고 어려운 시기를 보냈음을 똑똑히 기억하라는 나름대로의 메시지가 담긴 것 일 수도 있습니다.

우리나라에서도 과거 서울역 앞에서 해마다 한국전쟁기념일이 되면 전쟁 음식 먹기 캠페인을 벌인 적이 있었습니다. 그때 지나가는 행인들에게 무료로 옥수수 죽을 제공했었는데 캠페인에 참가했던 많은 사람들이 설탕을 타주어도 맛없다며 제대로 먹지 못했다고 합니다. 유월절의 무교병과 쓴 나물도 과거의 힘들고 어려웠던 때를 기억하라는 의미를 담고 있습니다.

이스라엘 민족이 유월절 축제 기간에 먹었던 무교병을 헬라어로는 '아주마'(ἄζυμα)라고 합니다. 누룩이나 누룩이 들어 있다는 말, '주메'(ζύμη)에 "무엇, 무엇이 없다, 아니다"라는 의미의 접두어 "ἀ"가 붙어서 주메는 누룩이 들어 있는 유교병, 주메가 없으면 누룩이 없는 아주마(ἄζυμα)가 되어 무교병이 됩니다. 헬라어나 라틴어 그리고 영어에서도 접두어에 'a'가 붙어서 부정을 나타내는 단어들을 어렵지 않게 찾아볼 수 있습니다.

예를 들면 "순수하다, 깨끗하다"의 의미를 갖는 헬라어 카타르토스(καθάρτος)라는 형용사가 있습니다. 정화淨化라는 의미로 잘 알려진 '카타르시스'(κάθαρσις)란 말도 이 말에서 유래한 것입니다. "순수하다, 깨끗하다"라는 카타르토스라는 말에 위에서 말한 부정의 ἀ가 붙으면 아카타르토스(ἀκαθάρτος)가 되어 카타르토스의 부정인 "더러운, 부정한"이란 의미가 됩니다. 음악의 장르 중에 하나인 아카펠라(acappella)도 카펠라(cappella)에 부정의 a가 그 앞에 붙어 생성된 말로 교회와 성당에서 악기나 반주 없이 부르는 합창곡을 말합니다.

신약성서에서 누룩, 주메는 긍정의 의미로 사용되기도 하고, 때론 부정의 의미로 사용되기도 합니다. 긍정의 의미로는 마태복음 13장 33절에 예수께서 누룩이 쉽게 모든 곳에 퍼지는 특성을 말하며 "하나님의 나라는 누룩과 같다"(ὁμοία ἐστὶν ἡ βασιλεία τῶν οὐρανῶν ζύμῃ, 호모이아 에스틴 헤 바실레이아 톤 우라논 주메)고 비유를 들으신 것 입니다. 하나님 나라 더 정확히는 '하늘나라'(βασιλεία τῶν οὐρανῶν, 바실레이아 톤 우라논)가 누룩, 주메(ζύμῃ)와 "유사하다"(ὁμοία, 호모이아)라는 말입니다. 부정적 의미로는 바리새인들과 헤롯당의 거짓 가르침을 경계하며 마가복음 8장 15절에서 말씀하신 "바리새인과 헤롯의 누룩을 주의하라"(βλέπετε ἀπὸ τῆς ζύμης τῶν Φαρισαίων καὶ τῆς ζύμης Ἡρῴδου, 블레페테 아포 테스 주메스 톤 파리사이온 카이 테스 주메스 헤로두)입니다. 여기서는 누룩이 거짓가르침에 비유되며 부정적으로 사용되었습니다.

우리 성서에 "주의하라"고 번역된 '블레페테'(βλέπετε)는 '블레포'(βλέπω)의 2인칭 복수 명령형으로 주로 "보다, 살펴보다, 관찰하다"란 뜻입니다. 바리새인과 헤롯의 가르침을 주의 깊게 관찰하여 그 폐해와 전염을 조심하라는 명령입니다.

유월절에 먹는 빵은 맛없고 딱딱한 무교병입니다.

이 빵은 누룩(ζύμη, 주메)이 들어 있지 않은 아주마(ἄζυμα)로 발효시켜 부풀리지 못한 좀 딱딱한 상태의 빵입니다. 이 유대인의 유월절은 예수 그리스도를 통하여 기독교의 성만찬으로 계승되었습니다. 그렇다면 예수의 마지막 유월절 식사를 계승한 성찬식에서 유교병인 카스테라 등을 먹는 것에 대해 다시 생각해 봐야 되지 않을까요? 성찬식에 참례할 때 맛없고 딱딱한 빵을 씹으면서 예수님의 마지막 만찬과 그 너머에 있었던 유월절의 무교병을 함께 떠올려 보면 좋겠습니다. 그리고 그 빵을 먹음과 먹지 않음으로 생사生死가 갈릴 수 있다는 것 또한 함께 생각해 보면 어떨까요?

여름. 테로스(θέρος)

코스모스 (κόσμος)

....

　한때 교회 교육이 사회의 교육을 선도하던 시절이 있었습니다. 그
때는 북을 치며 동네 한 바퀴만 돌아도 어린아이들이 교회로 몰려오
던 때였습니다.

　교회가 참 재미있는 곳이었습니다. 그리고 방학에 맞춰서 시작하는
여름과 겨울의 성경학교는 손꼽아 기다리는 중요한 행사였습니다. 학
교에서도 지역사회에서도 따로 어린이를 위한 특별한 프로그램이 별
로 없던 시절 그야말로 교회는 뭔가 재미있는 것이 있었던 곳이고 성
경학교가 열리면 동네의 아이들로 왁자지껄하던 곳이었습니다. 아마
도시보다 시골이 더 그랬을 것입니다. 그 시절에 교회를 다닌 사람이
라면 불현듯 국민교육헌장이 뇌리에서 살아나듯 "흰 구름 뭉게뭉게
피는 하늘에 아침 해 명랑하게 솟아오른다"로 시작하는 여름 성경학

교 노래의 한 소절을 아직도 기억할 수 있을 것입니다. 또 그런 여름 성경학교의 동심을 간직한 세대 중에 그래도 교회를 꽤 열심히 다닌 축에 낀다면 요한복음 3장 16절도 여전히 외울 수 있을 것입니다.

요한복음 3장 16절은 숫자 하나, 둘, 셋을 세어가며, "하나(1)님이 세(3)상을 이(2)처럼 사(4)랑하사…"로 잘 잊지 않도록 가르쳤던 성경 구절이었습니다. 이 성경 구절에는 기독교의 에센스가 녹아있습니다. 그리고 숫자 일, 이, 삼, 사에 대입된 하나님, 세상 그리고 사랑이 그것을 잘 설명합니다. 이 구절을 헬라어 원문으로 보면, "οὕτως γὰρ ἠγάπησεν ὁ θεὸς τὸν κόσμον"(후토스 가르 에가페센 호 테오스 톤 코스몬)입니다. "이처럼"에 해당하는 것이 "οὕτως γὰρ"(후토스 가르)입니다. "이런 이유로, 이런 이유 때문에"로도 해석할 수 있습니다.

이제 기독교의 "사랑하다"인 아가페는 여러분에게도 익숙한 단어입니다. 여기서는 아가페 동사의 과거형 3인칭 단수인 '에가페센'(ἠγάπησεν)이 쓰였습니다. 하나님을 주어로 받기 때문에 그렇게 된 것이지요. 여기까지를 문장으로 만들면 "하나님이 이처럼 사랑하셨다"입니다. 뭔가 허전하지요? 네, 그렇습니다. 하나님이 사랑하신 대상인 목적물, 대상물인 목적어가 빠져서입니다. 이 문장의 목적어는 '코스몬'(κόσμον)입니다. 목적어인 코스몬을 원형의 꼴인 주격으로 바꾸면 '코스모스'(κόσμος)가 됩니다.

코스모스 참 친근하고 우리 주변에서 많이 쓰는 말이지요. 이 말은 우리 주변에 가까이 있는 만큼 그 의미도 참 다양합니다. 자, 그럼 위의 문장을 직역해서 완성해 보겠습니다.

"하나님이 코스모스를 이처럼 사랑하셨다." 이 말은 하나님이 사랑하신 세상이 코스모스였다는 말입니다. 하나님의 아가페의 대상이 코스모스란 말입니다.

코스모스(κόσμος)는 고대 헬라의 언어개념으로 "질서, 조화, 체계, 장식"이라는 기본적인 뜻과 "세상, 우주"라는 뜻도 있어 이런 의미들을 모아보면 "조화로운 체계, 좋은 세상, 완벽한 형태" 등을 표현할 때 쓰이기도 합니다. 그래서 코스모스의 반대말은 무질서와 혼돈을 뜻하는 '카오스'(χάος)입니다. 우리의 일상 속에서도 헬라어 코스모스란 말은 자연스럽게 우주란 말을 대체하고 있고, 여름에 여기저기에서 피기 시작하는 코스모스란 꽃말에서도 친숙합니다. 그리고 코스모스라는 말이 가지고 있는 "장식하다"는 의미에서 화장化粧을 의미하는 영어의 코스메틱(cosmetic)이란 말도 유래되었습니다.

위에서 살핀 것처럼 코스모스가 기본적으로 질서, 조화란 의미를 갖고 있으니 화장이란 자신의 얼굴에 질서를 잡고 조화롭게 한다는 말과 아주 잘 어울린다고 할 수 있습니다. 이 화장이란 말은 정말 코스모스란 말의 기막힌 활용이 아닐 수 없습니다.

신약성서에서도 코스모스는 보통 세상이란 말로 제일 많이 번역되어 사용되고 있지만, 베드로전서 3장 3절이라는 곳을 보면 "장식하고 꾸민다"는 의미로 코스모스가 사용되고 있는 것을 발견할 수 있습니다.

"너희의 단장은 머리를 꾸미고 금을 차고 아름다운 옷을 입는 외모/장식(κόσμος)으로 하지 말고."

그렇다면 신약 성서에서는 주로 사용하는 코스모스란 말에는 어떤 의미가 담겨 있을까요? 그리스도인들은 세상을 사랑하지 말라는 말도 종종 듣곤 하는데 하나님은 과연 어떤 세상, 어떤 코스모스를 사랑하신 것일까요? 신약성서에서는 우리가 사는 이 세상을 표현할 때 종종 하늘(οὐρανοῖς, 우라노이스)과 땅(γῆ, 게)을 사용합니다. 그리고 코스모스는 바로 이 하늘과 땅의 대치어로 세상을 말합니다. 그래서 신약성서에서 주로 말하는 코스모스란 모든 피조물이 살아가는 조화롭고 체계적인 세상이란 의미가 있습니다. 또 그런 의미에서 사람들이 살아가는 삶의 터전과 공간이란 의미를 갖기도 합니다.

하지만 코스모스가 사람이 살아가는 공간이라고 해서 단순히 사람들이 삶을 영위하는 공간적 개념만으로 이해해서는 안 될 것입니다. 왜냐하면 코스모스는 바로 그 코스모스 안에서 발생하는 모든 관계와 조건 그리고 가능성까지도 내포하는 개념이기 때문입니다.

요약하면 만남과 운명, 삶과 죽음, 현재와 미래, 기쁨과 고통, 그리고 시도와 실패를 포함합니다. 그리고 거기에 더하여 온 인류가 지금까지 이어온 단절 없는 시간의 개념까지도 포괄하고 있습니다.

따라서 코스모스는 "하나님(ὁ θεὸς)께서 어찌 세상(τὸν κόσμον)을 심판하시리오?"(롬 3:6하반절)와 "하나님(ὁ θεὸς)이 세상(τὸν κόσμον)을 이처럼 사랑하사…"(요 3:16상반절)라는 말씀에 비추어 보면 한 사람의 전체성을 대변하는 표현으로 볼 수도 있고, 개별적 한 사람들이 모여서 이룬 전체를 말한다고도 할 수 있습니다.

또 다른 한편으로, 코스모스는 하나님의 피조물이지만 동시에 악한 영의 세력이 권세와 위력을 발휘하는 영적 영역이 될 수도 있습니다. 성경의 세계에서 악의 근원과 주체로 대변되는 '사탄'(σατάν)은 개별적 주체인 사람을, 그리고 그 전체성인 코스모스를 유혹하고 타락시켜 노예로 삼을 뿐 아니라 종국에는 사망의 나락으로 떨어뜨리려는 시도를 끊임없이 하고 있습니다.

그러므로 우리는 영적이면서 동시에 실제인 코스모스의 역설(paradox) 속에서 살아가는 존재들입니다. 우리는 매순간 어떤 주인을 섬길까 하는 선택 앞에 서 있습니다. 내가 내 삶의 주인이며 내 인생을 주도한다고 자만할 때, 코스모스의 질서와 조화는 깨어질 것입니다. 우리 모두는 스스로를 믿으며 자신의 힘과 능력으로 삶을 이루고 살아가고 있다는 자만과 노력을 거두고 코스모스를 지으신 창조주 하나님을 지향하는 완벽한 꽃, 코스모스로 피어야 할 것입니다.

산과 평지, 호로스(ὄρος)와 페디노스(πεδινός)

··

신약성서의 처음 네 권의 책을 복음서라고 합니다.

그리고 그 네 권의 책 중에서 네 번째 책인 요한복음을 제외한 마태, 마가, 누가의 복음서를 공관복음(Synoptic Gospels)이라고 부른다는 것을 앞에서 이미 언급한 적이 있습니다.

성경을 연구하는 학자들 가운데 특히 공관복음서가 어떻게 생성되었을까를 연구하는 학자들이 내놓은 답 중에서도 가장 신빙성이 높은 것이 소위 두-자료설(two-source hypothesis)입니다. 공관복음이 두-자료를 기반으로 형성되었을 것이라는 가설입니다.

그들이 말한 두 자료란 먼저 실체가 드러난 마가복음과 실체가 모호한 Q라는 자료입니다. 두 번째 자료인 Q는 독일어의 Quelle(크벨레)라는 말의 첫 글자에서 따왔는데 그 의미는 "원자료, 원천, 샘물"이라는 뜻입니다. Q는 사실 초기 기독교의 정황과 역사를 밝혀내는 데 중요한 역할을 합니다. 초기 기독교의 발생에 관한 사회학적 연구에서 예수의 제자 그룹은 출가出家제자와 정주定住제자로 대별합니다.

출가제자는 말 그대로 집을 나와서 방랑하는 떠돌이 집단을 말하며, 정주제자는 자신의 삶의 터전인 지역에 머물면서 복음을 전하는 제자 집단을 말합니다. 이에 관한 더 발전된 이론은 이 두 그룹이 상호 보완적인 네트워크를 이룬다고 보기도 합니다. 예수의 이 두 그룹 중에서 예수의 말씀 어록, 로기아(logia)를 Q의 형태로 보존하고 전승한 제자들은 출가제자들일 것으로 추정합니다. 이 가설에서 어렵고도 복잡한 문제는 문서로 고정된 마가복음과 달리 그렇지 않은 Q의 실체와 그것이 활용된 삶의 자리(Sitz im Leben, 짙츠 임 레벤)를 찾는 것입니다.

Q는 어떻게 보면 흐르는 물처럼 실체와 내용은 있으면서 담기는 그릇에 따라 그 모양이 달라지는 것처럼 보이기도 합니다. 예를 들어 예수의 설교를 마태는 〈산상설교〉라는 틀 속에 구성했지만, 누가는 같은 내용의 설교를 〈평지설교〉라는 틀로 펼치고 있습니다. 이것은 똑같은 Q에서 유래되었으나 그 배경과 구성이 변경되었음을 보여 주는 예라 할 수 있습니다. 텍스트(text)가 컨텍스트(context)에 상응한 경우입니다. 마태복음의 컨텍스트와 독자는 유대인 공동체로 알려져 있고, 누가복음의 컨텍스트와 독자는 헬라 공동체로 보고 있습니다. 이런 컨텍스트의 차이에서 마태복음 5장 1절에서는 예수께서 "무리를

보시고, 산에 올라가서" (ἰδὼν δὲ τοὺς ὄχλους ἀνέβη εἰς τὸ ὄρος, 이돈 데 투스 오클루스 아네베 에이스 토 호로스)" 로기아를 전하시고, 누가복음 6장 17절에서는 예수께서 "(산을 내려와) 평지에서", ἔστη ἐπὶ τόπου πεδινοῦ, 에스테 에피 토푸 페이누) 로기아를 전하십니다.

이처럼 마태에서는 '산' (ὄρος, 호로스)에서 그리고 누가에서는 '평지' (ἐπὶ τόπου πεδινοῦ, 에피 토푸 페이누)에서 로기아가 선포되는 것을 알 수 있습니다. 유대인들은 뭔가 신성하고 특별한 일은 산에서 즉, 호로스에서 일어나는 것을 알고 있었습니다. 모세가 하나님을 처음 만났던 장소가 바로 산이었고, 하나님이 모세에게 율법을 수여하신 곳도 산이었습니다.

유대인 출신 그리스도인을 독자로 생각하는 마태는 그의 복음서에서 바로 이런 전통을 따르고 있는 것입니다. 새로운 율법을 전하시는 아니, 율법을 새롭게 해석해 주시는 예수는 그 일을 산에서 하십니다. 그리고 기독교 역사상 가장 중요하고 신비로운 일인 부활 사건 역시 산에서 나타납니다.

마태복음의 종결부인 28장 16절은 그 장면을 이렇게 묘사합니다. "열한 제자가 갈릴리로 가서, 예수께서 일러주신 산에 이르렀다." (οἱ δὲ ἔνδεκα μαθηταὶ ἐπορεύθησαν εἰς τὴν Γαλιλαίαν εἰς τὸ ὄρος οὗ ἐτάξατο αὐτοῖς ὁ Ἰησοῦς, 호이 데 헨데카 마테타이 에포로이테산 에이스 텐 갈릴라이안 에이스 토 호로스 후 에탁사토 아우토이스 호 예수스) 예수를 배반했던 제자 유다를 빼고 나머지 11제자가 부활하신 예수를 산, 호로스에서 만났다는 말입니다.

반면에 누가는 어떻습니까?

이미 로기아의 선포가 평지(ἐπὶ τόπου πεδινοῦ, 에피 토푸 페디누)에서 있었다는 것을 위에서 살펴보았습니다. 여기서 평지로 표현된 말 "ἐπὶ τόπου πεδινοῦ"(에피 토푸 페디누)는 전치사구의 형태입니다. 사실 이런 전치사구와 결합하지 않고 '페디누'(πεδινοῦ)의 원형인 '페디노스'(πεδινός)만 써도 이미 평지라는 의미는 충분합니다. 페디노스는 "평평한, 낮은, 평지의"라는 형용사이기 때문입니다.

그런데 누가는 장소를 구체적으로 제시하는 '토포스'(τόπος, 토포스)와 이 페디노스를 전치사구의 형태로 쓰면서 강조하고 있습니다. 이 페디노스가 여기서는 속격(2격)을 통해서 장소를 나타내는 전치사 '에피'(ἐπί)의 영향으로 격 변화를 일으켜 '토푸'(τόπου)가 되었습니다. 이 토포스는 요즘도 자주 쓰는 말이라 여러분에게도 친숙할 것이라 생각합니다. 왜냐하면 우리가 자주 듣고 사용하는 유토피아란 말이 바로 이 토포스에서 유래된 말이기 때문입니다.

그럼 어떻게 토포스란 말에서 유토피아가 나오는지 한번 살펴보겠습니다.

우리는 이미 부정의 '아'(ἄ)를 배웠습니다. 단어의 앞에 접두사로 이 단어를 붙이면 "~이 없다, ~이 아니다"라는 뜻이 된다고 했습니다. 그런데 이와 같은 기능을 하는 불변화사 중에 '우'(οὐ), '욱'(οὐκ), '우크'(οὐχ)가 더 있습니다. 기본 형태는 '우'(οὐ)이지만 모음과 자음

앞에서 그리고 발음의 편의를 위해서 이 셋 중에서 선택적으로 사용합니다. 어떤 제한된 공간이나 장소를 말하는 '토포스'(τόπος)에 이 부정의 '우'(οὐ)를 앞에 연결하면 '우토포스'(οὐτοπος)가 됩니다. 그리고 그 뜻은 "존재하지 않는 곳"입니다. 우토포스가 형용사의 원형인 남성 주격 단수의 형태이므로 '섬'(νῆσος, 네에소스)과 같은 여성형과 결합해 보면 "네소스 우토피아"(νῆσος οὐτοπία)가 되어 "어디에도 없는 섬" 또는 "어디에도 없는 곳이란 섬"이 될 수 있습니다.

여러분은 유토피아라는 말이 유명해진 것은 영국의 정치, 법률가이자 인문학자인 토마스 모어(Thomas More)가 쓴 유토피아라는 책 때문이라는 것을 아실 것입니다. 토마스 모어는 1516년 라틴어로 Libellus vere aureus, nec minus salutaris quam festivus, de optimo rei publicae statu deque nova insula Utopia 란 다소 긴 제목의 소설을 썼는데 이 제목의 맨 뒤 세 글자가 "nova insula utopia"(노바 인술라 우토피아)입니다. "새로운 섬 우토피아"란 뜻입니다. 이 새로운 섬 '우토피아'가 영어 발음으로 바뀌면 '유토피아'가 됩니다. 이 유토피아라는 소설은 이상적인 꿈같은 나라를 그리고 있습니다. 그러니까 유토피아란 낙원樂園 또는 파라다이스(paradise)의 다른 말이기도 합니다. 그런데 낙원과 파라다이스라는 이 말 유토피아, 더 정확하게 우토피아는 아이러니하게도 "어디에도 없는 곳"이란 뜻입니다.

산과 평지인 호로스와 페디노스를 말하려다가 곁길로 좀 많이 빠졌습니다. 유대인을 위한 마태복음의 배경에서 산이 신성하며, 신비로

여름. 테로스(θέρος)

147

운 장소로 여겨진다면, 헬라인들에게는 오히려 평지인 '페디노스'(πεδινός)나 광장인 '아고라'(ἀγορά)와 같은 곳이 의사소통이 활발하며 자기의 소견을 말하는 곳입니다. 요즘의 광장으로 알고 있는 아고라도 사실은 매우 복잡하고 시끄러운 시장통이라 할 수 있습니다. 이곳은 많은 사람들이 드나드는 곳으로 삶이 생생하게 살아 숨 쉬는 장소입니다. 또한 토론과 연설과 변증이 발생했던 곳이기도 합니다. 이러한 이유로 초기 기독교의 선교를 잘 보여 주는 사도행전에서 바울은 그리스의 아테네에서 전도할 때 아고라를 찾아갔습니다. "또한 광장(ἀγορά, 아고라)에서는 만나는 사람들과 날마다 토론하였다."(행 17:17)

누가에게 있어서 선교의 장소는 아고라와 같은 평지, 페디노스였습니다. 이렇듯 성경은 창조적인 해석과 적용이 있어야 합니다. 전통만을 고집해서도 안 되며 그렇다고 창조적인 것만을 주장할 수도 없습니다. 전통 안에서 창조적 해석이 요구됩니다. 호로스인가 페디노스인가 보다 더 중요한 것은 예수의 말씀인 로기아입니다. 본질인 로기아에 비해 배경은 덜 중요하다고 볼 수 있는데, 그 배경에는 로기아를 더 신뢰할 수 있도록 하는 친화력과 흡인력이 있습니다.

여러분은 어떤 배경에서 로기아를 듣기 원하십니까? 뭔가 신비롭고 고요한 산 위에서 누구에게도 방해받지 않으며 깊은 명상 속에서 〈산상설교〉를 듣기를 원합니까? 아니면 시끄럽고 복잡하지만 사람 사는 느낌이 물씬 풍기는 시장 한가운데서 〈평지설교〉를 듣고 싶습니까?

큰 물고기와 작은 물고기, 익스투스(ἰχθύς)와 옵사리온(ὀψάριον)

봄과 가을이 점점 짧아져서 우리를 찾아온 흉내만 내고 잠깐 인사를 하고 나면 어김없이 폭염暴炎과 매서운 추위가 찾아옵니다. 우리나라의 여름은 정말 대낮에는 불볕더위로 밤에는 열대야로 밤낮없이 몸을 지치게 하는 계절입니다. 이럴 때는 정말 냇가나 강가에 나가 시원한 물에 발을 담그거나 어항과 족대로 천렵川獵이라도 한다면 무더위를 떨쳐낼 것만 같습니다. 혹 여러분 가운데 '천렵이라니… 요즘같이 바쁜 세상에 누가 그럴 여유가 있을까?' 이런 생각을 하는 분들도 계실 겁니다.

도시생활에 익숙해진 현대인들에게 냇가나 강가에서의 물고기잡이는 이제 아련한 추억이 되었는지 모릅니다. 여러분은 혹 냇가나 강가에서 물고기를 잡아본 경험이 있나요? 펄쩍 뛰는 크고 작은 물고기들을

여름, 테로스(θέρος)

잡아올리는 그 재미를 느껴 본 적이 있는지요? 이왕이면 큰 물고기를 잡으면 좋겠지만 아주 작은 물고기라고 해도 시원한 물가에서 물고기를 잡는 그 재미만으로도 무더위를 날리기에는 충분할 것입니다.

신약성서에는 물고기를 잡는 이야기가 종종 등장합니다. 그도 그럴 것이 예수의 제자들 중에는 어부 출신들이 꽤 있었기 때문입니다. 물론 예수의 제자들에는 농부, 상인, 수공업자, 세무공무원, 독립운동가 등 다양한 직업에 종사하던 사람들이 있었을 것으로 추정합니다.

그러나 베드로를 위시한 핵심제자들은 갈릴리의 어부들이었습니다. 당시 갈릴리의 어부들은 게네사렛(Γεννησαρέτ) 호수에서 어업에 종사했습니다.

이 게네사렛 호수는 여러 가지 이름을 가진 것으로 알려져 있는데, 예를 들자면 게네사렛, 갈릴리 바다, 디베랴 호수, 디베랴 바다 등 다양한 명칭으로 불린 것으로도 유명합니다. 더욱 흥미로운 사실은 이 게네사렛 호수가 바다로도 불린다는 것입니다.

첫 번째 제자들을 부르는 마가복음의 소명召命 에피소드를 보면, 마가복음 1장 16절에 "예수께서 갈릴리 바닷가를 지나가시다가, 시몬과 그의 동생 안드레가 바다에서 그물을 던지고 있는 것을 보셨다. 그들은 어부였다."(παράγων παρὰ τὴν θάλασσαν τῆς Γαλιλαίας εἶδεν Σίμωνα καὶ Ἀνδρέαν τὸν ἀδελφὸν Σίμωνος ἀμφιβάλλοντας ἐν τῇ θαλάσσῃ · ἦσαν γὰρ ἁλιεῖς. 파라곤 파라 텐 탈라싼 테스 갈릴라이아스 에이덴 시모나 카이 아느레안 톤 아델폰 시모노스 암피발론타스 엔 테 탈라쎄. 에산 가르 할리에이스) 말하자면 예수께서 갈릴리 바다 (θάλασσαν τῆς Γαλιλαίας, 탈라산 테스 갈리라이아스)를 지나시다가 어부漁夫인 시몬과 안드레를 부르셨다는 것입니다. 여기서 '탈라사'(θάλασσα)는 "바다, 대양大洋"을 말합니다.

그런데 같은 첫 번째 제자를 부르는 에피소드의 누가복음 버전에서 누가는 그의 복음서 5장 1절과 2절에서 이 사건을 "예수는 게네사렛 호숫가에 서서 호숫가에 배 두 척이 있는 것을 보시니 어부들은 배에서 나와서 그물을 씻는지라"(αὐτὸς ἦν ἑστὼς παρὰ τὴν λίμνην Γεννησαρὲτ καὶ εἶδεν δύο πλοῖα ἑστῶτα παρὰ τὴν λίμνην · οἱ δὲ ἁλιεῖς ἀπ᾽ αὐτῶν ἀποβάντες ἔπλυνον τὰ δίκτυα, 아우토스 엔 헤스토스 파라 텐 림넨 게네사렛 카이 에이덴 뒤오 플로이아 헤스토타 파라 텐 림넨. 호이 데 할리에이스 아프 아우톤 아포반테스 에프루온 타 딕튀아)고 묘사합니다. 그리고 그 일이 있던 곳을 마가와는 달리 게네사렛 호수(λίμνην Γεννησαρὲτ, 림넨 게네사렛)라고 말합니다. '림네'(λίμνη)는 "호수, 저수지"등 담수淡水가 모여 있는 곳을 말합니다. 실지로 게네사렛은 그 북쪽에 위치한 해발 2814m의 헤르몬 산에서 녹은 눈이 흘러내려온 물이 모인 담수호입니다.

우리는 이미 마태와 누가가 예수의 로기아를 서로 다른 배경으로 설정하여 전달하는 것을 보았습니다. 그리고 그 배경의 차이가 컨텍스트, 즉 문화와 정서의 차이에서 왔다는 것으로 이해했습니다.

그럼 이번에는 같은 게네사렛을 갈릴리 바다와 게네사렛 호수로 소개하는 마가와 누가의 차이는 무엇일까요? 아마 마가가 갈릴리 바다라고 부른 것은 지방색(Lokalkolorit, 로칼콜로리트)의 반영으로 이해할 수 있습니다. 자기 동네의 것을 위대하고 자랑스럽게 생각하는 경향은 충분히 호수를 바다로 부를 수 있습니다. 게다가 게네사렛의 둘레가 53km라면 정말 끝이 보이지 않는 바다와 같을 것입니다. 하지만 지중해와 같은 진짜 바다를 알고 있는 헬라인 누가라면 아무리 끝이 보이지 않는다고 하더라도 호수를 바다로 부를 수는 없었을 것입니다.

그럼 이 바다와 같은 게네사렛 호수에서는 어떤 물고기가 나올까요? 당연히 큰 물고기와 작은 물고기가 나올 것입니다. 신약성서에서 물고기를 나타내는 대표적인 말에는 '익스투스'(ἰχθύς)와 '옵사리온'(ὀψάριον)이 있습니다. 일반적으로 익스투스는 상품성 있는 물고기다운 물고기를 말하고, 옵사리온은 그보다는 좀 떨어지는 작은 물고기를 말합니다. 이것은 익스투스가 당당히 '어시장'(fish market, 피쉬 마켓)이란 말의 대용이라는 것에서도 알 수 있습니다. "어물전 망신을 꼴뚜기가 시킨다"고 작고 볼품없는 고기를 어시장을 대신하는 말로 쓰일는 없기 때문입니다.

또 익스투스는 그 자체로 괜찮은 물고기를 의미하기 때문에 익스투스의 꼴에서 작은 물고기를 나타내려면 어미를 변형시켜 '익스투디온'(ἰχθύδιον)으로 사용해야 합니다. 익수투스가 이렇게 익스투디온으로 변형된 것을 마가복음 8장 7절에서 찾을 수 있습니다.

"그들에게는 작은 물고기가 몇 마리 있었다."(εἶχον ἰχθύδια ὀλίγα, 에이콘 익스투디아 올리가) 이 문장에서 '올리가'(ὀλίγα)는 몇 되지 않는 수량을 나타내는 형용사 '올리고스'(ὀλίγος)의 복수형입니다. 헬라어는 형용사가 명사를 수식을 하려면 성(genus), 수(numerus), 격(kasus)이 일치해야 하므로 여기서 "작은 물고기"란 뜻을 가진 중성 명사인 익스투디온이 중성 복수 목적격인 익스투디아로 바뀌었습니다.

그래서 "익스투디아 올리가"(ἰχθύδια ὀλίγα)는 "몇몇 작은 물고기"로 해석이 됩니다. 익스투디온이 작은 물고기인 것처럼 옵사리온 역시 작은 물고기를 말합니다. 옵사리온이 작은 물고기라는 것을 잘 보여주는 장면이 어떤 작은 아이가 공동체를 위해서 작은 빵 5개와 물고기 2마리가 든 도시락을 바치는 장면에서 여실히 알 수 있습니다. 앞서 우리는 이것을 소위 5병2어의 기적으로 부른다는 것을 언급한 적이 있습니다. 작은 도시락 하나의 헌물이 공동체 전체에 기적을 일으킨다는 이 에피소드는 4복음서가 모두 실어서 전하는 아주 중요한 이야기입니다. 한때 중국 삼자교회三自敎會는 자신의 문제를 자기 스스로 해결한다는 의미로 5병2어를 그들의 상징과 표제標題로 사용하기도 했습니다.

그런데 소위 공관복음인 마태, 마가, 누가의 복음서는 이 5병2어의 기적에 나오는 물고기를 모두 먹음직하고 괜찮은 큰 물고기인 익스투스라고 말합니다. 반면에 요한복음만은 이 물고기가 큰 물고기가 아닌 작은 물고기 옵사리온이었다고 정정하고 있습니다. 요한복음은 공관복음서보다 후대에 기록된 복음서여서 요한복음과 공관복음과의 관계를 밝히는 연구는 매우 중요합니다.

이 연구는 자연스레 요한이 공관복음을 알고 있었느냐 그렇지 않느냐로 집약됩니다. 이런 관계성 속에서 요한복음은 공관복음의 해설서라는 견해도 만만치 않습니다. 요한은 공관복음서를 더 자세히 설명할 뿐 아니라 잘못된 전승이 있으면 바르게 교정하려는 경향이 있다는 관점입니다.

이런 입장에서 요한복음의 5병2어 에피소드를 읽으면 몇 가지 눈에 띄는 점이 있습니다. 요한은 6장 9절에 "여기에 보리빵 다섯 개와 물고기 두 마리를 가지고 있는 한 아이가 있습니다"(ἔστιν παιδάριον ὧδε ὃς ἔχει πέντε ἄρτους κριθίνους καὶ δύο ὀψάρια, 에스틴 파이다리온 호데 호스 에케이 펜테 아르투스 크리티누스 카이 뒤오 옵사리아)라고 썼습니다. 이 구절을 통해서 우리는 공관복음서에서 알 수 없었던 여러 가지 정보를 찾을 수 있습니다. 공관복음은 이 5병2어의 출처를 알려주지 않고 침묵하고 있지만, 요한은 이것이 한 어린아이(παιδάριον, 파이다리온)의 도시락이라고 알려 줍니다. 또한 5개의 빵(우리 성경에는 떡으로 번역함)이 '보리'(κριθίνους, 크리티누스)로 만든 빵이라고 빵의 재료도 공개하고 있습니다.

그리고 마태, 마가, 누가가 이 아이의 도시락에 들어 있던 물고기를 한결같이 큰 물고기인 익스투스라고 말하는 것을 작은 물고기 옵사리온이었다고 수정합니다. 요한복음이 공관복음보다 늦게 기록되었다는 사실을 고려한다면, 그리고 요한복음이 공관복음서를 보충하고 해설하는 기능도 가지고 있다는 것을 용인한다면, 요한의 이런 교정은 아마도 예수가 행한 기적 중에서 가장 중요한 5병2어에 담긴 디테일을 작심한 듯(?) 밝히려는 의도가 숨어 있지 않은 가 추측할 수 있습니다.

초기 기독교의 역사에는 이처럼 물고기와 떼려야 뗄 수 없는 깊은 이야기들이 있습니다. 어떻게 보면 늘 반복되는 평범한 일상을 살던 갈릴리 어부들이 일진광풍—陣狂風에 휘몰려 다닌 모험과도 같은 이야기입니다. 평범한 어부였던 그들은 어쩌다 그렇게 되었을까요? 그것은 그들이 한 특별한 물고기, 익스투스를 잡았기 때문이었습니다.

갑자기 또 웬 익스투스냐구요? 그것은 익수투스에는 괜찮은 물고기라는 의미 외에 초기 기독교인들에게 그리고 우리들에게 또 다른 비밀이 숨어 있기 때문입니다. 익스투스(ἰχθύς)의 헬라어 알파벳 '이오타'(ι), '크시'(χ), '테타'(θ), '윕실론'(υ), '시그마'(ς)는 각각 '예수스'(Ἰησοῦς), '크리스토스'(Χριστός), '테우'(Θεοῦ), '후이오스'(Υἱός), '소테르'(Σωτήρ)의 첫머리 글자와 일치하며 그 뜻은 "예수 그리스도 하나님의 아들 구원자"입니다. 그래서 물고기는 그때나 지금이나 기독교와 그리스도인의 심벌이기도 합니다. 익스투스(ΙΧΘΥΣ) 참 신기한 물고기입니다.

여름. 테로스(θέρος)

개와 뱀, 쿠온(κυών)과 옵피스(ὄφις)

....

개는 가장 먼저 가축이 되어 사람에게 다가왔고 그 후 오랜 세월 동안 인류와 함께 살아온 동물입니다. 특히 사람과 교감 능력이 뛰어나 사람의 기분을 파악할 뿐 아니라 DNA로도 구별하기 어려운 일란성 쌍둥이까지도 구별할 수 있다니 개의 능력은 정말 놀랍기만 합니다. 사람을 좋아하고 사람에게 의존적인 개는 반려동물로 기를 때 가족 구성원의 건강과 정서에도 많은 도움을 줄 뿐 아니라 마음까지 치료한다고 합니다. 실지로 개는 발달된 후각을 통해서 주인이 앓고 있는 특별한 질병을 알아챌 수도 있다고 합니다.

게다가 수 백 킬로미터 떨어진 곳으로 팔려 갔어도 자신이 섬기던 주인을 잊지 못해 집으로 다시 찾아오거나, 자신이 섬기던 주인이 어려움을 당했을 때 그 곁을 지키며 생명을 구했다는 여러 가지 미담은 사람들로 하여금 개를 향하여 충견忠犬과 의견義犬이라는 칭송도 마다하지 않는 것을 종종 듣게 됩니다.

일본 도쿄 시부야 역 앞에는 '하치'라는 개의 동상과 비석碑石이 세워져 있습니다. 하치라는 개는 도쿄대학 농학부 교수였던 우에노와 많은 시간을 함께 보냈다고 합니다. 또한 하치는 규칙적으로 자신의 주인인 우에노 교수를 집 앞에서 배웅하거나 도쿄의 시부야 역 앞까지 나가서 배웅했다고 합니다. 그런데 주인인 우에노 교수가 수업 도중 뇌출혈로 돌연히 사망하여 역으로도 집으로도 돌아올 수 없었습니다. 그러자 하치는 무려 9년간이나 오지 않는 주인을 시부야 역에서 기다렸고 하치와 우에노교수의 미담을 접한 일본 사람들은 하치를 충견으로 기린다는 것입니다.

우리나라에도 임실의 오수獒樹에 가면 의견비義犬碑를 볼 수 있습니다. 동네 잔치에 다녀오던 주인이 술기운에 취해 들판에서 깊은 잠이 들었습니다. 이때 어디선가 들불이 일어나 삽시간에 번졌습니다. 늘 이 주인과 동행하던 개는 개울에 몸을 던져 몸에 물을 적신 뒤 들불 위에 뒹굴며 불이 주인에게 오지 못하게 하여 주인을 살렸다는 이야기입니다. 우리에게 오수의 개 이야기로 알려진 이 이야기에서 안타까운 대목은 주인을 살린 개는 화상으로 죽었다는 것입니다. 오수의 개 이야기는 일본 시부야 역의 하치라는 개 이야기와는 달리 개의 이름은 전해지지 않고 있습니다. 하지만 그 개의 주인이었던 사람의 이름은 김개인金蓋仁이라고 알려져 있습니다. 목숨을 버려 주인을 살린 개의 이런 충성과 헌신을 보면서 그 주인은 또 자신의 개를 얼마나 사랑했을까 잠시 생각을 해봅니다. 더군다나 그 주인의 이름이 '개의 사람'으로도 볼 수 있는 '개인'(the man of dog)이니 그 둘의 인연도 보통이 아닌 것 같습니다.

그러나 개에 대한 이런 찬사와 더불어 개만큼 온갖 오명汚名을 뒤집어쓰고 사는 짐승도 드물 것입니다. 우리가 세상의 많은 언어들을 다 알 순 없지만, 개는 특히 욕지기, 욕설의 강화와 관련해서 각국의 언어에 등장하는 것을 보게 됩니다. 그런 현상은 아마도 개가 사람과 너무 가까이에서 생활하기 때문에 그런 것이 아닌가 생각합니다. 우리들도 가끔은 더 가깝고 친숙한 사람에게 함부로 대하는 실수를 범하기 쉽습니다. 가장 깊은 상처를 가장 가까운 사람인 가족으로부터 받는 일은 안타깝지만 우리들의 현실이기도 합니다.

신약성서에서도 예외 없이 그와 유사한 현상이 나타납니다. 신약성서에서 이 개에 관한 언설言說의 압권은 아마도 신약성서 27권 중 제일 마지막 책인 요한계시록에 나오는 것이 아닐까 합니다. 에게해의 밧모(Πάτμους, 파트무스)섬에 유배된 초기 기독교의 선지자 요한은 계시를 받고 당시 소아시아의 7개 교회에 앞으로 벌어질 일들을 말하는 묵시, 계시(ἀποκάλυψις, 아포칼립시스)를 전합니다. 요한계시록 22장은 이 책의 결론부로 그 앞 장인 21장에 이어서 새 하늘과 새 땅의 완성이 멀지 않았음을 확언確言하며 그 상징인 새 예루살렘 성의 도래와 그 성에 들어갈 자와 들어가지 못할 자들이 누구인지를 보여 줍니다. 15절에 보면 천국인 새 예루살렘 성에 들어가지 못하는 리스트가 나옵니다. "개들(κύνες, 쿠네스), 점술가들, 음행하는 자들, 살인자들, 우상 숭배자들, 거짓말을 좋아하며 지어내는 자들"에 개가 포함되어 있는 것을 읽을 수 있습니다. 여기에 언급된 리스트에 나오는 것들은 다 성 밖에 있으리라는 경고성 예언입니다.

물론 이 리스트에 나오는 점술가, 음행하는 자, 살인자, 우상 숭배자와 거짓말 하는 자들의 맨 앞에 나오는 개들은 당연히 인간과 함께 살기로 오래 전에 결심했다는 개들을 말하지는 않을 것입니다. 오히려 개로 비유되는 사람들을 말하는 것입니다. 여기에 '개들'이라고 표현된 헬라어 '쿠네스'는 문장에 있는 그대로 복수형입니다. 원형인 단수의 형태는 '쿠온'(κυών)입니다. 이렇게 개를 빗대어 강한 욕설로 비하하는 것을 빌립보서 3장 2절에서도 또 볼 수 있습니다.

"개들을 삼가고 행악하는 자들을 삼가라!"(βλέπετε τοὺς κύνας, βλέπετε τοὺς κακοὺς ἐργάτας, 블레페테 투스 쿠나스, 블레페테 투스 카쿠스 에르가타스) '블레페터'(βλέπετε)가 '블레포'(βλέπω)의 2인칭 복수 명령형으로 "보다, 살펴보다, 관찰하다"란 뜻이라는 것은 위에서 한 번 다루었습니다. 쿠나스(κύνας)는 쿠온의 복수 목적격입니다. 여기서도 빌립보 사람들이 주의해야 할 것은 개라기보다 이 개에 빗대어 기독교안에 유대교의 율법을 혼합하고자 하는 거짓교사들을 욕하며 강하게 경계하는 말로 보아야 할 것입니다. 우리는 여기에서도 개에게 덧씌워진 천형天刑과 같은 욕설을 십분 읽어낼 수 있습니다.

여름. 테로스(θέρος)

159

신약성서에는 이렇게 개 취급을 받는 또 다른 짐승이 있습니다. 바로 뱀(ὄφις, 옵피스)입니다. 뱀은 다른 한편 치료와 의술의 상징이기도 합니다. 구약성서의 4번째 책인 민수기 21장 5절로 9절에 보면 이집트에서 해방되어 탈출(Exodus)한 히브리 민족, 즉 고대 이스라엘인들은 그들의 고단한 광야생활을 불평하며 하나님과 모세를 원망합니다. 이때 맹독성 불뱀들이 그들의 숙영지宿營地를 습격하여 많은 사람들이 이삼일 내로 죽게 되는 사건이 발생합니다. 곧 죽게 생긴 백성들은 하나님께 용서를 구했고, 하나님은 모세에게 장대에 구리로 뱀을 만들어 높이 매달으라고 명령하셨고, 그 장대에 매달린 구리뱀을 쳐다보는 사람마다 다 치료될 것이라고 약속하셨습니다.

또 그리스 신화에서도 죽은 자도 살린다는 의술의 신 아스클레피우스(Asclepius)가 지닌 지팡이에 뱀 한 마리가 감겨 있는 것을 볼 수 있습니다. 그럼에도 불구하고 뱀은 이미 성경의 세계에서 충분히 개와 같은 대접을 받았습니다. 구약성서의 첫 번째 책인 창세기는 세상과 인류의 기원을 설명하면서 아담과 이브를 유혹한 짐승이 뱀이라고 소개하고 있으며, 인류의 조상을 유혹한 원죄原罪의 상징적 동물이 되었습니다. 이때 뱀은 저주를 받아 배로 기어 다녀야 하는 벌을 받게 됩니다. 이런 배경에서인지 모르지만 신약성서에는 뱀에 견주어 욕설을 날리는 구절들이 나오곤 합니다. "독사의 자식들아!"(γεννήματα ἐχιδνῶν, 겐네마타 엑시드논) '겐네마타'(γεννήματα)는 혈육, 자손, 자식 등의 뜻을 가집니다. '에키드논'(ἐχιδνῶν)은 독사라는 말인 '에키드나'(ἐχιδνα)의 복수 속격 형태입니다. 놀랍게도 이 욕설은 다름 아닌 예수의 입에서 나온 말입니다.

마태복음 23장 33절에는 "뱀들아, 독사의 새끼들아"(ὄφεις, γεννήματα ἐχιδνῶν, 옵세이스, 겐네마타 에키드논)라며 거듭 그 욕이 뱀에서 독사로 격앙되어 나옵니다. 이 마태복음 23장은 특히 서기관과 바리새인들에 대한 '저주의 장'이란 명칭이 붙은 구절입니다. 하나님을 믿노라 하면서도 삶과 일치하지 못하는 그들의 위선과 외식에 한없이 환멸을 느낀 예수의 분노가 표출된 것 같습니다.

그러나 인상적인 것은 개가 견종의 구별이 없이 개라고 통칭되는 것과는 달리 뱀의 경우는 옵피스와 에키드나가 구별되어 나온다는 것입니다. 우리 성경에서 옵피스는 일반적인 뱀을 엑시드나는 독사로 구분하여 번역하지만 꼭 그런 것은 아닙니다. 옵피스의 경우도 독을 가진 독사로 볼 수 있기 때문입니다. 예를 들어 부활하신 예수께서 선교의 위임을 받은 제자들에게 따르는 기적 같은 표적表迹을 언급하는 마가복음 16장 18절의 경우 "뱀을 집으며"(ὄφεις ἀροῦσιν, 옵세이스 아루신)라는 구절이 있습니다. '옵세이스'(ὄφεις)는 옵피스의 목적격 복수형입니다. 그리고 '아루신'(ἀροῦσιν)은 "집다, 잡아 올리다"라는 말인 '아이로'(αἴρω) 동사의 3인칭 복수 미래형입니다. 정확히는 예수님의 말씀 이후 가까운 장래에 선교하러 다닐 때 "뱀을 집는다"라는 말입니다. 하지만 이 의미가 선교의 사명을 위임받은 제자들이 아무 해害도 줄 수 없는 구렁이를 집는다는 것은 절대 아닐 것입니다.

여름. 테로스(θέρος)

이처럼 오해가 많은 뱀도 예수님이 복권시켜 주시는 곳이 있습니다. 바로 마태복음 10장 16절입니다. "너희는 뱀같이 지혜롭고." (φρόνιμοι ὡς οἱ ὄφεις, 프로니모이 호스 호이 옵페이스) '옵페이스'가 뱀 '옵피스'의 복수 주격이라는 것은 이미 아셨을 것입니다. 앞에 나온 관사 '호이'(oi)가 그것을 지시합니다. '프로니모이'(φρόνιμοι)도 복수 주격 형용사입니다. 헬라어의 성, 수, 격이 일치해야 수식한다는 문법을 따른 것입니다.

프로니모이는 남성 주격 복수형입니다. 원형인 남성 주격 단수는 '프로니모스'(φρόνιμος)이며 그 뜻은 "신중하고, 조심스러운, 민감한, 지혜로운"입니다. 우리 성경에서는 프로니모스의 여러 뜻 중에서 그 모든 의미를 다 포괄하는 "지혜로운"을 선택했습니다. 헬라어에서 지혜로 가장 많이 쓰는 단어가 소피아(σοφία)라는 것을 우리는 이미 배웠습니다.

그런데 프로니모스를 지혜로 삼았다는 것은 소피아가 철학적, 이상적의 의미의 지혜라면 아마 프로니모스는 생태계에서 삶의 현장에서 즉각적으로 대처하는 실용적 차원의 지혜일 것으로 짐작해 볼 수 있습니다. 또한 뱀은 껍질을 벗으며 환골탈태換骨奪胎하는 전혀 새로운 모습도 보일 줄 아는 본능도 가지고 있어 그런 지혜를 배우라는 말이 아닌가 곰곰 생각해 볼 필요가 있다고 봅니다.

자, 이제 여러분은 어떤 생각이 드십니까?

지혜의 상징이며, 의술의 상징이기도 한 뱀, 꼭 욕먹을 짐승만은 아닌 것 같습니다. 개도 그렇습니다. 오랜 세월 사람과 함께 살면서 충성을 다하며 의리를 지키는 충견과 의견들의 에피소드는 우리의 일상의 삶에도 헤아릴 수조차 없이 많이 있습니다.

개의 이런 충성심과 복종, 그리고 의리 때문에 수도사들의 서원에도 많이 등장하고 있습니다. 그 중에서도 도미니크파 수도사들이 주님(Dominus, 도미누스)께 개(canis, 카니스)처럼 충성하고 복종하며 의를 지키겠다고 서원한 일명 "주님의 개" 수도사들입니다. 도미니크라는 이름에 걸맞게 그들은 개를 그들의 상징으로 삼고 있습니다. 개나 뱀만큼이나 인간의 언어로 욕을 많이 먹는 동물은 아마 없을 것입니다. 역으로 인간인 우리가 겸손한 마음으로 개에게서 충성심, 절개, 의리를 배우고 뱀에게서 간교함이 아닌 지혜를 배워 보고자 하는 마음을 가져 보면 어떨까요?

여름, 테로스 $(\theta\acute{\epsilon}\rho o\varsigma)$

8

계시록의 짐승, 테리온(θηρίον)

···

  신약성서의 제일 마지막에는 계시록 혹은 묵시록이라는 책이 놓여 있습니다. 계시록 혹은 묵시록이라는 말은 헬라어로 '아포칼립시스'(ἀποκάλυψις)라고 하는데, 영어의 '아포칼립스'(apocalypse)가 바로 헬라어 아포칼립시스에서 온 말입니다. 아포칼립스라는 말을 들으면 우리는 그 말을 세상의 종말과 연관되어 여러 문학이나 영화에서 자주 들어온 터라 왠지 섬뜩한 느낌이 들기도 합니다. 그러나 헬라어 아폴칼립시스라는 말 자체가 그렇게 꺼림칙한 뜻을 가지고 있는 것은 아닙니다.

  아포칼립시스라는 말의 어원을 찾아가는 순서는 이렇습니다.

  헬라어에 '칼립토'(κάλυπτω)라는 말이 있습니다. 이 말은 "장사하다, 숨기다, 뚜껑을 닫다, 가리다"라는 뜻을 갖습니다. 여기에 "~로부터 멀리하다, 분리하다, 떨어뜨리다"라는 표현을 돕는 전치사 아포 (ἀπό)가 접두어의 형태로 결합하여 '아포칼립토'(ἀποκάλυπτω)라는 동사가 만들어졌습니다. 아포칼립토는 칼뤼토의 반대 상태를 말하며, "뚜껑을 열고, 숨긴 것이 드러나고, 포장을 벗기고, 가린 것을 치우고" 란 뜻입니다. 아포칼립시스는 아포칼립토의 명사형이므로 아포칼립 시스도 아포칼립토에서 유래한 그런 기본적인 뜻으로 활용되는 동시에 종교적 맥락에서는 "계시, 묵시"라는 특별한 의미를 갖고 있습니다.

따라서 계시나 묵시를 기록한 책들은 세상의 파국과 종말에 관한 일들에 관한 내용을 담고 있기 때문에 흔히 맨 뒤에 배열되는 특징을 갖고 있습니다. 기독교의 교리체계를 정리하는 학문인 조직신학 (Systematic Theology)에서도 종말론은 이런 이유로 종종 맨 뒤에 놓여 있기도 합니다.

독일의 저명한 신학자 몰트만(Jürgen Moltmann)은 종말론에서 죽음, 심판, 공포, 두려움보다는 오히려 신앙의 본질인 희망을 발견하고 강조하였습니다. 그래서 사람들은 그의 대표적 신학을 "희망의 신학"(Theologie der Hoffnung)이라고 부르기도 합니다.

이런 관점에서 본다면 요한계시록도 그렇게 두렵게만 볼 책은 아니며, 섣불리 해석해서 이단에 빠질 책은 더 더욱 아닙니다. 오히려 신약의 다른 성경처럼 현실의 삶을 관조하게 하는 책으로서 오시는 하나님을 희망 속에서 기대하게 하는 책입니다.

여름, 테로스(θέρος)
:

165

계시록이라는 책의 장르에는 특히 동물들이 강한 상징성을 가지고 있기 때문에 자주 등장합니다. 이때 나오는 동물들은 한편으로 긍정적인 이미지로, 다른 한편으로는 부정적인 이미지로 나옵니다. 성경에서 요한이 전한 묵시록 혹은 계시록에서도 역시 여러 종류의 동물들이 등장합니다. 거기에는 사자(λέων, 레온), 송아지(μόσχος, 모스코스), 독수리(ἀετός, 아에토스), 말(ἵππος, 입포스), 표범(παρδάλις, 파르달리스), 곰(ἄρκος, 아르코스), 뱀(ὄφις, 옵피스) 등과 같이 우리가 그 생김새와 특성을 잘 알고 있는 동물뿐 아니라 용(δράκων, 드라콘)같은 비현실적인 상상의 동물도 등장합니다. 특이한 점은 각양 다양한 색깔의 말(ἵππος, 입포스)들이 등장하는데 그 이유는 그만큼 말에 대한 많은 관심과 그 효용이 높았기 때문이라 할 수 있습니다.

오늘날 전 세계인들이 새로 출시되는 자동차에 많은 관심을 쏟는 것과도 비슷한 현상이라고 봐도 무방할 것입니다. 당시 그레꼬-로만 사회에서 말과 같은 동물은 값비싸고 소중한 동물이며 또한 사람들의 사랑을 많이 받았던 동물이었습니다. 이를 뒷받침하는 근거로 많은 문헌에서 "말을 사랑한다"라는 뜻을 가진 이름이 자주 등장하는 것을 들 수 있습니다. 심지어 우리가 아는 유명인과 지명의 이름에 이르기까지 "말을 사랑한다"는 이름을 가지고 있습니다. 얼마나 말이 좋으면 본인이나 자식에게 그런 이름을 지어줄 수 있을까요? 헬라어로 "사랑하다"(φιλέω, 필레오)라는 말을 이미 배웠습니다. 말馬은 '입포스'(ἵππος)라고 합니다. 이 둘을 살짝 결합하면 어떤 이름이 만들어질

까요? 네 맞습니다. '필립'(Φίλιππος, 필립포스)이 됩니다. 우리 성경의 발음으로는 '빌립보'라고 합니다. 필립, 빌립보라는 이름은 헬라세계에서 큰 유명세를 떨쳐서 지역에도 빌립보라는 지명이 있는가 하면 알렉산더 대왕(Alexander the Great)의 아버지뿐 아니라 예수의 제자 중에도 필립이란 이름을 가진 사람이 있을 정도로 매우 인기 있는 이름이었습니다.

계시록에 나오는 동일한 동물들이 한편으로는 긍정적인 이미지로, 다른 한편으로는 부정적인 이미지로 나타난다는 것을 말씀드렸습니다. 예를 들어 레온(사자), 모스코스(송아지), 아에토스(독수리)는 긍정적으로 사용될 때 이들은 중성적이며 긍정적 이미지인 '생물'(ζῷον, 조온)이라 불립니다. (계 4:4). 그러나 레온(사자), 파르달리스(표범), 아르코스(곰)들이 부정적으로 사용될 때는 '짐승'(θηρίον, 테리온)이라고 불리게 됩니다. (계 13:1~2). 우리는 성경을 읽으면서 이미 드라콘(용)이나 옵피스(뱀)들이 사탄의 상징으로 나타나는 것을 알고 있습니다.

그럼 계시록에 나오는 동물들이 언제 '조온'이라는 좋은 이름으로 불리지 못하고 '테리온'이라는 짐승으로 불리는 것일까요? 이것은 같은 묵시계열의 책으로 꼽히는 구약성서의 다니엘서와 비교하면 알아낼 수 있습니다.

다니엘의 환상이 서술되는 7장에 보면 요한의 계시록에서 말하는 사자(레온), 곰(아르코스), 표범(파르달리스)이 등장합니다. 심지어

여름, 테로스(θέρος)

167

형체를 알 수 없는 쇠이빨과 뿔이 열 개나 달린 커다란 상상의 짐승까지 등장하는 것을 읽을 수가 있습니다. 다니엘은 그 위세에 눌려 번민하며 이 짐승들이 무엇을 뜻하는지 날마다 궁금해 합니다.

그러나 다니엘서를 계속 읽다 보면 17절에 이르러 우리는 그 짐승들의 정체가 무엇인지 곧 알아차릴 수 있게 됩니다. "그 네 큰 짐승은 세상에 일어날 네 왕이라." 아! 그 짐승들이란 바로 왕을 상징하는 짐승들이었습니다. 당시의 왕이란 특정한 영역에 대한 통치와 지배를 갖고 있어 국가란 의미와도 동일시되는 표현입니다. 23절에서 이런 해석을 뒷받침합니다.

"…넷째 짐승은 곧 땅의 넷째 나라인데 이는 다른 나라들과는 달라서 온 천하를 삼키고 밟아 부서뜨릴 것이며." 다니엘서와 같은 묵시, 계시의 전통에 있는 요한계시록에 나오는 짐승들도 마찬가지입니다. 계시록의 테리온은 계시록이 기록될 당시 세계를 지배하고 있던 로마를 말하고 있습니다. 더욱이 그 당시에는 로마황제를 "주와 하나님"(dominus et deus)로 선포하며 섬기기를 강요하던 도미티안(Domitian) 황제 시대일 수가 있습니다.

그러나 다니엘의 예언처럼 온 천하를 삼키고 밟아 부서뜨리며 압제하는 것은 결코 국가일리가 없습니다. 국민을 보호하고 존중하지 않는 국가는 짐승, 테리온에 불과한 것입니다. 국가가 하나님이 주신 권세를 망각하고 정의와 도덕을 잃어버릴 때 그것은 한 마리의 무자비한 짐승이 되어서 심판을 받고 멸망하게 될 뿐입니다.

하나님의 나라, 바실레이아 투 테우 (Βασιλεία τοῦ Θεοῦ)

예수가 선포한 하나님의 나라에 대한 바른 이해가 어떤 것인가에 대한 많은 오해가 있습니다.

먼저 예수가 선포한 하나님의 나라와 그 개념과는 동일하지만 다른 말로 전해지고 사용될 때 그 오해는 더욱 깊어질 가능성이 높습니다. 즉 일반적으로 우리가 이해하고 있는 하나님 나라는 천국, 천당, 신국 등 비슷한 뜻을 가진 여러 개의 다른 용어들을 혼합하여 사용함으로써 소통에 어려움을 초래할 여지가 충분히 있습니다. 때문에 이런 오해와 어려움이 생길 때는 시원始原으로 눈을 돌릴 필요가 있습니다.

최초의 복음서인 마가복음과 초기 기독교의 위대한 전도자요 사상가인 바울의 가르침을 보면, 예수 그리스도가 처음 선포한 것이 바로 '하나님의 나라'(Βασιλεία τοῦ Θεοῦ, 바실레이아 투 테우)입니다. 우

여름, 테로스(θέρος)

리는 이것을 최초의 복음서인 마가복음과 당시 아시아와 유럽에서 선교하며 교회를 개척했던 바울의 편지에서 확인할 수 있습니다.

마가복음 1장 15절을 읽어 보면 예수의 첫 외침이 "때가 찼고 하나님의 나라가 가까이 왔다"(πεπλήρωται ὁ καιρὸς καὶ ἤγγικεν ἡ βασιλεία τοῦ θεοῦ, 페플레로타이 호 카이로스 카이 엥기켄 헤 바실레이아 투 테우)로 나타납니다. 최초의 선포로 알려진 이 문장에서 "때가 찼다"라는 말 "페플레로타이 호 카이로스"에서 '때'라는 헬라어는 '카이로스'(καιρός)입니다.

헬라어에서 시간을 나타내는 대표적인 말에는 이 '카이로스'와 '크로노스'(χρόνος) 두 개가 있습니다. 이 두 단어의 용례는 차후에 상세히 다룰 기회가 있어 뒤로 미루고, 여기에 나온 카이로스만 간단히 살펴보겠습니다.

카이로스는 단순한 정량적이고 계측할 수 있는 시간이 아닌 결정적이고 의미 있는 순간을 표현하는 단어입니다. 따라서 "때가 찼다"는 말은 쉽게 설명해서 컵에 물을 부어서 마침내 컵이 물로 가득 찼을 때의 물이 꽉 찬 충만充滿의 상태를, 그 때를 말한다고 할 수 있습니다. 카이로스를 설명하는 '페플레로타이'(πεπλήρωται)가 바로 그 "충만과 그 꽉 참"을 묘사하는 동사입니다. 그리고 바로 이렇게 '하나님의 나라'가 임했다는 것입니다.

예수가 선포한 하나님의 나라가 헬라어로는 '바실레이아 투 테우'(βασιλεία τοῦ Θεοῦ)입니다. 바실레이아(βασιλεία)는 "왕권, 통치력, 왕국" 등을 의미하고 테우(Θεοῦ)는 하나님을 말하는 '테오스' (Θεός)의 소유격 형태입니다. 말 그대로 '바실레이아 투 테우'는 하나님의 나라이고 바로 그것을 이 땅에 오신 예수께서 선포하신 것입니다. 이 첫 일성을 뒤따르는 선포는 "회개하여라! 복음을 믿어라!"(μετανοεῖτε καὶ πιστεύετε ἐν τῷ εὐαγγελίῳ, 메타노이에테 카이 피스토이에테 엔 토 유앙겔리오)입니다. 이 선포를 듣는 사람은 지체 없이 '회개'(μετανοία, 메타노이아)하고 '복음'(εὐαγγελίον, 유앙겔리온)을 믿어야 한다고 말하고 있는 것입니다. 마가가 전하는 가장 간단한 형태의 이 선포 혹은 설교는 바실레이아 투 테우(하나님의 나라)를 테마(thema)로 하고 메타노이아(회개)와 유앙겔리온(복음)이라는 레마(rhema)가 감싸고 있습니다.

그런데 예수가 선포한 이 '바실레이아 투 테우'는 유대인 공동체의 복음서라고 여겨지는 마태복음에 와서는 살짝 바뀌게 됩니다. 그것은 '하나님'이라는 말을 아끼는 그들의 정서에서 비롯되었을 것입니다. 이것은 마치 유대인들이 구약성서를 읽을 때 하나님의 이름으로 여겨지는 '야훼'를 감히 발음하지 못하고 '아도나이'라고 변경해서 읽듯이, 마태 공동체는 '바실레이아 투 테우'라고 쓰지 못하고 '바실레이아 톤 우라논'(βασιλεία τῶν οὐρανῶν)이라고 변경해서 썼던 것입니다. '우라논'(οὐρανῶν)이라는 말은 하늘을 뜻하는 헬라어로 '우라노스'(οὐρανός)의 복수 소유격 형태입니다. 하늘을 다층 구조로 이해하는 유대인들의 인식을 반영한 표현으로 생각할 수 있습니다.

그러므로 '바실레이아 톤 우라논'이란 '하늘나라' 혹은 '천국'天國이라고 번역되어 한편으론 우리에게 익숙한 말이 되기도 하면서, 다른 한편으론 많은 오해를 불러일으키는 원인이 되었던 것입니다. 다시 말해 예수께서 선포하신 중심에 있는 하나님 나라의 개념이 마태에게서 천국이라는 말로 바뀌면서 우리의 종교적 토양과 정서 속에서 익숙한 천당天堂이란 말과 혼용되면서 결과적으로 하나님 나라의 일면만 부각되게 하는 오해를 낳았습니다. 여전히 교회와 신자들이 즐겨 쓰는 천당이라는 말은 실상은 불교에서 온 용어입니다.

천당이란 말은 자주 지옥과 짝을 이루어 사용되며 그렇지 않아도 어떤 영역이나 위치라는 개념을 내포한 하나님의 나라라는 말에 "위·아래"라는 지리적 고정관념까지 더하는 계기가 되었습니다. 그러나 유대인들이 하늘 나라라고 말할 때 그 말의 기원과 뿌리를 구약성서의 전통에서 찾아보면 히브리어 '말쿠트'(תוכלמ)에서 온 것을 알 수 있습니다. 히브리어 말쿠트는 "영역, 지리"의 개념보다는 "통치, 지배, 다스림, 왕권"의 개념이 더 강한 말입니다. 이런 맥락에서 본다면 하나님은 이스라엘의 왕이셨고, 이스라엘 백성들을 통치하셨으며, 이스라엘 민족은 그분의 백성이었던 것입니다. 이와 마찬가지로 헬라어 바실레이아 투 테우도 이런 전통에서 해석해야 옳을 것입니다.

이런 이유에서 예수는 메타노이아(μετανοία)를 강력하게 요청합니다. 헬라어 메타노이아란 말을 구성하는 접두어 '메타'(μετά)는 전치사로 속격과 목적격을 취합니다. 이 전치사가 속격과 함께 쓰이면 "함께, 한 가운데"라는 의미가 있지만, 목적격과 함께 쓰이면 "그 뒤에, 그 다음에, 그 너머에"라는 의미를 갖습니다.

그리고 메타의 목적격 용례와 사용된 대표적인 말로 '메타피직스'(Metaphysics)'란 말이 있습니다. 방금 설명한 '메타'(μετα)와 '퓌시스'(φύσις)란 말의 결합어입니다. 퓌시스란 "관찰할 수 있는 세계, 자연"을 말합니다. 그러니 메타퓌시스, 다시 말해서 메타피직스란 자연 그 너머에 있는 세계, 관찰이 아니라 사유에 의해서 밝혀야 하는 세계와 체계, 다시 말하면 존재의 근원을 탐구하는 학문임을 알 수 있습니다. 이 설명이 여러분들에게 다소 어렵게 느껴질 수도 있을 것입니다. 그래서 이 메타피직스란 말도 이해하기 아리송한 '형이상학'形而上學이란 말로 번역되어 사용됩니다.

메타노이아란 말도 비슷하게 해석할 수 있습니다. 메타노이아의 '노이아'는 '노에오'(νοέω)라는 동사에서 왔습니다. 노에오는 "감각하다, 인식하다, 인지하다, 생각하다, 고심하다" 등의 뜻을 갖습니다. 자, 그럼 이제 메타노이아의 의미가 명확해졌지요? 메타노이아란 기존의 생각을 뒤집었다는 말입니다. 과거처럼 생각하지 않는 완벽한 전향轉向과 쇄신刷新을 말합니다. 생각이 완전히 바뀐 새로운 사람이 되어야 함을 말합니다. 하나님 나라란 바로 메타노이아의 세계입니다. 구약성서에 보면, 하나님 나라를 잘 묘사한 구절이 있습니다. "이리가 어린양과 함께 살며 표범이 어린염소와 함께 누우며 송아지와 어린사자와 살진 짐승이 함께 있어 어린아이에게 끌리며 암소와 곰이

여름. 테로스(θέρος)
:

함께 먹으며 그것들의 새끼가 함께 엎드리며 사자가 소처럼 풀을 먹을 것이며 젖 먹는 아이가 독사의 구멍에서 장난하며 젖 뗀 어린아이가 독사의 굴에 손을 넣을 것이라."(사 11:6~8)

또 바울은 하나님 나라에 대해서 이렇게 가르친 적이 있습니다.

"하나님의 나라는 먹는 일과 마시는 일이 아니라, 성령 안에서 누리는 정의와 평화와 기쁨입니다."(ἡ βασιλεία τοῦ θεοῦ βρῶσις καὶ πόσις ἀλλὰ δικαιοσύνη καὶ εἰρήνη καὶ χαρὰ ἐν πνεύματι ἁγίῳ, 헬 바실리에아 투 테우 브로시스 카이 포시스 알라 디카이오수네 카이 에이레네 카이 카라 엔 프누마티 하기오)

하나님의 나라는 하나님의 통치를 받아들이고 지금까지 살아왔던 불신과 불경건, 그리고 비신앙적인 요소를 모두 버리고 더 이상 사탄과 마귀의 지배하에 고통으로 신음하지 않는 것을 말합니다. 그럴 때 비로소 우리는 먹고 마시는 세계를 뛰어넘어 그 뒤에 있는 정의와 평화와 기쁨의 세계로 갈 수 있게 됩니다.

10

예수의 비유, 파라볼레(παραβολή)

....

예수의 말씀과 행적을 전하는 책의 장르가 복음서라는 것을 앞서 말씀드렸습니다. 그리고 마가가 전한 복음서가 신약성서에 실려 있는 4권의 복음서 중에서 가장 먼저 기록된 것으로 인정받고 있다는 것도 배웠습니다. 먼저 기록되었다는 것은 예수의 말씀과 행적이 더 생생하게 전달된다는 것으로 해석할 수 있습니다.

복음서 중에서 가장 먼저 기록된 마가복음을 읽다 보면 4장에 이르러 예수께서 말씀하신 비유들이 나옵니다. 계속해서 34절에 이르면 예수는 "비유가 아니면 말씀하지 아니하셨다"(χωρὶς δὲ παραβολῆς οὐκ ἐλάλει αὐτοῖς, 코리스 데 파라볼레스 욱 엘라레이 아우토이스)라는 종결어로 비유들을 끝맺음 합니다. "코리스 파라볼레스"(χωρὶς δὲ παραβολῆς). "비유가 아니면, 비유 없이"라는 뜻입니다. '코리스'(χωρίς)

여름. 테로스(θέρος)

:

175

는 "~없이, 제외하고"라는 부사이고 '파라볼레이스'(παραβολῆς)는 비유라는 '파라볼레'(παραβολή)의 단수 속격 형태입니다. 영어로 번역한다면 "without a parable"(위다웃 어 패러블)입니다. 마가의 이런 특별한 코멘트는 마가 이후에 복음서를 기록한 마태도 그대로 이어받아 그가 정리한 비유들이 끝나는 13장 34절에 이르러 "예수께서 이 모든 것을 무리에게 비유로 말씀하시고 비유가 아니면 아무것도 말씀하지 아니하셨으니"라며 마가의 코멘트를 그대로 재언再言하는 것을 볼 수 있습니다.

복음서에 나타난 이런 언급들은 예수의 가르침 중에서 비유가 얼마나 중요한지를 단적으로 보여 주는 시그널입니다.

그렇다면 신약성서에서 예수가 말하는 비유란 무엇을 말하는 것일까요? 신약성서 원문에는 위에서 본 것처럼 예수의 비유를 파라볼레(παραβολή)라는 말로 표현합니다. 헬라어 파라볼레라는 말을 자세히 들여다보면 '파라'(παρά)와 '볼레'(βολή)가 결합된 말인 것을 금방 알 수 있습니다. 파라(παρά)라는 말은 부사와 전치사로 사용되는 말로 그 의미는 "~위에, 옆에, 곁에, 가까이에" 등을 표현할 때 씁니다.

이 말에서 파생된 '파라솔'(parasol)이나 '패러럴'(Parallel)이란 말과 비교하면 그 속뜻을 충분히 짐작할 수 있습니다. '볼레'(βολή)는 "던져진 것, 놓여 있는 것" 등을 의미하는데, 이 말은 "던지다, 만나다, 적중하다, 움직이다" 등의 동작을 설명하는 동사 '발로'(βάλλω)에서 온 명사형입니다.

이렇듯 파레볼레는 두 개의 기본 의미가 결합되어 "옆에 놓인 것"이란 말이 됩니다. "옆에 놓여 있다"라는 말은 옆에 놓여 있으니 자연스레 서로 "비교"할 수 있고, 어떤 "비유"가 될 수도 있게 됩니다. 더 나아가 파라볼레는 직접 말하는 것이 아닌 저 너머의 숨겨진 뜻 '메타포'(Metaphor)란 의미로까지 확장되어 사용될 수 있습니다.

파라볼레는 신약성서에서 특히 하나님의 나라(βασιλεία τοῦ Θεοῦ, 바실레이아 투 테우)를 비유할 때 사용됩니다. 하나님의 나라는 예수님이 이 땅에 오셔서 선포한 첫 번째 메시지이며 핵심 메시지입니다.(막 1:14~15) 그러나 하나님의 나라가 어떤 나라인지 그 개념을 정확히 이해하기는 어렵습니다. 그리고 아마 안다고 해도 잘 설명하기란 더욱 쉽지 않을 것입니다. 이것은 예수께서도 마찬가지로 그리 쉬운 일은 아니었을 겁니다. 왜냐면 땅에 발을 붙이고 사는 유한한 사람들에게 무한한 하늘의 일은 차원이 다른 불가사의不可思議이기 때문입니다.

그래서 예수는 당신 자신이 하나님의 나라의 실체이고 그 나라를 너무나 잘 아시지만, 우리들의 손에 하나님의 나라가 어떤 것이라고 쥐어 주시려고 파라볼레를 사용하신 것으로 생각할 수 있습니다. 하나님의 나라 그 자체를 바로 알 수 없는 우리들을 위해 그 옆에 놓여 있는 것, 파라볼레(παραβολή)로 가르쳐 주신 것입니다.

마가복음 4장 26절에서 예수는 "하나님의 나라는 사람이 씨를 땅에 뿌림과 같으니"(ἡ βασιλεία τοῦ θεοῦ ὡς ἄνθρωπος βάλῃ τὸν σπόρον ἐπὶ τῆς γῆς, 헤 바실레이아 투 테우 호스 안트로포스 발레 톤 스포론 에피 테스 게스)라고 비유하고 있습니다. 맨 뒤의 전치사구인 "에피 테스 게스"(ἐπὶ τῆς γῆς)는 말 그대로 "땅 위에"라는 말입니다. 전치사 '에피'(ἐπὶ)가 속격과 여격과 결합하면 "~의 위, 곁에, 가까이에"라는 뜻을 갖습니다. 거기에 '게'(γῆ)가 "지구, 땅, 토양, 밭, 지역"을 의미하는 여성 명사와 결합하여 "땅 위에, 땅에"라는 뜻이 됩니다. 여기서는 막연한 땅이라기보다는 농사를 지을 만한 밭이나 들을 말한 것입니다. '발레'(βάλῃ) 동사는 위에서 본 '발로'(βάλλω)가 원형입니다.

그리고 '스포론'(σπόρον)이 "씨, 씨앗"이라는 '스포로스'(σπόρος)의 목적격이고 발로가 "던지다, 흩뿌리다"라는 말이니까 "발레 톤 스포론"(βάλῃ τὸν σπόρον)은 어떤 씨앗인지 특정할 수 없지만 씨앗을 땅에 뿌린다는 말입니다. 이것이 하나님 나라의 비유라니 어떤 면에서는 너무 간단해 보이기까지 합니다.

더 나아가 그 하나님의 나라가 "겨자씨 한 알"과 같다고 아주 이해하기 쉽고 간단하게 비유합니다.(막 4:30 이하)

왜 그렇게 간단할까요? 하나님 나라는 밭에 뿌린 씨처럼 자연스럽게 자라나기 때문입니다. 파종 후에 추수하는 자연의 이치와도 같은 것입니다. 하나님의 나라는 또 처음에는 겨자씨 같은 아주 작은 씨앗에 불과하지만 마지막에는 아주 크게 자라납니다. 우리는 이 두 가지 파라볼레에서 하나님의 나라는 이미 시작되었고 종래에는 그 끝이 있음을 짐작할 수 있습니다. 또 그 시작은 작고 보잘것 없어 보이지만 그

헬 라 어 수 업

끝은 사람의 짐작을 뛰어 넘을 정도로 창대하다는 것도 예상할 수 있습니다.

이처럼 신약성서에서 말하는 예수의 파라볼레는 직유와 메타포 보다 더 심화된 의미를 담고 있습니다. 거기에는 인간이 일상에서 경험하고 인지할 수 있는 인생과 우리가 사는 이 세상의 당연하고 자연스러운 법칙과 현상(씨를 뿌리거나, 겨자씨)을 통해 새로운 진리의 세계로(하나님의 나라) 넘어가는 접촉점이 있습니다. 즉 파라볼레는 "옆에 놓여 있는 것"은 아주 낯설고 이해하기 어려운 차원의 어떤 의미를 인간인 우리가 이해 가능한 것에서 넘어가도록 이어주는 다리 역할을 하고 있는 것입니다.

여름. 테로스 $(\theta \acute{\epsilon} \rho o \varsigma)$

11

하나님의 말씀, 로고스(λόγος)와 레마(ῥῆμα)

....

신약성서 중 네 번째 복음서, 제4복음서라는 별칭이 붙어있는 요한 복음은 "태초에 말씀이 계시니라"라는 심오한 구절로 시작합니다.

모든 사람이 궁금해 하는 세상과 우주의 시작을 아주 간명하게 진술 하고 있습니다. 여러분은 이 성경 구절을 읽을 때 그 의도는 둘째 치고 이 말이 무슨 뜻일까 궁금했던 적은 없었습니까? 아니 해석은 뒤로 하 더라도 원문에 뭐라고 쓰인 글이 이렇게 번역되었을까 하며 호기심 이 일어났던 적은 없었는지요? 마치 선언처럼 그 엄청난 진리를 명징 明澄하게 표현한 이 구절의 원문은 "('Εν ἀρχῇ ἦν ὁ λόγος"(엔 아르케 엔 호 로고스)입니다.

이 구절에서 제일 처음에 나오는 말 '엔 아르케'('Εν ἀρχῇ)에서 '엔'(ἐν)은 때와 장소를 말하는 전치사입니다. 영어에서 때와 장소를 나타낼 때 가장 많이 쓰는 단어인 in 과 그 용례가 거의 같다고 할 수 있습니다. '아르케'(ἀρχή)란 말은 "근원, 시원, 시초"란 뜻입니다. 요한은 단지 이 엔(ἐν)과 아르케(ἀρχή)라는 두 단어를 통해서 모든 사람이 궁금해 하는 세상의 시작, 시간의 시작에 관한 일을, 즉 태초太初와 시원(始元)에 있었던 일을 간명하게 말하고 있는 것입니다.

그런데 그는 태초에 다름 아닌 '로고스'(λόγος)가 있었다고 말합니다. '말씀'으로 번역된 우리말 성경에 원문의 헬라어 로고스를 살려 다시 읽으면 "태초에 로고스가 있었다"라는 말이 됩니다.

이 의미심장한 말 로고스는 과연 무슨 뜻일까요?

로고스의 기본적인 뜻은 "단어, 문장, 말, 언어"입니다. 그 이유는 이 λόγος(로고스)란 말의 뿌리가 '레고'(λέγω)라는 말에 있기 때문입니다. 레고? 이 말을 들어 본적이 있습니까? 웬만한 아버지라면 아이들이 좋아하는 덴마크의 블록형 장난감 레고(lego)를 알 것입니다. 모든 블록형 장난감이 그렇듯이 이런 장난감들은 아무 의미 없는 작은 조각들이 모이면 의미 있는 어떤 모형(figure)이나 형체(form)를 이루게 됩니다. 이 레고(lego)라는 장난감이 헬라어의 레고(λέγω)라는 말에서 유래했는지는 모르겠지만, 그 개연성이 충분히 있습니다. 헬라어 레고가 바로 그런 의미를 갖고 있습니다. 아무 의미 없는 소리와 낱말들이 모이면 말이 되어 의사소통을 가능케 합니다. 내 생각을 전할 수 있게 되는 것입니다.

레고란 말은 그래서 "모으다"라는 기본적인 의미에서 출발하여 의

미 없는 낱낱의 말이나 단어들이 모여 의사 전달이 가능하고 의미를 주는 언어와 문장을 만들어 내는 "말하다"라는 말로 확장되었습니다. 이런 관점에서 로고스의 가장 기본적인 뜻은 "말, 언어"입니다. 따라서 우리 성경이 로고스를 "말, 말씀"이라고 번역하였다고 볼 수 있습니다. 일본어 성경에서도 이 구절을 우리 성경과 똑같이 "初めに言があった"(하지메니 겐가 아따)라고 번역하며 로고스가 가진 "말, 말씀"의 측면을 부각하고 있습니다.

하지만 이 로고스라는 말이 가진 그 깊이와 넓이의 스펙트럼 중에서 '말씀'이라는 말밖에 선택할 수 없다면 상당히 아쉽고도 빈약한 시도라 할 수 있습니다. 그리고 그렇게만 접근할 때 요한복음 1장 1절과 요한복음 전체를 조망하지 못하는 실수를 범할 가능성이 있습니다. 그 이유는 당시 헬라 세계에서 로고스란 우주의 "원리, 법, 본질, 구조"를 설명하고 해석할 때 사용하던 철학적, 학문적 용어이기도 했기 때문입니다. 로고스란 말이 포괄하고 심오한 의미 중에 단 하나의 말을 선택해야 하는 고민을 성경 번역에 잘 반영한 나라는 동양 3국 중에서 오히려 중국인 것처럼 보입니다. 중국 성경은 이 요한복음 1장 1절의 로고스 구절을 다음과 같이 번역했습니다.

"太初有道"(타이 추 유 다오), 즉 "태초에 도가 있었다" 너무나 멋진 번역 아닙니까? 태초에 우주의 원리와 본질인 도道가 있었다는 이 번역은 로고스를 고민한 중국인다운 심오한 번역이 아닐 수 없습니다.

신약성서 헬라어에는 로고스란 말 외에 말씀 혹은 말을 뜻하는 그래서 로고스란 말과 견줄 수 있는 또 다른 말이 하나 더 있는데 그 말이 바로 '레마'(ῥῆμα)입니다. 레마의 알파벳 중 〈ρ〉(로)를 자세히 봐 주시기 바랍니다. 〈ρ〉가 자음임에도 그 머리 위에 숨표(spiritus)가 붙어 있는 것을 볼 수 있습니다. 역방향의 숨표 스피리투스 아스퍼(spiritus Asper)가 붙어 있습니다. 자음임에도 불구하고 라는 역방향의 숨표 〈'〉가 붙어 있으면 모음의 경우와 마찬가지로 강한 숨을 내쉬며 발음해야 합니다. 단순히 영어의 〈r〉 발음이 아니라 우리 말의 "ㅎ" 발음을 섞어 "(흐)레마"라고 해야 하는 것입니다. 이 레마의 기본적인 의미는 "말씀"입니다. 왜냐하면 레마도 "말하다"를 의미하는 '레오'(ῥέω)에서 온 말로 레오의 명사형이기 때문입니다. 그래서 이 레마란 말도 번역할 때 흔히 "말, 말씀" 등으로 번역됩니다.

　신약성서에서 이 레마의 용례와 의미를 잘 보여 주는 구절을 꼽는다면, 그것은 아마도 바울이 1세기경 로마에 세워진 교회에 보낸 편지인 로마서 10장 17절 일 것입니다. 이 구절에 보면 "그러므로 믿음은 들음에서 나며 들음은 그리스도의 말씀으로 말미암았느니라"(ἡ πίστις ἐξ ἀκοῆς, ἡ δὲ ἀκοὴ διὰ ῥήματος Χριστοῦ, 헤 피스티스 엑스 아코에스, 헤 데 아코에 디아 레마토스 크리스투)며 로고스의 경우와 마찬가지로 레마를 말씀으로 번역하고 있습니다. 이 말씀의 내용은 믿음이 그리스도의 말씀(ῥήματος Χριστοῦ, 레마토스 크리스투)을 듣는 것을 선행할 때 생긴다는 말입니다. 다시 말해서 믿음의 근거는 선포되는 그리스도의 말씀이며, 그 말씀을 듣는 것으로 시작한다는 말입니다.

여름. 테로스(θέρος)
:

이때 여기에 쓰인 '레마토스'($\dot{\rho}\acute{\eta}\mu\alpha\tau o\varsigma$)는 레마의 2격, 소유격 형태입니다. 그런데 이 레마토스 크리스투, 그리스도의 말씀이라는 구절은 사본에 따라 종종 하나님의 말씀, 즉 '레마토스 테우'($\dot{\rho}\acute{\eta}\mu\alpha\tau o\varsigma$ $\theta\varepsilon o\hat{v}$)로 대치되어 나타나는 현상을 볼 수 있습니다. 이런 현상은 아마도 부활하여 고양高揚된 예수의 말씀도 하나님의 말씀과 구별이 없이 특정한 현장과 상황 속에서는 선포된 하나님의 말씀으로 받아드렸다는 증거로 볼 수 있습니다. 즉 그리스도의 말씀을 하나님의 말씀으로 하나님의 말씀을 그리스도의 말씀으로 받아들이고 있는 초기 기독교의 역사적 과정을 볼 수 있습니다.

사실 로고스와 레마를 무 자르듯이 그 형식과 내용을 구분한다는 것은 쉽지 않은 일입니다. 그러나 위의 대표적인 두 사례에 잇대어 정리해보면 로고스는 말씀의 총체성總體性으로 레마는 그 말씀의 구체성具體性이라고 하면 어떨까 생각해봅니다. 마치 우리들의 삶이 우리들의 존재(sein, 자인)를 그 전제로 하고 있지만 각자의 삶이 그리고 나 자신의 삶이라고 하더라도 그 처한 환경과 조건이 다른 실존(dasein, 다자인)이라는 변증법적 관계에 놓여 있듯이 로고스는 레마로 우리 삶과 그 컨텍스트 속에서 운명적으로 조우한다고 보면 어떨까요? 사랑하는 여러분 모두에게 태초의 로고스가 여러분의 삶속에 레마로 다가오시길 두 손 모아 빕니다.

12

기독교 사회봉사, 디아코니아(διακονία)

마가복음의 시작에 보면 예수의 첫 번째 제자인 베드로를 갈릴리의 어부漁夫로, 동생 안드레뿐 아니라 장모까지 모시고 사는 선량한 사람으로 소개하고 있습니다. 그의 선량함은 사역에 분주한 예수와 자신의 동료들을 자주 그의 집에 모시고 쉬게 하신 것에서도 잘 나타나 있습니다.(막 1:16~18, 29)

그런데 어느 날 그의 장모가 혹독한 열병으로 몸져눕게 되었습니다. 때마침 잠시 시몬 베드로의 집에 쉬러 오신 예수님께서 그의 장모를 고치셨고, 시몬의 장모는 고마운 마음에 예수님과 제자들을 대접합니다. 이 아름다운 장면이 마가복음 1장 31절에 간결하게 묘사되어 있습니다. "열병이 떠나고 여자가 그들에게 수종드니라."(καὶ ἀφῆκεν αὐτὴν ὁ πυρετός, καὶ διηκόνει αὐτοῖς, 카이 아페켄 아우텐 호 퓌레토스, 카이 디에코네이 아우토이스) '아페켄'(ἀφῆκεν) 동사는 앞에서 한번 다룬 적이 있습니다. 그 때는 간단히 이 동사의 원형이 '아피에미'(ἄφίημι)이며 그 뜻은 "허락하다" 정도로만 살펴보았습니다.

그러나 사실 이 아피에미 동사는 매우 자주 사용되는 동사로서 그 변화가 무쌍하고 "보내다, 떠나보내다, 포기하다, 배척하다, 방치하다, 이혼하다, 허락하다" 등의 다양한 의미를 갖고 있습니다. 지난번에는 예수께서 제자들의 행동을 제지하며 만류하시는 장면에서 이 아피에미의 명령형 중 하나인 아페테(ἄφετε)를 배웠습니다. 그리고 위의 본문 마가복음 1장 31절의 아페켄은 아피에미의 단순 과거형입니다. 단순 과거형의 문법적 의미는 어떤 행동이나 사태가 즉시 벌어질 때 그 상황이나 상태를 나타내고자 할 때 사용하는 것이므로 이 말은 즉 에페켄의 비인칭 주어인 '퓌레토스'(πυρετός)가 즉시 사라졌다는 말이 됩니다. 우리 성경에 '열병'으로 번역된 이 퓌레토스는 "활활 타오르는 불, 열기, 발열, 열병" 등의 뜻도 가지고 있습니다.

독일에서 함께 공부하던 지인 중의 한 분은 베드로 장모의 이 열병이 만성병이었는지 혹은 급성병이었는지를 히포크라테스의 문헌과 당시의 의학 관련 사료들을 분석하며 연구하기도 했습니다. 그 이유는 베드로 장모의 병을 치유한 예수의 능력을 부각시키려면 만성병이어서는 안 된다는 전제에서였습니다. 당시 이 이야기를 듣는 실재의 독자의 경우 베드로 장모의 열병이 자칫 만성병일 경우 예수의 치유 능력에 의해서 나았다고 생각하기보다는 차츰 열이 내리고 날 때가 되어서 나았을 것이라는 추측도 할 수 있기 때문이라는 것이었습니다. 따라서 베드로 장모의 열병은 급성열병으로 생명을 위협하는 중병이었을 것이라는 것이 그 연구의 핵심이었고 고대의 의학 자료들로 그것을 입증해 보였던 것으로 기억합니다.

하여튼 죽음의 고통 중에서 원기를 회복하고 일어난 시몬의 장모는 감사한 마음으로 예수와 그 일행을 대접합니다. 당연하고 예상할 수 있는 일입니다. 그런데 그것을 설명하는 구절이 "그들에게 수종드니라"(διηκόνει αὐτοῖς, 디에코네이 아우토이스)입니다. 어의를 살려서 의역한다면 "대접하다"라는 말이 더 나을 것입니다. 그런데 우리 성경의 번역들이 다소 문자에 얽매인 직역을 한 것으로 보입니다. 그 이유를 밝히려면 여기서 사용된 '디에코네이'(διηκόνει) 동사를 좀 자세히 살펴볼 필요가 있습니다.

디에코네이 동사는 '디아코네오'(διηκόνεω) 동사의 미완료 과거형입니다. 미완료 과거형은 단수 과거형과 달리 과거의 반복적이며 지속적인 동작이나 상태를 묘사하는 문법적 기능이 있습니다. 디아코네오는 보통 "봉사하다, 돌보다, 시중들다"라는 뜻을 갖고 있습니다. 고대 그리스에서 디아코네오는 원래 "식탁에서 대기하다, 식탁에서 봉사하다"에서 유래하여 "봉사하다, 시중들다"라는 뜻으로 일반화된 말입니다. 그리고 그런 일들은 당시 사회에서는 노예들이 주로 하는 일의 하나였습니다.

헬라어에 봉사를 나타내는 또 다른 단어로 '둘로오'(δουλόόω)가 있습니다. 둘로오는 "노예가 되다, 복종하다"라는 고유의 의미도 있지만, '둘로오'의 접두어 'δουλ'(두울)이 '주인'(κύριος, 퀴리오스)에게 강하게 종속되어 봉사한다는 의미가 있어 "노예나 종으로서 봉사하다"라는 구체적인 뜻을 갖습니다.

따라서 '둘로스'(δοῦλος)는 "노예나 종"을 뜻합니다. 이런 맥락에서 시몬의 장모가 예수와 그의 제자들을 섬기고 봉사했다는 것은 마치 그들보다 아래에 있는 것처럼, 흡사 종이나 노예처럼 성심을 다했다는 것을 알 수 있습니다. 그리고 그런 의미에서 디아코네오를 썼다고 볼 수 있습니다. 이런 맥락에서 디아코네오와 이 단어의 명사형인 디아코니아(διακονία)는 누군가를 섬기되 섬기는 그 이상으로 섬기고 누군가에게 봉사하되 봉사하는 그 이상의 봉사를 한다는 의미로 이해해야 됩니다.

그러므로 초기 기독교의 디아코니아는 자신의 병을 치유하신 예수께 고마움으로 보답하는 봉사에서 출발하여 누가복음의 착한 사마리아 사람의 비유(눅 10:30~37)에서처럼 자신과 이해 관계가 없지만 졸지에 어려움 당한 사람을 외면하지 않고 구재하는 것을 포함하고, 또 마태복음의 종말론적 심판의 비유(25:31~46)에서 예수께서 가르치신 것처럼 '지극히 작은 자 하나'가 주릴 때에 먹을 것을 주고, 목마를 때에 마실 것을 주고, 나그네 되었을 때에 영접하고, 벗었을 때에 옷을 입혀 주고, 병들었을 때에 돌아보고, 옥에 갇혔을 때 찾아가 주는 모든 착한 행실들을 말하는 것입니다.

초기 기독교는 교회의 이런 디아코니아 활동을 통해서 세상과 사회 속으로 들어갔다고 볼 수 있습니다. 예루살렘 초대교회는 "성령과 지혜가 충만하여 칭찬받는 사람"을 특별히 선발하여 이 디아코니아의 직무를 맡겼고(행 6:1~6), 그 일을 하는 사람들을 '디아코노스'(διάκονος)라고 불렀다고 전합니다.(딤전 3:12~13 참조) 말 그대로 봉사의 직분을 맡은 사람이며 주인의 일을 충직하게 관장하는 사람을 일컫는 단어로써 바로 이 말이 영어 성경에서는 deacon(디콘)으로 동양의 언어로는 '집사'執事로 번역이 되었습니다.

디아코니아는 교회가 세상과 사회로 나가는 창구입니다. 기독교 초기교회는 그 내용은 복음(유앙겔리온)으로 그리고 그 형식은 디아코니아로 세상과 소통하여 오늘 우리에게까지 이르렀다고 할 수 있습니다. 한국 교회는 초대교회의 이 아름다운 전통인 디아코니아를 오늘에 이어받아 삶의 무게에 지친 사람들을 위로하고, 몸과 마음이 병든 사람들을 치료하며, 소외된 사람들을 도와 공정한 분배가 실현되는 사회 정의를 위해 노력해야 합니다. 왜냐하면 디아코니아가 바로 교회의 본질적인 존재 양식이며 교회가 살아 움직이고 있다는 것을 보여 주는 척도이기 때문입니다.

여름. 테로스(θέρος)

18

협력, 쉰에르기아 (συνεργία)

....

때를 따라 철새들이 아주 먼 여행길을 비행할 때면 많은 무리의 새들이 함께 날수록 그 대형이 〈V〉 형태를 이루는 것을 보게 됩니다. 가장 힘이 세고 날쌘 새가 선두에 날다가 지치면 그 새는 뒤로 빠지고 그 자리를 또 다른 새가 이어 받으며 지속해서 V자를 유지한다고 합니다. 이 V자 형의 편대 비행은 철새들에게만 효과적인 것이 아니라 V자 형으로 비행하는 전투기들의 연료 소모가 준다고 하니 너무나 신비한 일이 아닐 수 없습니다.

그러나 그 신비한 일의 뒤에는 서로 협력한다는 귀한 진리가 숨겨져 있습니다. "백지장도 맞들면 낫다"는 속담처럼 협력은 생물체生物體인 철새들뿐 아니라 전투기와 같은 비생물체非生物體에도 적용되는 정말 놀랍고도 신비한 진리가 아닐 수 없습니다.

철새들이 그리고 전투기가 V자로 날 때 발생하는 현상을 상승효과 相乘效果라고 합니다. 이러한 상승효과를 보기 위해서는 같이 나는 철새와 전투기가 V자를 유지하는 협력協力이 있어야만 가능합니다. 우리가 자주 듣고 쓰는 시너지(synergy)라는 말이 이 협력과 상승을 아주 잘 표현한 말입니다. 왜냐하면 이 말 자체가 협력이라는 뜻이기 때문입니다. 영어의 synergy란 말의 어원은 헬라어 '쉰에르기아'(συνεργία)입니다. 쉰에르기아의 접두사 '쉰'(σύν)은 "함께, 서로"라는 뜻입니다.

신약성서에는 이 쉰과 결합된 용어들이 아주 많이 있습니다. 대표적인 말이 '쉰아고게'(συναγωγή)입니다. 쉰아고게도 영어의 with와 together인 '쉰'(σύν)과 '아고'(ἄγω) 동사의 합성어입니다. 아고는 "이끌다, 옮기다. 인도하다, 잡다"라는 뜻이 있습니다. 쉰아고게는 이 모든 뜻을 종합해서 "함께 이끌고 가서 모이다"로 생각할 수 있습니다. 이런 뜻을 가진 쉰아고게란 말이 어떤 명칭으로 쓰이면 좋을까요? 바로 모임을 뜻하는 회당會堂으로 쓰기에 딱 맞습니다. '쉰아고'(συνάγω)의 명사형인 '쉰아고게'(συναγωγή)는 특히 유대인들의 예배장소, 주민센타, 여행자안내소, 숙박을 겸하는 장소인 시나고그(synagogue)라는 말로 정착되었습니다.

서로 함께 한다는 이 쉰과 사용된 다른 말 하나를 더 보겠습니다. '쉰둘로스'(σύνδουλος)란 말이 있습니다. 이미 우리는 위에서 '둘로스'(δοῦλος)란 말을 배웠습니다. 그렇다면 쉰둘로스는 무슨 뜻일까요? 그렇습니다. "함께 노예 된 자, 함께 종 된 자, 동료"라는 뜻을 갖습니

여름. 테로스(θέρος)

191

다. 이런 조어造語의 연장에서 이제 우리가 관심을 갖고 있는 '쉰에르기아'(συνεργία)의 의미가 분명히 다가옵니다. 쉰에르기아는 바로 '쉰'과 '에르기아'의 결합으로 만들어진 말입니다. 에르기아(εργία)는 '에르고'(ἔργω)의 명사 꼴로, 에르고가 "일하다"이니 쉰에르기아는 "함께 일함, 협력, 합력"이 됩니다.

자연에서 볼 수 있는 철새의 집단비행에서 배운 것처럼 함께하면 쉽고, 더 멀리갈 수 있습니다. 바울은 로마교회에 보내는 편지 8장 28절에서 이 원리를 정확히 밝히고 있습니다. "모든 것이 합력하여 선을 이루느니라."(πάντα συνεργεῖ εἰς ἀγαθόν, 판타 쉰에르게이 에이스 아가톤) 이 헬라어 문장은 우리말의 어순과 같습니다. '판타'(πάντα)는 중성 복수 주격 형용사이고 원형인 남성 단수 주격은 '파아스'(πᾶσ)입니다. 남성과 여성 단수 주격은 각각 '파아사'(πᾶσα)와 '파안'(πᾶν)입니다. 이 모든 말들의 의미는 "모든"이며, 중성일 때는 "모든 것"이라고 말할 수 있습니다.

판타에 이어서 '쉰에르게이'(συνεργεῖ)가 나옵니다. 방금 위에서 살펴본 대로 '쉰'과 '에르게이'가 결합된 말로 쉰에르게이는 3인칭 현재 단수 동사로 "함께 일하다, 협력하다"라는 뜻이 됩니다. 주어인 판타가 복수인데 동사가 단수로 쓰인 예외적인 경우입니다만, 중성 복수로 나오는 주어는 단수 취급을 하니까 여기까지 분석한 단어들을 모아서 한번 해석해 보면 "모든 것이 협력한다"가 됩니다.

이제 남은 단어들은 "에이스 아가톤"(εἰς ἀγαθόν)입니다. '에이스'(εἰς)는 방향을 나타내는 전치사로 대격과 결합하여 움직임까지 같이 표현합니다. '아가톤'(ἀγαθόν)은 "좋은 것"이라는 일반적인 뜻도 있지만, 철학자들이 추구하는 참된 선善을 말하기도 합니다. 이제 우리가 분석한 모든 단어를 활용해서 이 문장을 번역해 보겠습니다. "모든 것이 협력하여 선을 이룬다" 서로 힘을 합쳐서 함께 일하면 좋은 것을 만들어 낼 수 있다는 이 말이 개인의 삶이 존중받아야 하고, 다른 사람의 도움이나 손길을 오히려 부담스러워 하는 오늘을 사는 우리에게 어쩌면 꼭 필요한 말이 아닌가 다시 한 번 생각해 보게 됩니다. 직장에 고된 업무가 있습니까? 가정에 어려운 일이 생겼습니까? 그럴 때 나 혼자 감당해야 한다는 짐을 내려놓고 다른 사람을 나보다 더 낫게 여기며 함께 고민하며 서로 격려하며 협력하여 일을 한다면 철새들의 비행에서 볼 수 있듯이 더 멀리, 더 쉽게 날아갈 수 있지 않을까요?

여름. 테로스(θέρος)
:

가을

오포라
ΟΠΩΡΑ

Σοφός είναι εκείνος που δεν
θλίβεται για όσα δεν έχει, αλλά χαίρεται με όσα έχει

지혜는 자기가 갖고 있지 못한 것에
슬퍼하기보다는 자기가 가지고 있는 것에
기뻐하는 것이다.

•

- Ἐπίκτητος -
- 에피크테토스 -

1

가을열매, 오포라 (ὀπώρα)

·······················

　우리말의 봄은 겨우내 죽은 것 같은 만물에서 생명의 기운이 새순과 꽃망울로 돋아나는 것을 볼 수 있어서, 봄이라는 얘기를 한 적이 있습니다. 이와 유사한 정서로 헬라어의 가을을 나타내는 말인 '오포라'(ὀπώρα)는 "살펴보다, 관찰하다, 주의하다"라는 뜻을 가진 '오피스'(ὄπις)와 "때, 계절, 추수, 과일"이라는 뜻을 가진 '호라'(ὥρα)에서 유래되었다고 합니다. 오피스와 호라를 결합해서 생각하면 가을이란 각기 나무들에서 열매가 맺히는 것을 볼 수 있는 계절이라는 뜻이 될 수도 있습니다. 그래서인지 '오포라'는 가을이라는 뜻뿐 아니라 "가을열매, 과실"이라는 뜻으로도 많이 사용됩니다.

　이 오포라를 과일이라는 뜻으로 사용하는 것을 신약성서에서 읽을 수 있습니다. 요한의 계시록 18장 14절에 나오는 "네 영혼이 탐하던 과일이 네게서 떠났으며"(ἡ ὀπώρα σου τῆς ἐπιθυμίας τῆς ψυχῆς ἀπῆλθεν ἀπὸ σοῦ, 헤 오포라 수 테스 에피튀미아스 테스 퓌스케스 압엘렌 아 포수)라는 곳에서입니다. 이 구절은 요한계시록이 쓰일 당시 바벨론으로 여겨지는 로마의 멸망을 예고하는 말입니다. 종말의 비유적 표현이지만 오포라가 삼중의 속격에 이끌리며 과일, 열매라는 뜻으로 나옵니다. 이 삼중의 속격에는 먼저 '너의'(σου, 수), '욕망의'(ἐπιθυμίας, 에피튀미아스), 그리고 '영혼의'(ψυχῆς, 퓌스케스)가 순서대로 나옵니다. 계시록의 특징인 상징성이 강화된 이 과일은 나무에서 열리는 그런 일반적인 과일이 아니라 심중에, 마음에 자리한 욕망의 열매를 말하고 있습니다.

오포라가 이렇게 과일이라는 뜻으로 쓰이면서 동시에 가을이라는 때를 나타내는 것에서 우리나라 사람들과 헬라인의 정서적 차이를 찾아볼 수 있습니다. 우리나라 사람들이 새싹과 꽃을 보면서 봄을 보았다면, 헬라인들은 익어 가는 과일에서 가을을 보았던 것으로 생각됩니다. 우리네 정서로는 사실 과일의 익어감, 곡식의 무르익어감을 보며 "여름"을 생각할 수 있습니다. 그런데 헬라인들은 같은 현상 속에서 가을을 보고 있다니 참 그 정서와 성향의 다름을 새삼 느낍니다.

그러나 오포라에 담긴 또 다른 속뜻을 깊이 있게 살펴본다면 꼭 그렇게 볼 것만도 아님을 알게 됩니다. 왜냐하면 이 오포라에는 "늦여름"이라는 뜻도 있기 때문입니다. 지나가는 여름이 아쉬워서 그랬을까요? 그런데 더 재미있는 것은 헬라어에서 가을을 나타내는 또 다른 말인 '메토포론'(μετόπωρον)에도 그런 해석의 여지가 있다는 것입니다. 혹시 이 메토포론이라는 말의 앞에 있는 접두어 '메토'라는 말에서 우리가 배웠던 '메타'라는 말이 생각나지 않나요? 조어를 위해 모음이 바뀐 형태로 '메타'와 위의 '오포라'란 말의 결합처럼 보이지 않는지요? 네, 그렇습니다. 메토포론은 "늦가을"이란 말이기도 합니다. 지나가는 가을이 아쉬워서 이런 이름이 만들어진 것일까요? 그렇다면 우리말의 가을은 어떻습니까?

우리의 가을에는 무엇보다도 추수와 수확의 의미가 많이 담겨 있습니다. 그래서 가을철 농가에서 볼 수 있는 "가을걷이하다"라는 말에서 충분히 그 뜻을 알 수 있습니다. 우리들은 가을이라는 말이 가을곡식을 거두어들인다는 '가을걷이'란 말이 줄어서 '가을'이 되었다고 보고 있습니다. 가을은 이렇게 여름이 가길 아쉬워하며 늦여름이라 부른다고 하더라도 들판의 오곡백과가 수확을 기다리는 가을걷이를 하는 시절입니다.

신약성서에 이런 가을걷이, 추수와 관련된 의미심장한 비유가 있습니다. 누가복음 12장 16절 말씀 이하입니다.

어떤 한 부자가 풍성한 소출所出을 얻었습니다. 그의 고민은 "내 소출을 쌓아둘 곳이 없으니, 어떻게 할까?"(τί ποιήσω, ὅτι οὐκ ἔχω ποῦ συνάξω τοὺς καρπούς μου, 티 포이에소, 호티 욱 에코 푸 쉬낙쏘 투스 카르푸스 무)입니다. 이 문장에서 '소출'로 번역된 원문은 우리가 한 번 다룬 적이 있는 열매, 카르포스(κάρπος)의 복수형인 카르푸스

(καρπούς)를 썼습니다. 소출이 너무 많아 쌓아둘 곳이 없다는 이런 걱정은 정말 행복한 고민이 아닐 수 없습니다.

이 부자는 창고를 더 크게 짓고 자기가 얻은 소출과 재산을 쌓아두며 쾌재快哉를 부릅니다. "여러 해 쓸 물건을 많이 쌓아 두었으니 평안히 쉬고 먹고 마시고 즐거워하자." 그런데 바로 그 뒤에 "어리석은 자여 오늘 밤에 네 영혼을 도로 찾으리니 그러면 네 준비한 것이 누구의 것이 되겠느냐?"(ἄφρων, ταύτῃ τῇ νυκτὶ τὴν ψυχήν σου ἀπαιτοῦσιν ἀπὸ σοῦ · ἃ δὲ ἡτοίμασας, τίνι ἔσται, 압포론, 타우테 테 뉙티 텐 퓌켄 수 아파이투신 아 포 수, 하 데 헤토이마사스, 티니 에스타이)라는 일대반전一大反轉이 나옵니다.

하나님은 눈에 보이는 것은 잘 알고 잘 준비하지만, 눈에 보이지 않는 것은 잘 알지도 못하고 준비하지도 못한 사람을 "어리석은 자!"라고 호통을 치십니다. 여기에 나오는 어리석은 자라는 말은 헬라어 '압포론'입니다. 형용사가 의인화되어 호격呼格으로 쓰인 경우입니다. 압포론은 우리가 이미 배워서 알고 있는 부정의 '아'(ἄ)와 "생각, 마음, 지각"을 뜻하는 '프렌'(φρήν)과 결합하여 "지각없는, 생각 없는, 어리석은"의 뜻이 되었습니다.

이 비유에 따르면 어떤 사람이 어리석은 사람입니까? 아마도 자신이 언젠가는 죽어야 하는 존재라는 것을 까맣게 잊고 눈앞의 욕심만 따라가며 살아가는 사람이 어리석은 사람이 아닐까요? 톨스토이의 우화에 나오는 사람처럼 곧 죽을지도 모르면서 구두를 맞추는 사람,

예수의 이 비유에 나오는 부자처럼 오늘 밤에 죽을지도 모르면서 풍성한 소출을 곳간에 쌓아놓고 유유자적하며 자만하는 사람이 바로 그 어리석은 사람일 것입니다.

어리석은 자를 헬라어 압포론이란 말에서 이해하면 지각이, 감각이 없어 제정신이 없는 사람임을 알 수 있습니다. 가을에는 여름의 뜨거운 열기를 이겨낸 과일들을 거둡니다. 제 할 일을 한 나무들이 차례로 잎을 떨어뜨립니다. 그걸 보면서도 인생의 가을과 다가올 겨울을 알아채지 못한다면 그건 정말 압포론! 감각이 없는 그리고 지각知覺없는 어리석은 사람입니다.

헬라인들에게 가을은 오포라라는 늦여름이며, 메토포론이라는 늦가을이기도 합니다. 뜨거운 여름철을 마저 보내고 싶지 않고 그렇다고 잎도 열매도 다 떨어지고 없는 적막한 겨울을 맞이하고 싶지도 않아서였을까요? 그러나 흐르는 시간을 붙잡을 수 없고 누구에게나 인생의 봄, 여름, 가을, 겨울은 다가옵니다. 사랑하는 여러분, 가을은 여러분에게 어떤 계절입니까? 여러분 모두 인생의 여름에 땀 흘려 수고한 일에 풍성한 결실이 가득하길 바랍니다.

가을. 오포라($\dot{o}\pi\dot{\omega}\rho\alpha$)

2

집, 오이코스 (οἶκός)

·····························

독일의 대표적 시인인 라이나 마리아 릴케(R. M. Rilke)가 1902년 쓴 가을날(Herbsttag, 헤르프스트탁)이라는 시가 있습니다. 여름을 지나 깊어가는 가을의 외면적 그리고 내면적 정취를 잘 그려낸 상징적 시라고 할 수 있습니다. 3연으로 구성된 이 시의 첫 소절에는 이런 구절이 있습니다. "지금 집이 없는 사람은 더 이상 집을 짓지 않습니다."(Wer jetzt kein Haus hat, baut sich keines mehr) 집을 지었으면 좋겠는데 이제는 집을 지을 시간이 없다는 말 같습니다.

이런 해석이 가능한 것은 이 시의 첫 연 첫 소절에서 "주여 때가 되었습니다. 여름은 참으로 길었습니다"(Herr, es ist Zeit. Der Sommer war sehr groß.)라며 이미 뭔가를 했어야 할 시간을 놓친 것처럼 말하기 때문입니다. 정말 여름이 길고 위대했지만 다 지나가 버리고 가을

날이 되었습니다. 집을 짓는 것 같이 시간이 오래 걸리는 일을 하기에
는 역부족입니다.

그러나 그렇게 가을이 훌쩍 다가왔다고 해서 그저 그렇게 손을 놓고
있을 수만은 없는 일입니다. 시인은 그런 가을날 책을 읽거나 편지를
쓰는 등 소소하지만 일상의 소중한 일들을 계속해 나갑니다.

릴케의 시에서 열정과 에너지가 넘치는 인생의 여름날, 그 길고 위
대했던 시간에도 미처 다 짓지 못한 집을 가을에 짓지 않는다고 했듯
이, 집을 짓는 일이란 결코 쉽지 않고 오랜 시간이 걸리는 일임을 시사
하고 있습니다.

예나 지금이나 동서양을 막론하고 집이란 사람이 생활하는 매우 중
요한 장소로써 헬라어에도 집을 나타내는 대표적인 단어가 두 개나
있습니다. 하나는 '오이키아'(οἰκία)이고, 다른 하나는 '오이코스'
(οἶκός)입니다. 오이키아는 거주 공간에 방점을 둔 집이라는 의미로
건물을 주로 말한다면, 오이코스는 그 오이키아 안에서 산다는 의미
에 강조점을 둔 집을 의미합니다. 예를 들어 가족, 가족 공동체, 경제
공동체로서의 집이라는 의미입니다.

오이코스가 가진 이런 의미에서 유래한 '오이쿠메네'(οἰκουμένη)
도 오이코스가 가진 의미의 확장이라고 볼 수 있습니다. 오이쿠메네
는 사람이 모여 사는 전체를 한 공동체로 보고 그 안에서 이루어지는
모든 살림살이, 즉 정치, 경제, 사회, 문화를 포괄하는 의미로 사용하
기도 합니다. 다시 말해서 우리가 사는 세상으로서의 집이라는 뜻이

가을. 오포라(ὀπώρα)

며, 지구촌이라는 말과 바꿀 수도 있습니다. 요즘 우리가 익숙하게 쓰는 경제經濟라는 말인 영어의 economic 이란 단어가 바로 이 오이쿠메네에서 온 말입니다. 한 집의 살림살이가 세계 경제가 되었습니다.

집이란 것이 이렇게 중요합니다. 그래서 중국의 선현들도 가화만사성家和萬事成이라는 말과 더불어 수신제가치국평천하修身齊家治國平天下라는 말도 했습니다. 세상의 일도 한 집의 일에서 시작된다는 말입니다.

그럼 이토록 중요한 집을 어떻게 지어야 할까요?

예수께서는 집짓는 요령을 이렇게 충고하십니다. "그 집을 반석 위에 지은 지혜로운 사람이다."(ἀνδρὶ φρονίμῳ, ὅστις ᾠκοδόμησεν αὐτοῦ τὴν οἰκίαν ἐπὶ τὴν πέτραν, 안드리 포로니모, 호스티스 오코도모메센 아우투 텐 오이키안 에피 텐 페트란) 마태복음 7장 24절에 나오는 구절입니다. 여기에서 집으로 나온 헬라어는 주로 건물을 말할 때 쓰는 집인 '오이키아'(οἰκία)입니다. 그리고 "집을 짓는다"라는 동사인 '오코도메센'(ᾠκοδόμησεν)은 헬라어에서 집을 뜻하는 또 다른 말인 오이코스에서 온 '오이코도메오'(οἰκοδόμεω)의 단순과거형입니다. 집을 짓는다는 말이니까 그 다음에는 어디에 짓는가라는 장소에 관한 정보가 뒤따릅니다.

이 사람은 어디에 집을 지었습니까? 네, 그렇습니다. "에피 텐 페트란"(ἐπὶ τὴν πέτραν). 아주 튼튼한 "반석, 바위"(페트라) 위에 집을 지었습니다. 바위 위에 어떻게 집을 짓는지는 몰라도 그 의미는 기초가 튼튼하고 안전한 곳에 집을 지었다는 의미일 것입니다. 집을 지을 때 그 기초가 얼마나 중요한지를 일컫고 있습니다. 기초의 중요성을 알아서 바위와 같이 안전한 곳에 집을 짓는 사람에게 "지혜로운 사람"(ἀνδρὶ φρονίμῳ, 안드리 프로니모)이라는 칭찬이 따릅니다.

여기서 사람이라는 말로 나온 안드리(ἀνδρὶ)는 그 앞에 쓰인 동사의 영향으로 안네르(ἀνήρ)의 여격(3격)이 나왔습니다. 우리는 이미 안네르가 남편이라는 뜻도 있지만 사람을 통칭하는 말로도 쓰인다는 것을 배웠습니다.

"지혜로운"이라는 형용사 '프로니모스'(φρονίμος)도 '프로니스'(φρονίς)처럼 이미 우리가 배운 페렌(φρήν)의 계열인 것을 알 수 있습니다. 그 뜻은 "지각 있는, 생각 있는, 감각이 있는, 지혜로운" 등입니다. 반면에 집을 모래 위(ἐπὶ τὴν ἄμμον, 에피 텐 암몬)에 짓는 사람도 있다는 한탄이 나옵니다.(마 7:26) 그런 사람은 어리석은 사람(ἀνδρὶ μωρῷ, 안드리 모로)이라는 평가가 내려집니다. '모로'(μωρῷ)는 '앞 뒤 꽉 막힌, 이해력이 부족한, 답답한'을 표현하는 형용사 '모로스'(μωρός)의 여격으로, 프로니모스와 반대라는 것을 알 수 있습니다.

모래 위에 혹은 반석 위에 집을 짓는다는 위의 이야기들은 물론 하나의 비유입니다. 우리가 실제로 살 집을 짓는 것을 말하고 있는 것이 아니라 신앙과 믿음의 집을 어떻게 지어야 하는 문제를 다룬 것입니다.

가을, 오포라(ὀπώρα)

205

그럼 예수의 이 비유는 지혜로운 건축가와 어리석은 건축가를 어떤 기준으로 나눌까요? 그것은 마태복음의 해석적 열쇠와 연관이 있는데, 궁금하신지요? 만약 여러분이 마태복음의 해석적 열쇠를 가졌다면 금방 그 답을 알 수 있을 것입니다. 그 시금석은 바로 실천입니다. 예수께서는 자기의 말을 들을 뿐 아니라 그것을 실천하는 사람이 반석 위에 집을 짓는 사람처럼 지혜로운 사람이고, 듣기는 하지만 전혀 실천하지 않는 사람은 어리석은 사람이라고 가르치고 있습니다.

그렇다면 어리석은 사람이 지은 집과 지혜로운 사람이 지은 집, 그 중 어떤 집이 견고하고 안전한지, 아니면 불안하고 부실한지 언제 알 수 있을까요? 비바람이 몰아치고 홍수가 밀려오면 알 수 있습니다. 그렇습니다. 참된 신앙과 믿음도 어려운 일과 힘든 일을 겪을 때 비로소 알 수 있습니다. 힘들고 어려운 때에도 흔들리지 않고 지속되는 신앙이 반석 위에 지은 집과 같이 건재할 수 있습니다. 그렇지 않고 아주 작은 일에도 흔들리고 고난과 어려운 일이 왔을 때 무너지는 집은 어리석은 사람이 잘못 지은 집일 것입니다.

여러분의 신앙과 믿음의 집은 어떻습니까? 비바람이 몰려와도 흔들리지 않는 견고한 집입니까? 아니면 살짝 부는 바람에도 흩날리는 부실한 집입니까?

인간, 안트로포스 (ἄνθρωπος)

·····

학문적 · 일반적으로 사람 또는 인간을 일컫는 말인 '호모'(homo)
는 라틴어에서 차용해 온 말입니다. 현생인류를 뜻하는 호포 사피엔
스(homo sapiens), 도구를 사용하여 환경을 개척하는 인간이란 뜻의
호모 파베르(homo faber), 후기 산업사회를 살아가는 인간이라는 호
포 포스트모더니쿠스(homo postmodernicus) 등 호모와 결합된 그 조
합어組合語로 끝없이 신조어新造語를 만들어 낼 수 있습니다.

이런 식으로 호모는 당당히 인간이란 말의 대표자로 굳어졌습니다.
하지만 사실 호모란 말이 요즘에는 동성애자를 특정하는 말로 더 많
이 사용되는 것처럼 그 유래를 보면 호모란 말과 인간은 별 관계가 없
습니다. 호모는 헬라어 '호모스'(ὁμός)에서 온 말입니다. 호모스란 말
은 "같은, 동일한, 공통적인"이란 뜻을 가진 형용사입니다. 말씀드린

대로 동성同性, 동종同種이라는 의미입니다. 이와 반대되는 말로는 "다르다, 이성異性, 이종異種"의 뜻을 가진 헤테로스(ἕτερος)라는 말이 있습니다.

따라서 호모란 말은 본래 인간을 지칭한 말이라기보다는 다른 종과 구별되는 같은 종, 동종同種을 말합니다. 홀로 있는 존재들이 아니고 나와 같은 네가 있고 너와 같은 내가 있는 우리를 인간이라고 말하고 있습니다. 한자의 인간人間이라는 말도 홀로 있는 존재라는 의미보다는 서로서로 같이 사는 존재라는 의미가 내포되어 있습니다.

헬라어에서 인간을 나타내는 말은 이미 우리가 여러 번 다룬 안네르(ἀνήρ)란 말과 '안트로포스'(ἄνθρωπος)란 말이 있습니다. 라틴어에서도 사람이라는 말이 위에서 설명한 호모라는 말 외에 '비르'(vir)라는 말이 있습니다. 호모가 사람 전체인 '인간'을 말한다면, 비르는 '어떤 한 사람'을 지칭하는 말로 어느 정도 구별을 두어 사용하듯이, 헬라어에서도 안네르와 안트로포스를 쓸 때 마찬가지로 구별하여 사용합니다. 헬라어의 경우 보통 '어떤 한 사람'을 말하고자 할 때는 안네르를, '보편적인 인간'을 말하고자 할 때는 안트로포스를 사용합니다.

이것은 요즘 우리가 쓰는 다소 학문적인 용어인 인간론人間論이란 말의 영어인 Anthropology(앤트러폴러지)가 헬라어의 안네르를 차용하지 않고 안트로포스를 차용한 것만 봐도 잘 알 수 있습니다. Anthropology는 바로 헬라어에서 인간을 뜻하는 안트로포스(ἄνθρωπος)와 "말하여 해명하여 설명한다"는 의미도 가지고 있는 로고스(λόγος)가 결합한 말입니다. 이처럼 안트로포스는 일상의 오고가는 어떤 사람을 말하기 보다는 더욱 진지한 인간의 존재나 본성을 논할 때 쓰는 말입니다. 신약성서에 나타나는 안트로포스도 안네르처럼 "일상의 사람, 남자, 남편"이라는 말로 쓰인 용례가 있지만, 대개는 좀 더 인간에 관한 본질을 말할 때 자주 사용됩니다.

1세기 초기 기독교의 사상가인 바울의 말을 한 번 들어보시지요. 고린도후서 4장 16절입니다. "우리의 겉사람은 낡아가나, 우리의 속사람은 날로 새로워집니다."(ὁ ἔξω ἡμῶν ἄνθρωπος διαφθείρεται, ἀλλ' ὁ ἔσω ἡμῶν ἀνακαινοῦται ἡμέρᾳ καὶ ἡμέρᾳ, 호 엑소 헤몬 안트로포스 디압프테이레타이, 알라 호 에소 헤몬 아나카이눈타이 헤메라 카이 헤메라) 우선 사람이 겉사람과 속사람이 있다는 생각에 공감이 됩니다. 우리가 흔히 "그 사람은 겉과 속이 다르다"라는 말을 하는 것처럼 누구나 사람의 외면과 내면이 있음을 부인하지 못할 것입니다.

우리는 누군가를 만났을 때 겉으로는 웃으면서도 속으로는 욕을 할수 있는 존재들이기 때문입니다. 바울은 발음은 비슷하지만 뜻은 정반대인 '엑소'(ἔξω)와 '에소'(ἔσω)를 배치하여 겉사람과 속사람의 극명한 차이를 두드러지게 합니다. 엑소는 "겉, 바깥, 밖으로부터, 낯선"의 뜻이고, 에소는 "속, 속안, 안으로부터, 함께"라는 뜻입니다. 이 말들이 사람이란 뜻의 안트로포스(ἄνθρωπος)와 결합하여 "겉사람과 속사람"이란 말을 만들어 냈습니다.

그런데 바울은 겉사람의 특징을 어떻게 말하고 있습니까? 겉사람은 "날마다"(ἡμέρᾳ καὶ ἡμέρᾳ, 헤메라 카이 헤메라) "늙어지고, 낡아지고, 쇠약해진다"라고 합니다. 사실입니다. "세월 앞에 장사 없다"고 태어나는 모든 생물은 성장하고 늙어가며 종래에는 소멸합니다. 반면에 속사람은 어떻습니까? 바울은 겉사람이 그렇게 변화는 것과는 달리 속사람은 날마다 "새로워진다"는 신기한 말을 합니다. 여기서 사용된 "새로워진다"라는 말은 '아나카이누타이'(ἀνακαινοῦται)입니다. 이 아나카이누타이는 '아나카이노오'(ἀνακαινόω)의 현재 수동형으로 "다시 새로워 진다"는 말이 됩니다. 다시 정리해 보면, 아나카이노오의 접두어인 '아나'(ἀνά)는 전치사로 "~의 위에, 표면에" 라는 뜻으로 주로 활용되지만, 어떤 경우에는 "다시"라는 뜻이 있고, "새로운"이란 말인 '카이노스'(καινός)와 결합되어 "다시 새로워진다"가 됩니다. 즉 아나카이노는 이 아나와 카이노스가 결합되어 동사 형태로 만들어진 말입니다. "속사람이 새로워진다" 더 정확히는 "다시 새로워진다"라는 이 말에서 신기한 점은 이 동사의 시제가 현재라는 것입니다. 새로워지는 시점이 "새로워질 것이다"는 미래가 아니라 "새로워진다"는 지금, 현재라는 시점입니다.

이런 진술을 한 바울의 나이를 약 50세 전후로 짐작할 수 있습니다. 그리고 그때의 50대는 지금보다 더 노인 취급을 받던 때입니다. 바울은 어떻게 늙어가는 자신의 겉사람을 보고 동시에 새로워지는 자신의 속사람을 인지할 수 있었을까요?

현재는 오래살기에만 관심이 높아지는 고령사회가 도래했습니다.

전철 안에서는 젊은이들의 눈살이 찌푸려지는 것에는 아랑곳하지 않고 경로석에 서로 앉겠다며 민증民證으로 승부를 보려는 소동이 심심치 않게 벌어지고 있습니다. 겉사람의 늙어짐과 반대로 속사람이 점점 더 젊어진다면 얼마나 좋을까요?

그러나 안타깝게도 겉사람에 대해서는 잘 알지만, 속사람에 대해서는 문외한인 사람들이 많이 있습니다. 아마 그것은 생래적으로 인간이라는 헬라어 안트로포스나 사람이라는 말 안네르같이 "겉모습, 얼굴, 외모"라는 '옵스'(ὤψ)라는 말에서 온 것처럼, 우리는 눈에 보이는 겉사람만 잘 알고 보이지 않는 속사람은 미처 잘 모르기 때문일 것입니다. 우리는 겉사람이 후패朽敗하는 것을 막을 수가 없습니다. 하지만 속사람은 날마다 새롭게 가꿀 수 있습니다. 아나카이노오! 우리의 속사람은 지금 다시 새로워집니다.

가을. 오포라(ὀπώρα)

몸과 육과 영, 쏘마 (σῶμα), 싸륵스 (σὰρξ), 프뉴마 (πνεύμα)

우주(코스모스)와 인류의 기원을 다룬 구약성서 창세기에는 사람이 어떻게 만들어졌는지를 전하고 있습니다.(창2:7) 성경에서 하나님은 땅의 흙/먼지로 사람의 모양을 만드시고 그 코에 생기/바람을 불어 넣어 사람이 살아있는 영이 되게 하셨다고 말합니다. 이 구절을 통해서 사람에게는 아래로부터(땅)의 본성과 위로부터(하늘)의 본성이 결합되어 있는 존재라는 것을 알 수 있습니다.

신약성서 헬라어에서는 이 아래로부터의 본성을 '싸륵스'(σὰρξ)라고 부르고 위로부터의 본성을 '프뉴마'(πνεύμα)라고 합니다. 그래서 싸륵스는 우리말로 "육신肉身, 육체肉體, 살" 등을 의미하고, 프뉴마는 기본적으로 바람을 의미하나 위의 창세기에서처럼 위로부터 또는 하나님으로부터 오는 바람이므로 "영靈, 정신精神, 얼" 등을 뜻합니다. 이 프뉴마가 하나님과 특별한 관계 속에 있을 때 "거룩/성결"이라는 형용사 '하기온'(ἅγίον)을 붙여 '하기온 프뉴마'(ἅγίον πνεύμα)로 부르면 그것이 곧 성령聖靈인 것입니다.

바울은 사람이 이 두 본성의 대립 속에 있는 양상을 로마서 8장의 서두에서 우리에게 잘 설명해 줍니다. 바울에 따르면 싸륵스는 죄와 사망의 법 아래에서, 프뉴마는 생명의 성령의 법 아래에 있다고 설명합니다. 즉 싸륵스, 육의 본성이 우리를 지배하면 죄에 빠지고 사망에 이르게 되지만, 프뉴마를 따라 살면 생명을 얻게 되며 성령에 이른다는 것입니다.

바울은 이것을 또 자신이 소아시아 갈라디아 지방에 개척한 교회에 보낸 편지에서 이렇게 말하고 있습니다. 갈라디아서 6장 8절입니다. "자기의 육체를 위하여 심는 자는 육체부터 썩어질 것을 거두고 (성)령을 위하여 심는 자는 (성)령으로부터 영생을 거두리라."(ὅτι ὁ σπείρων εἰς τὴν σάρκα ἑαυτοῦ ἐκ τῆς σαρκὸς θερίσει φθοράν, ὁ δὲ σπείρων εἰς τὸ πνεῦμα ἐκ τοῦ πνεύματος θερίσει ζωὴν αἰώνιον, 호티 호 스페이론 에이스 텐 사르카 에아우투 에크 테스 사르코스 테리세이 프토란, 호 데 스페이론 에이스 토 프뉴마 에크 투 프뉴마토스 테리세이 조엔 아이오니온) 위의 문장은 제일 앞에 나오는 '호티'(ὅτι)에 의해서 유도되고 있습니다. 호티는 부문장을 이끄는 접속사입니다. 우리가 위에서 사람의 본성을 이루는 두 요소로 땅의 본성인 싸륵스와 하늘의 본성인 프뉴마를 얘기한 것처럼 이 구절은 정확히 두 본성과 그 본성에

가을. 오포라(ὀπώρα)

213

따른 결과를 대조해서 보이고 있습니다.

우선 대조를 위해서 반복되는 주요 단어들을 살펴보면 '스페이론' (σπείρων)과 '테리세이'(θερίσει)가 두드러져 사용되는 것을 알 수 있습니다. 스페이론은 "씨를 뿌리다"라는 동사 '스페이로'(σπείρω)의 현재 분사 형태입니다. 스페이로 동사는 "씨앗"이라는 '스페르마'(σπέρμα)에서 온 동사이구요. 테리세이는 "수확하다, 거두다, 모으다, 쌓다"의 의미가 있습니다. 즉 위의 문장은 "씨뿌리다"와 그 열매인 "결과를 거둔다"라는 말의 강한 대조가 나타나 있습니다.

그렇다면, 이제 어떤 씨앗을 뿌리고 어떤 열매를 거두는지를 보겠습니다. 위에서 살핀 창세기의 인간 이해를 바탕으로, 첫 번째 씨앗은 이 땅의 씨앗이자 육체의 씨앗(ὁ σπείρων εἰς τὴν σάρκα, 호 스페이론 에이스 텐 사르카)입니다. 땅에 씨를 심으면 땅으로부터 땅의 것을 거두는 것과 마찬가지로 육체의 씨앗을 심으면 육체의 것을 거두는 데 그 열매가 "썩어짐, 소멸함"입니다.

창세기의 인간 창조 이야기에서 땅에서 만들어진 인간이 땅으로 돌아간다는 말과 일맥상통합니다. 누구도 부정할 수 없이 사람은 유한한 존재임을 선언하는 것과 같은 말입니다. 이 썩어지고 소멸한다는 말이 '프토라'(φθορά)입니다.

두 번째 씨앗은 하늘로부터 온 씨앗이며, 영의 씨앗(ὁ σπείρων εἰς τὸ πνεῦμα, 호 스페이론 에이스 토 프뉴마)입니다. 역설적이게도 유한한 인간은 영원을 갈구하며, 소멸하지 않는 존재인 영혼에 대해서 관심을 갖고 탐구합니다.

바울은 영으로 심으면 "영원한 생명"(ζωὴν αἰώνιον, 조엔 아이오니온)을 거둔다고 말하고 있으며 유한한 존재인 인간에게 영생永生을 얻을 길을 제시하고 있습니다. 육으로 심어서 죽음으로, 영으로 심어서 영생에 이른다는 말이 다소 추상적으로 들릴 수 있기 때문에 바울의 다른 글들에서 그 개념을 구체화시킨 곳을 찾아보겠습니다. 바울은 현재 편집된 신약성서의 절반 이상을 저술한 사람으로 그의 저술 곳곳에 악행목록과 선행목록을 통하여서 땅으로부터의 본성과 하늘로부터의 본성을 알려 주고 있습니다. 육체의 본성에 속한 것을 전문용어로 '악행목록'(Lasterkatalog)이라고 하고 영에 속한 것은 '선행목록'(Tugendkatalog)이라고 말합니다. 선행목록에 관하여는 앞 장 "나무와 열매"에서 이미 정리한 바 있으므로, 이번에는 사람을 죽음과 멸망으로 이르게 하는 육체의 본성에 속하는 싸륵스의 일들을 알아보겠습니다.

바울은 갈라디아서 5장 19절 이하에서 이 육체의 일이 환하게 드러난 일에 대해 말합니다. 곧 "음행과 더러움과 방탕과 우상숭배와 마술과 원수맺음과 다툼과 시기와 분냄과 분쟁과 분열과 파당과 질투와 술취함과 흥청망청 먹고 마시는 놀음과, 그와 같은 것들입니다."(πορνεία, ἀκαθαρσία, ἀσέλγεια, εἰδωλολατρία, φαρμακεία, ἔχθραι, ἔρις, ζῆλος, θυμοί, ἐριθεῖαι, διχοστασίαι, αἱρέσεις, φθόνοι, μέθαι, κῶμοι καὶ τὰ ὅμοια τούτοις, 포르네이아, 아카타르시아, 아셀게이아, 에이돌로라트리아, 파르마케이아, 에크트라이, 에리스, 제엘로스, 튀모이, 에리테이

아이, 디코스타시아이, 하이레세이스, 프토노이, 메타이, 코오모이 카이 타 호모이아 투토이스)

바울은 14가지의 악행을 열거했지만, 여기서 다 다루지는 않고 현재 우리의 언어 환경과 연결점이 있는 몇 가지만 선별해서 다루도록 하겠습니다.

음행, 포르네이아(πορνεία)

포르네이아는 포르노그라피(pornography)의 어원이 되는 말입니다. 포르노그라피는 간단히 줄여서 포르노란 말로 전 세계에서 광범위하게 사용합니다. 포르노란 말이 어디에서 왔는가를 추적하기는 간단하지 않습니다. 이 단어의 폭넓은 사용만큼이나 여러 단계를 거쳐야 할 것 같습니다. 우리는 '페라오'(περάω)라는 말에서 먼저 시작해볼 수 있습니다. 페라오는 기본적으로 "관통하다, 통과하다, 넘기다"라는 의미를 가진 동사입니다.

그런데 페라오의 이런 기본적 의미로부터 "팔다"(sell)라는 의미가 파생됩니다. 그런데 페라오가 "판매하다, 판다"라는 말로 쓰일 때에는 특이하게 "바다 건너 먼 외국에 노예로 팔다, 노예를 팔다"라는 의미로 쓰입니다. 이런 활용에서 또다시 "외국에서 구입하다, 외국에서 팔다, 외국에서 해결하다"라는 '페르네미'(πέρνημι)라는 말도 동시에 사용하게 됩니다.

이런 과정을 거친 후 이 페르네미에서 '포르네'(πόρνη)라는 말이 나오는데 이 말이 한편으로는 "팔다"라는 말이면서, 다른 한편으로는 "생계를 위해서 몸을 파는 여인"이란 말이 됩니다. 이런 약력을 가진 포르네이아는 "모든 종류의 부도덕적이고 불법적인 성행위, 성매매, 성관계"를 말합니다.

더러움, 아카타르시아(ἀκαθαρσία)

이미 여러 번 나온 깨끗함, 정결함, 순수함을 뜻하는 '카타르시아'(καθαρσία)의 반대말입니다. 부정의 '아'(ἄ)가 앞에 붙어서 아카타르시아가 되었습니다. 여기서 아카타르시아는 명사이고, 이 명사는 '아카타르토스'(ἀκάθαρτος)란 형용사에서 왔습니다. 물론 아카타르토스도 "부정한, 불결한"의 뜻입니다. 보통 이 단어는 육체적인, 외적인 더러움을 말하기도 하지만, 도덕적인 불결함과 생활 태도에 있어서 건전하지 못한 것들을 표현할 때도 있습니다. 바울의 언어 용례에서 이 아카타르시아는 특히 도덕적인, 성적인 부정과 문란을 말할 때 사용하기도 합니다.

우상 숭배, 에이돌로라트리아(εἰδωλολατρία)

에이돌로라트리아는 '에이돌론'(εἴδωλόν)이란 말과 '라트레이아'(λατρεία)란 두 말이 결합된 말입니다. 에이돌론은 글자그대로는 "형상, 폼, 형태, (복사한)모조"라는 뜻이 있습니다. 종교사적으로 이 에

가을, 오포라(ὀπώρα)

이돌론이 동물이나 사람을 본 따서 만든 형상을 말할 때 특히 "우상" 偶像이라고 부릅니다. 영어의 아이돌(idol)이란 말이 바로 이 헬라어 에이돌론에서 유래했습니다. 라트레이아는 종교적인 "숭배, 예식, 서비스"를 의미합니다.

그래서 에이돌로라트리아는 말 그대로 "우상 숭배"라고 번역할 수 있습니다. 이런 맥락에서 유명 인사나 유명 연예인을 열렬히 추종하고 마치 우상처럼 숭배하는 팬들이 그 유명 연예인들을 지칭할 때 요즘말로 '아이돌'이라 부릅니다.

마술, 파르마케이아(φαρμακεία)

여기서 마술이라고 번역된 파르마케이아는 다른 번역에서는 주술 呪術이라고 번역하기도 합니다. 파르마케이아는 '파르마콘' (φάρμακον)과 깊은 관련이 있습니다. 파르마콘은 "약, 마약, 독, 치료제"라는 말입니다. 요즘 쓰는 어떤 말과 유사한 느낌이 좀 들지요. 네 그렇습니다. "제약, 조제, 약국" 등의 의미로 쓰이는 영어 Pharmacy(파머씨)가 이 파르마콘에서 온 것입니다. 파르마케이아가 마술, 주술의 의미로 쓰인 이유는 마술사들이 마술적, 주술적 효과를 노릴 때 다양한 약물, 약초 혹은 마약이나 독을 사용했기 때문에 그렇습니다.

분냄, 튀모이(θυμοί)

튀모이는 '튀모스'(θυμός)에서 왔는데 이 튀모스는 우리가 이미

전에 "기질, 성향, 기분" 등의 의미를 갖는 말로 다루었습니다. 튀모스가 기본적으로는 기질, 성향, 기분 등의 뜻을 갖지만, 때론 강한 열정이 동반된 정서나 감정을 드러낼 때는 급해지고 열이 나며 폭력적인 언사나 행위를 표현하게 됩니다. 이런 "분노, 격노, 화냄, 불만"의 상태가 드러나는 경우에 튀모스, 그리고 그 복수형인 튀모이가 사용됩니다.

이미 현저하게 드러난 이런 악행이 육체의 씨앗으로 말미암는다면, 영의 씨앗으로는 영의 아름다운 열매들을 맺게 됩니다. 이러한 영의 열매가 "사랑, 희락, 화평, 오래 참음, 자비, 양선, 충성, 온유, 절제"라는 것을 우리는 이미 배워서 알고 있습니다.

신약성서에는 이렇게 사람을 싸륵스와 프뉴마로 대별하는 개념이 외에도 사람 자신, 특히 사람의 몸을 지시하는 또 다른 말이 있습니다. 그것이 바로 쏘마(σῶμά)입니다. 쏘마는 사람의 몸을 의미하면서 동시에 그 사람의 전인성全人性, 전체성全體性을 대변하는 말이기도 합니다. 신약성서에서 이것을 정확하게 표현한 부분이 성만찬 전승에서 예수께서 빵을 가지고 축사하시고 그것을 떼어 주시며 하시는 말씀 속에 들어 있습니다. 고린도전서 11장 24절의 전반부에 나옵니다. "이것은 너희를 위하는 내 몸이다"(τοῦτό μού ἐστιν τὸ σῶμα τὸ ὑπὲρ ὑμῶν, 투토 무 에스틴 토 쏘오마 토 휘페르 휘몬)이라고 하실 때 쏘마가 쓰였습니다. 우리를 위하여(ὑπὲρ ὑμῶν, 휘페르 휘몬) 그 분의 쏘마

가을. 오포라(ὀπώρα)

를 주신 것입니다. 그리고 "교회는 그의 몸이니"(엡 1:23)라고 할 때도 쏘마를 사용했습니다. 교회는 예수님의 쏘마인 것입니다. 이 말은 교회가 예수 그리스도 자신이며 그 분의 전인성, 전체성을 대신한다는 뜻입니다.

반면에 예수님의 성육成肉/화육化肉을 가르쳐 주는 요한복음 서두의 로고스 찬양시에는 "말씀이 육신이 되어(ὁ λόγος σὰρξ ἐγένετο, 호 로고스 싸륵스 에게네토)"라고 하여 예수께서 참인간이 되신 것을 정확히 표현하고 강조하기 위해서 쏘마가 아니라 싸륵스를 쓰고 있음을 알 수 있습니다.

우리 몸, 쏘마는 프뉴마에 의해서 위엣 것, 하늘의 것인 영원한 것을 지향하기도 하고, 싸륵스에 의해서 땅에 있는 것, 썩어지는 것에 탐닉하기도 합니다. 파스칼(B. Pascal)의 명상처럼 우리 인간은 정말 천사와 같이 고귀할 수도 있으며 악마와 같이 추한 존재도 될 수 있습니다.

유혹자, 디아볼로스 (διαβόλος)

....

공자는 논어의 "위정"편에서 자신의 삶을 술회하며 인생 40세를 불혹不惑이라 불렀다고 합니다. 미국의 16대 대통령인 링컨도 그와 비슷하게 "나이 40이면 자신의 얼굴에 책임을 져야 한다"고 말했다고 합니다. 40이라는 나이 대代의 중요성을 시사하고 있는 말이라고 생각합니다. 40이나 되어서 잘못되면 다시 시작하기가 너무 어려울 것입니다. 인생의 길을 마치 돌담을 쌓듯 조심조심 걸어가라는 지혜가 들어 있는 말 같습니다. 물론 이 두 분들이 40대라는 나이를 한정하고 있는 이유는 당시의 평균수명이 지금보다는 훨씬 더 짧았기 때문이기도 할 것입니다.

요즘 같아서는 60대도 한창 때라고 해도 전혀 이상하지 않지만, 어째든 '40'이라는 나이 대에는 성공과 실패의 중요한 갈림길이 수시로 나타나고 유혹이 수시로 몰려오는 때는 분명한 것 같습니다. 오죽하면 공자께서 불혹을 말씀하셨을까요?

예수의 이야기도 유혹과 시험으로 시작합니다. 그것을 이기고 넘어가면 하나님의 아들로 공생애公生涯를 시작할 수 있지만, 만일 불혹이 되지 못하고 유혹에 넘어가면 하나님의 아들로 하나님의 나라를 전하지 못했을 수도 있었을 것입니다. 공관복음서인 마태, 마가, 누가의 복음은 모두 예수의 유혹과 시험에 관한 이야기를 전합니다. 마태복음과 누가복음 4장에 그 에피소드가 나옵니다.

누가는 성령을 대적하며 예수를 시험하는 자, 유혹하는 자를 '디아볼로스'(διαβόλος)라고 부릅니다. 예수께서 하나님의 아들로 그 사역을 시작하기 전에 시험을 받는 이 이야기의 마가복음 버전에서는 이 유혹자요, 시험하는 자인 디아볼로스를 '사타나스'(σατανᾶς)라고 달리 부르는 것을 보게 됩니다.

여기에서 우리는 디아볼로스와 사타나스가 같은 의미를 가진 상호 대체어로 짐작할 수 있습니다. 디아볼로스와 사타나스는 우리에게 다소 낯설게 들릴 수도 있는 말입니다. 하지만 이 두 말에서 헬라풍의 어미인 〈~오스〉를 탈락시키면 우리에게 너무나 익숙한 말인 디아볼로와 사탄이라는 말이 드러납니다.

구약성서와 유대인들의 이원론적 세계관에 따르면 하늘에는 하나님의 왕국이 있고, 그 반대되는 곳에는 '데몬'(δαιμόνιον, 다이모니온)으로 알려진 귀신들이 존재하며 그 귀신들을 부리는 최고 지배자를

디아볼로라고도 하고 사탄이라고도 합니다. 우리 번역으로는 마귀魔
鬼입니다.

신약성서에서 디아볼로스는 자주 사탄 혹은 마귀로 그 명칭을 바꾸
어 가며 나타나는데, 그의 역할은 주로 유혹자, 시험하는 자, 원수(마
13:39), 거짓을 말하는 자(요 8:44), 모함하는 자(딤전 3:11, 딤후 3:3,
딛 2:3)입니다. 특히 목회 후보자들을 권면하고 교육하는 내용이 담긴
목회 서신에서 이 디아볼로스는 사탄이나 마귀 등의 인격체로 나타나
기보다는 "모함하다, 훼방하다, 어지럽게 하다" 등의 동작과 행위로
나타납니다.

그런데 바로 그것이 디아볼로스가 어떤 일을 꾸미고 실행하는지를
극명하게 보여 주는 것입니다. 디아볼로스라는 말을 낱말 단위로 나
누어서 보면, '디아'(δια)와 '볼로스'(βόλος)라는 두 말의 합성어임을
알 수 있습니다. 디아는 헬라어의 숫자를 표현하는 1(μόνος, 모노스),
2(δύο, 듀오), 3(τρεῖς, 트레이스) 등에서 취한 접두어로 숫자 2를 뜻합
니다. 볼로스는 "견해, 의견, 마음" 등을 뜻하는 '불레'(βουλή)와 "의
지, 의도" 등을 뜻하는 '불레마'(βουλήμα)의 계열입니다.

따라서 디아볼로스를 글자 그대로 직역하면 "두 마음"이라는 뜻이
됩니다. 이렇게 따지고 보면 왜 디아볼로스가 유혹이며, 시험이라는
말인지 훤히 이해할 수 있습니다. 두 마음을 가지고 있으니 정리가 되
지 않아 혼란스럽고 어지러우며 쉽게 결정 할 수 없는 것입니다. 그러
다 보니 거짓을 말하여 자기 자신을 속일 뿐 아니라, 남을 중상中傷하

고 훼방할 뿐 아니라 유혹하고 시험에 빠뜨리는 것입니다.

이러 까닭에 예수는 산상설교(마 5-7장)를 전하면서 한 사람이 두 주인을 섬기지 못할 것이라고 하셨고, 사람이 하나님과 재물을 겸하여 섬기지 못하리라고 경고하셨습니다.(마 6:24) '사람이 먼저인가? 물질, 자본이 먼저인가?'를 생각하게 하는 말씀입니다.

우리의 고전에서도 충신은 두 군주를 섬기지 않으며, 열녀는 두 지아비를 섬길 수 없다는 교훈인 "忠臣不仕二君 烈女不仕二夫"(충신불사이군 열녀불사이부)를 가르치며 두 주인을 섬기는 불충과 부정의 치욕을 말하고 있습니다. 그럼에도 불구하고 우리의 인생에는 얼마나 많은 간신과 배신들이 있습니까? 그리고 얼마나 자주 우리는 두 마음, 디아볼로스를 가지고 살아갑니까?

예루살렘 초대교회의 지도자 야고보가 아시아에 흩어져 있는 교회에 쓴 편지인, 야고보서 4장 8절의 후반부에서 다음과 같이 우리의 연약한 마음에 일침을 가합니다.

"두 마음을 품은 자들아 마음을 성결하게 하라!"(ἁγνίσατε καρδίας, δίψυχοι, 하그니사테 카르디아스, 딥쉬코이) 제일 먼저 나온 명령법 '하그니사테'(ἁγνίσατε)는 문법적으로 '지금 당장 하라'는 단순과거 명령형으로 그 원형은 '하그니조'(ἁγνίζω)입니다. 그 뜻은 원래 예식과 의식을 위해서 몸을 "청결하게 하다, 정결하게 정화하다"라는 뜻입니다. 신약성서에서는 "거룩하게 하다, 성결하게 하다"라는 뜻으로 자주 쓰입니다. 이 성결하게 하는 것의 목적어가 '카르디아스'(καρδίας)

입니다. 원형은 '카르디아'(καρδία)로 "마음, 의지, 의도, 심장" 등의 뜻입니다. 즉 "마음을 정결케 하라! 혹은 마음을 성결케 하라!" 라는 명령어입니다. 이 명령이 누구에게 한 것인지가 제일 뒤에 나옵니다. 바로 '딥쉬코이'(δίψυχοι)에게 한 명령입니다. 딥쉬코이는 위에서 설명한 숫자 둘을 의미하는 '듀오'(δύο)와 "영혼, 생명"을 뜻하는 '프쉬케'(ψυχῆ)와 결합해서 복수형의 꼴로 바뀌어 사람들을 나타냅니다.

그럼 어떤 사람들을 나타내는 것일까요? 네 맞습니다. "두 마음을 가진 자"들을 나타냅니다. 두 마음을 가진 자들은 마음을 정결케, 성결케 해야 한다는 말입니다. 오로지 한 마음의 신앙을 지키고자 하는 신앙인들에게 더 없이 귀한 말씀이 아닐 수 없습니다. 신앙을 갖고 있는 사람들은 모두 진실하고 성실한 청지기로 부름받아 이 세상에 살아가는 존재들입니다.

"너희 안에 이 마음을 품으라! 곧 그리스도 예수의 마음이니"(빌 2:5)라고 권고하는 사도 바울의 이 말처럼 주께 충성하는爲主忠誠 오직 한 마음의 신앙一心信仰으로 내 속의 두 마음, 디아볼로를 극복하며 날마다 새롭게 살아야 할 것입니다.

가을. 오포라(ὀπώρα)

225

몽학선생? 파이다고고스 (παιδαγωγός)

....

우리나라만큼 초등교육 기관의 이름이 다양하게 변천된 나라가 다 있을까란 생각이 듭니다. 여러분들도 잘 아시다시피 우리나라의 근대 식 초등교육은 개화기에 설립된 소학교小學校에서 시작되었습니다. 물론 개량형 서당 등이 사립학교의 형태로 민족 의식을 고취시키며 초등교육을 담당하긴 했지만, 관(조선총독부) 주도의 공립 교육정책 에 밀려 사라졌습니다.

서당은 이제 지리산의 청학동에서나 그 명맥이 겨우 유지된다고나 할까요. 이렇게 시작된 우리나라의 근대식 초등 교육기관인 소학교는 일제 강점기에 그 명칭을 보통학교普通學校로 변경한 후 식민 지배가 본 격화되면서는 일본과 조선이 하나라는 내선일체內鮮一體와 일본 천황에 게 충성하는 황국신민皇國臣民을 양성한다는 목적으로 그 이름이 다시 국민학교國民學校라고 바뀝니다. 이 국민학교라는 명칭은 일본과 함께 제2차 세계대전을 일으킨 독일의 국가사회주의(Nationalsozialismus, 줄여서 Nazism)의 정책을 흉내 낸 것으로 보입니다. 당시 독일의 왜곡된 민족 우월주의에 의한 국가 사회주의는 나찌(Nazi)에 걸맞은 국민 양성을 목표로 국민학교(Volksschule, 폴크스-슐레)를 세웠습니다. 그리고 이러한 기조에서 나온 것이 바로 국민체조, 국민차 등입니다. 특히 아직까지 그 이름을 이어받고 있는 국민차, 폴크스-바겐(Volkswagen)은 독일의 히틀러 통치 시대에 전 국민이 탈수 있는 값싸고 튼튼하며 효율적인 차를 보급한다는 모토로 개발되어 아직까지도 그 유명세를 타고 있습니다. 이렇게 너무나도 익숙하고 친근하게 들었던 '국민'이라는 말이 너도 나도 똑같은 사람을 만들어 내고자 하는 전체주의의 유령 같아서 조금은 섬뜩합니다. 그런데도 이 국민이라는 말을 무분별하게 교육의 영역에까지 갖다 붙이면 문제가 많다고 할 수 있습니다.

그러한 이유 때문인지 1996년도부터 국민학교라는 말은 더 이상 쓰지 않고 그 명칭을 초등학교初等學校로 변경하여 지금까지 이어지고 있습니다.

초등학교에서 가르치는 직업을 초등교사라고 부른다면, 신약성서에 나타나는 직업에는 목자, 농부, 어부, 상인, 수공업자, 일용직 근로자, 세무공무원, 의사 등 인류가 아주 오랜 옛날부터 종사하던 다양한 직업군에 초등학교 교사란 직업까지 그 수를 보태며 등장하는 것을

가을. 오포라(ὀπώρα)

볼 수 있습니다.

바울은 소아시아의 갈라디아 지방에 보낸 편지에서 초등교사를 이렇게 언급합니다. "이같이 율법이 우리를 그리스도께로 인도하는 초등교사가 되어 우리로 하여금 믿음으로 말미암아 의롭다 함을 얻게 하려 함이라. 믿음이 온 후로는 우리가 초등교사 아래에 있지 아니하도다."(갈 3:24~25『개역개정』) 무슨 말입니까?

바울이 언급한 이 초등교사란 오늘날의 초등교사를 말하는 것은 아닐 것입니다. 그렇다면 바울이 말하는 초등교사는 무슨 일을 하는 어떤 사람을 말하는 것일까요? 그 실마리를 풀기 위해서는 한국교회에서 가장 사랑하고 오래도록 사용한『개역성경』을 볼 필요가 있습니다.『개역성경』은『개역개정』과 비교해 볼 때 우리의 옛말과 예스러운 표현들이 더 많이 보존되어 있습니다. 같은 구절이『개역성경』에는 "이같이 율법이 우리를 그리스도에게로 인도하는 몽학선생이 되어 우리로 하여금 믿음으로 말미암아 의롭다 함을 얻게 하려 함이니라. 믿음이 온 후로는 우리가 몽학선생 아래 있지 아니하도다." 라고 되어 있습니다. 특히『개역개정』이 초등교사라고 번역한 말을『개역성경』은 몽학선생이라고 한 것을 볼 수 있습니다.

몽학선생? 어찌 보면 초등교사보다 더 뜬금없어 보입니다. 그럼 우리 성경이 초등교사, 몽학선생이라고 번역한 말을 영어 성경에서도 뭐라고 번역했는지 한 번 비교해보겠습니다. 여러 영어 성경들은 그 말을 "schoolmaster, tutor, instructor" 등으로 번역하고 있습니다. 영어 성경에서도 그 말을 정확히 특정하여 번역하지 못하는 이런 현상들을 도대체 원문이 무엇이기에 이렇게 번역의 어려움을 노출하는지 자못 궁금해집니다.

과연 어떤 헬라어 단어 이기에 이처럼 번역의 어려움을 야기한 것일까요? 위에서 열거한 단어들을 통해서 무엇을 말하고자 하는지 그 개념은 어느 정도 파악이 되지만 뭔가 개운한 맛은 없습니다. 그것은 아마도 우리가 사는 지금과 성경이 기록될 당시의 사회와 문화가 현저히 다른 것도 한몫 할 것입니다. 그래서 일대일로 치환될 수 있는 특정한 단어를 특정하지 못하고 두루뭉술한 번역을 할 수 밖에 없었을 것입니다. 이렇게 혼란을 유도한 단어의 정체는 바로 '파이다고고스'(παιδαγωγός)입니다. 번역의 어려움을 호소한 이 단어의 뜻은 역설적이게도 오히려 명확합니다. 이 단어의 구성을 분해하면 그 뜻을 보다 더 정확히 파악할 수 있습니다.

파이다고고스는 어린이를 뜻하는 '파이스'(παῖς)와 "이끌다, 보내다, 지도하다, 가이드하다" 등을 뜻하는 '아고오'(ἄγω)와 결합된 형태입니다. 이 두 단어는 이미 우리가 앞에서 공부한 경험이 있습니다. 파이다고고스안에 들어 있는 이런 언어 구성에서 원초적인 뜻을 헤아려 보면 "아이를 이끌다, 아이를 지도하다"란 의미를 찾을 수 있겠습니다. 위에서 살펴본, 바울이 갈라디아에 보낸 편지에서 그런 의미를 충분히 찾을 수 있습니다. 바울은 명확히 "이같이 율법이 우리를 그리스도께로 인도하는 초등교사가 되어"(ὁ νόμος παιδαγωγὸς ἡμῶν γέγονεν εἰς Χριστόν, 호 노모스 파이다고고스 헤몬 게고넨 에이스 크리스톤) 라고 말했습니다. 여기서 바울이 파이다고고스를 사용하는 것을 보더라도 파이다고고스란 말의 용도를 파악할 수 있듯이 그 내용은 바로 율법이라는 '노모스'(νόμος)가 파이다고고스가 되어 믿음의 초보자들을 그리스도께로 이끈다, 인도한다는 것 입니다.

고대 그리스에서는 아이를 학교에 보내거나 데려오고 집에서 가르치고 돌보는 일을 하는 파이다고고스의 역할을 이미 그 말 속에서 정확히 묘사하고 있습니다. 파이다고고스는 이렇게 한 어린아이 혹은 배움의 길에 있는 초보자에 대한 토탈 케어(total care)를 말합니다. 그래서 현재 우리가 쓰는 교육학이란 말도 이 파이다고고스에서 유래한 pedagogy(페다고지)로 불리게 되었습니다. 따라서 파이다고고스는 엄격한 의미에서 보면 학교에서 가르치는 교사라고 보기는 좀 어렵습니다. 이런 맥락에서 영어 성경들이 굳이 teacher 라는 번역을 회피했던 이유를 짐작할 수 있습니다. 왜냐하면 당시에도 학교와 학교의 선생님이 따로 있었기 때문이고, 학교 같은 곳에서 제자(μαθητής, 마테테스)를 가르치는 사람을 보통 '디다스칼로스'(διδάσκαλος)라고 불렀기 때문입니다. 이런 견지에서 볼 때 최근 우리 성경 번역이 파이다고고스를 초등교사라고 번역한 것은 무리가 있어 보입니다.

파이다고고스는 자신이 돌본 아이가 청년으로 성장하면 더 이상 그의 곁에 머물지 않았다고 합니다. 그도 그럴 것이 파이다고고스가 하는 일이 한 아이를 사적으로 늘 돌보는 일이었기에 그 아이가 장성하여 그런 돌봄이 더 이상 필요하지 않기에 그 곁에 있을 필요가 없기 때문입니다. 바울은 이런 뜻에서 율법, 노모스를 파이다고고스라고 불렀을 것입니다. 아직 신앙의 초보, 믿음의 시작에 있을 때 율법은 도움이 될 수 있지만, 진리이신 그리스도에게 인도된 사람에게는 그것이 다 어린 아이적의 지난 옛일이 되어 버리기 때문입니다.

　여러분은 어떻습니까? 어린아이처럼 파이다고고스의 돌봄을 받는 사람입니까? 아니면 장성하여 스스로 모든것을 알아서 자유롭게 처리하는 사람입니까? 예수 그리스도는 자신을 진리라고 말씀하신적이 있습니다. 그리고 진리는 여러분을 늘 자유롭게 할 것입니다.

　"진리를 알지니 진리가 너희를 자유케 하리라!"(요 8:32)

가을, 오포라(ὀπώρα)
:

제자, 마테테스 (μαθητῆς)

·······································

　어느 누군가를 스승이나 선생으로 모시고 배우고 훈련받는 사람을 보통 제자弟子라고 부릅니다. 제자라는 한자漢字를 보면 제자란 자신의 스승과 가족처럼 돈독한 관계에 있는 사람임을 알 수 있습니다. 그러나 스승과 제자의 관계에서 나를 가르친 분이 나를 제자로 여기지 않는데 내가 스승이라 생각하는 것도 억측臆測이고, 단지 나를 가르쳤다는 그 하나 만으로 나를 자기의 제자라고 생각하는 것도 망상妄想일 수 있습니다.

　이런 점에서 볼 때 스승과 제자의 관계는 매우 제한적이라고 할 수 있습니다. 역사적으로 정말 유명한 스승의 제자들을 봐도 그 수는 정말 적습니다. 부처의 제자도 10대 제자, 16나한, 500나한으로 한정적입니다. 예수도 그 유명한 12제자, 70제자, 120제자 등으로 그 수가 정해져 있어 보입니다.

헬라어로 제자는 '마테테스'(μαθητής)라고 합니다. 그 의미는 우리의 제자라는 말과 크게 다르지 않습니다만 마테테스란 말은 원래 "배운다, 학습한다"라는 '마테마'(μάθημα)에서 왔습니다. 그러니까 제자로서 갖춰야 할 덕목 중 제일의 덕목이 "잘 배워야 한다"라는 것입니다. 제자라는 헬라어 마테테스, 그리고 배우다라는 마테마와 얽혀 있는 아주 재미있는 사실이 하나 있는데, 그것은 누구나 골머리 앓는 수학數學이 바로 이 말에서 유래된 것입니다. 수학을 영어로 mathematics(매쓰매틱스)라고 하는 데에서 그 연관성을 충분히 짐작할 수 있습니다. 이런 연관성은 독일어에서 더 분명히 드러납니다. 독일어는 문자 그대로 아예 '마테마틱'(Mathematik)이라 발음하기 때문입니다.

그럼 왜 제자를 뜻하는 단어가 수학과 연관되어 있을까요? 그 이유로는 아마도 고대의 학문은 수학이 그 바탕에 있었기 때문이 아닐까 추측을 해 볼 수 있습니다. 수학을 배운다는 것이 바로 학문을 배운다는 뜻이기도 해서 "제자란 수학을 배우는 사람"이라고 굳어지게 된 것일 수 있습니다. 요즘 '수포자'라는 말이 등장할 정도로 수학을 포기하는 사람들이 많이 있다고 합니다. 요즘 같은 시대에 수학을 배우는 것이 학문이라고 한다면, 제자가 된다는 일이 그리 쉽지 않을 것 같습니다.

신약성서에서 제자란 보통 예수의 제자를 일컫습니다. 그리고 그 표기를 단수인 '마테테스'(μαθητής)로 하기보다는 주로 복수인 '마테

가을, 오포라(ὀπώρα)

:

233

타이'(μαθηταί)로 합니다. 위에서 밝힌 것처럼 예수의 주변에 많은 제자들이 있었기 때문일 것입니다. 예수와 함께 다니던 제자들 중에 가장 잘 알려진 제자 그룹은 12제자입니다. 그들이 항상 같이 다닌 것은 아닙니다. 그들은 종종 짝을 지어 전도 여행을 하곤 했습니다. 제자들이 수학을 배우는 사람들이라고 했으니, 12제자들을 어떻게 소그룹으로 나누었는지 헬라어 숫자로 배워보겠습니다.

둘, 뒤오(δύο)

예수의 제자들이 복수로 표현될 때 당연히 그 최소의 수는 2일 것입니다. 헬라어의 숫자 2는 '뒤오'(δύο)입니다. 제자들이 둘 씩 다닌다는 표현은 복음서에서 쉽게 볼 수 있습니다. 특히 전도 여행을 떠날 때 "둘 씩 둘 씩"(δύο δύο) 다닌다는 표현이 마가복음 6장 7절에 나옵니다. 예수의 제자들 중에 "둘"을 지칭할 때는 임의의 두 사람을 말하지 특정인을 말하지 않습니다.

제자가 이렇게 둘씩 다니는 것은 오늘 날 경찰이 2명씩 짝지어 순찰을 도는 것처럼 아마 구약성서 신명기 17장 6절의 증인법과 관련이 있어 보입니다. 어떤 사건에 대한 증거 능력은 2인 이상의 증언이 있어야 유효하기 때문입니다.

셋, 트레이스(τρεῖς)

3이라는 숫자는 기독교에서 깊은 신학적 상징성을 갖고 있는 숫자입니다. 12제자 중에 3인은 특정할 수 있습니다. 어떻게 보면 예수의 최측근 제자이며 예수의 특별한 가르침을 받았을 제자일 수 있습니다. 예를 들어 이들은 죽었던 12세 소녀를 소생시키는 특별한 기적의 현장을 목격했고(막 5:21~24), 예수가 산 위에서 신비하게 변화하는 것도 목격했으며(막 9:2~8), 심지어 예수가 십자가를 지기 전에 그의 심중에 있는 말을 이들에게만 전하고 기도를 부탁하기도 합니다.(막 14:32~42) 정말 예수와 특별한 관계에 있는 핵심 제자가 아닐 수 없습니다. 신약성서는 이들을 베드로(Πέτρος, 페트로스), 야고보(Ἰάκωβος, 야코부스) 그리고 요한(Ἰωάννης, 요한네스)이라 합니다.

넷, 테트라스(τετράς)

예수의 제자들 중에 핵심 제자인 3인방과 함께 중요할 때 등장하는 또 다른 제자는 안드레(Ἀνδρέας, 안드레아스)입니다. 사실 안드레아스는 베드로의 형제로 예수의 첫 번째 제자를 소명하는 에피소드에 등장합니다.(막 1:16) 야고보와 요한도 서로 형제이구요. 이렇게 보니 예수의 핵심 제자들은 두 집안에서 나왔네요. 그렇습니다. 이 두 집에서 나온 4명이 예수의 핵심 제자를 이루는 테트라스가 됩니다.

열, 데카(δέκα)

예수의 12제자들 중에서 10명이 따로 그룹을 지어 어떤 활동을 했기 때문에 10제자를 따로 구분한 것은 아닙니다. 예수의 12제자와 관련해서 이 10제자라는 것은 특정한 상황 속에서 우연히 발생했던 것입니다.

그럼 어떻게 된 상황이기에 이렇게 10제자를 따로 떼어내서 구분해낼 수 있게 했고, 배제된 2명의 제자는 누구일까요? 이 일은 예수와 그의 12제자가 가이사랴 빌립보라는 곳을 떠나 예루살렘으로 이동하는 중에 제자들 간에 발생한 논쟁 때문에 일어났습니다.(막 10:35~45) 12제자들 중에서 세배대의 아들 즉, 3제자 그룹에도 4제자그룹에도 겹쳐서 속해 있는 야고보와 요한이 예수께서 예루살렘에 입성하여 영광을 얻게 되면 자신들을 그 좌우편에 앉게 해달라는 간청을 합니다. 이 말을 들은 다른 10제자가 기분이 좋을 리 없겠지요. 그렇습니다. 이 10이라는 제자의 수는 제자들 간의 갈등을 폭로하는 그런 배경에서 나온 말입니다.

열둘, 도데카(δώδεκα)

마가복음에서 3장 13절 이하는 명확하게 예수께서 자기가 원하는 사람들 12을 제자로 세웠다고 전해줍니다. 이 열둘, 도데카는 한편으로 산술적으로 한정지을 수 있는 제자그룹의 크기와 범위를 나타내지만, 다른 한편으론 어떤 상징적 숫자임을 부인할 수 없습니다. 왜냐하면 구약성서와 이스라엘의 기원에서 12라는 숫자는 중요한 역할과 기능을 갖기 때문입니다. 제자를 세우는 이 장면에서 예수는 이 12을 세운 목적이 "자기와 함께 있게 하시고 또 보내사 전도도 하며 귀신을 내

쫓는 권능도 가지게 하시려는 것이다."(3:14~15)고 말하고 있습니다.

요한복음 14장은 죽음이 임박한 것을 감지한 예수께서 제자들에게 마지막으로 고별설교를 하는 장면이 이어집니다. 12절에 이르러 예수께서는 이렇게 말씀하십니다.

"나를 믿는 자는 내가 하는 일을 그도 할 것이요 또한 그보다 큰일도 하리라."(ὁ πιστεύων εἰς ἐμὲ τὰ ἔργα ἃ ἐγὼ ποιῶ κἀκεῖνος ποιήσει καὶ μείζονα τούτων ποιήσει, 호 피스튜온 에이스 에메 타 에르가 하 에고 포이오 카케이노스 포이에세이 카이 메이존나 투톤 포이에세이) 이 문장에서 반복되어 나오는 동사가 있습니다. 시제와 형태를 달리해서 반복적으로 나오는 동사는 '포이에오'(ποιέω)입니다. 포이에오 동사는 영어의 make, do에 해당하는 동사입니다. 라틴어로 하면 facere(파케레) 동사와 같습니다. 위의 구절에서 "일을 하다, 행하다"의 의미로 쓰였습니다.

어느 나라에서나 이런 종류의 동사는 가장 광범위하게 쓰이고 그 의미도 아주 폭넓을 것입니다. 위의 문장에서도 1인칭 현재의 포이오(ποιῶ)가 한 번, 3인칭 미래의 포이에세이(ποιήσει)가 두 번 쓰였습니다. 그 해석은 "내가 지금 행한다"와 "그가 (미래에, 장래에) 행할 것이다"정도로 하면 될 것입니다.

이 문장에서 다음으로 주의를 기울여야 할 것은 '메이조나'(μείζονα)

가을, 오포라(ὀπώρα)

237

입니다. 메이조나는 형용사의 비교급이며, 그 원형은 '메가스'(μέγας)입니다. 우리가 자주 쓰는 '메가'(mega)라는 말이 이 메가스에서 유래했습니다. 요즘은 우리가 이 메가를 엄청나게 큰 것으로 생각해서 메가라는 말을 쓰지만 이 메이존은 그것의 비교급이니 그보다 더 크다는 의미입니다. 헬라어의 비교급은 그 비교 대상으로 속격(2격)을 요청합니다. 위의 경우 이 메이조나의 비교 대상은 투톤(τούτων)입니다.

투톤이 중성 지시대명사인 '투토'(τοῦτο)의 복수 속격입니다. 예수가 위에서 한 고별설교의 요지는 자기를 따르고 믿는 자신의 제자들 중에서 자기보다 더 큰 일을 할 자가 나올 것이라는 예언입니다.

정말 놀라운 예언이 아닐 수 없습니다. 예수께서는 제자들을 인정하시고 그들에게 큰 기대를 걸으셨습니다. 어떻게 보면 예수님께서 제자들을 바라보는 모습이 참된 스승의 모습이 아닌가 싶습니다. 잘 모르고 실수하고 어리석어 보이는 제자들을 인정해주고 칭찬하며 축복하는 것 그것이 정말 참 스승일 것입니다. 새삼 순자가 배움의 길에 있는 사람, 그리고 가르치는 사람에게 준 귀한 교훈이 가슴에 와 닿습니다.

"靑出於藍而靑於藍(청출어람이청어람) 氷水爲之而寒於水(빙수위지이한어수). 푸른색은 쪽빛에서 나왔으나 쪽빛보다 더 푸르며, 얼음은 물에서 나왔으나 물보다 더 차다. 그리고 다시 예수의 말씀을 마음에 담습니다. 나를 믿는 자는 나보다 더 큰 일을 행하리라!

8

소금과 빛, 할라스 (ἅλας)와 포오스 (φῶς)

··

　예수의 중요한 설교 다섯 편을 모아놓은 마태복음에 보면 예수는 그 첫 번째 설교를 산위에서 하십니다. 그래서 그 첫 번째 설교를 산상설교라 부른다고 앞서 말씀드렸습니다. 마태복음에 나오는 이 첫 번째 설교는 예수께서 제자들을 산 위로 불러 모으시고 그들이 어떤 사람이 되어야 하는지를 비유를 통해서 가르치고 있습니다. 예수께서는 제자들이 땅의 소금과 세상의 빛이 되라고 말씀하십니다. 마태복음 5장 13절과 14절에 나오는 그 말씀이 "너희는 세상의 소금이다."(ὑμεῖς ἐστε τὸ ἅλας τῆς γῆς, 휘메이스 에스테 토 할라스 테스 게스) 그리고 또 "너희는 세상의 빛이다"(ὑμεῖς ἐστε τὸ φῶς τοῦ κόσμου, 휘메이스 에스테 토 포스 투 코스무)입니다.

　예수께서는 여기에 왜 특별히 소금과 빛을 언급했는지 분석하는 것

가을. 오포라(ὀπώρα)

:

239

은 쉽지 않은 전문적인 일이지만, 일반적으로 납득할 만한 추론은 몇 가지 있습니다. 위의 설교에서도 어느 정도 드러나듯이 대개는 소금과 빛의 효능과 그 기능에 결부되었을 것입니다. 이어지는 설교에서 예수께서는 소금이 그 짠맛을 잃으면 버려진다고 설명하고 있고 또 등불은 밝혀서 높은 곳에 올려놓는다고 말하고 있습니다.

우리는 음식에 맛을 내기 위해 매일 소금을 필요로 합니다. 지금은 소금이 너무 흔해서 그 이름값도 제대로 못하고 있는 때이긴 하지만, 아주 오래전에는 금과 맞먹을 정도로 '소금'이라 불리며 귀한 대접을 받던 때가 있었습니다. 실재로 로마시대에는 군인들이 봉급俸給을 소금으로 받았다고 합니다. 그래서 로마인이 소금이라고 부르던 salarius(살라리우스)에서 영어로 샐러리(salary)가 되어 오늘날까지도 여전히 봉급, 월급을 일컫는 말로 쓰이고 있으니, 소금의 값을 제대로 쳐주어야 될 것 같습니다. 우리말에도 소금이란 말이 '소곰'이라는 우리 고유의 말에서 유래했다곤 하지만 많은 사람들이 "작은 금과 같이 소중하다"라는 뉘앙스의 소금(小金)으로 이해하기도 합니다. 전래동화에 자주 등장하는 소금장수 이야기는 팔도에 소금이 얼마나 필요하고 중요했는지를 짐작하게 하고 그 무거운 소금을 지고 전국을 돌아다녔을 소금장수들의 애환이 얼마나 깊었는지를 어렴풋하게 짐작하게 합니다.

빛 또한 그렇습니다. 인류와 문명의 발전은 불과 함께 비약적인 발전을 이루었다고 할 수 있습니다. 불을 꺼뜨리지 않고 잘 보관하는 것

뿐 아니라 필요할 때 언제든 불을 일으키는 방법을 알고 있다는 것은 오늘날의 첨단기술과도 맞먹는 비밀이었을 것입니다. 왜냐하면 그 불로부터 열과 빛이 나오기 때문입니다. 빛이 없는 칠흑 같은 어둠을 한 번 상상해 보십시오. 사람들은 어디로 가야할지 갈피를 제대로 잡을 수 없을 것입니다. 또 빛이 없는 도시가 있다면 그 도시의 기능은 다 마비될 것입니다.

빛이 가진 이런 본질적인 기능은 학문의 전당인 대학에서 앞 다투어 표지로 쓰고 있는 데에서도 알 수 있습니다. 예를 들어 예일 대학교 (Yale University)의 표지는 "빛과 진리"(LUX ET VERITAS, 룩스 에트 베리타스)이고 UCLA(University of California Los Angeles)의 표지는 "빛이 있으라"(LET THERE BE LIGHT, 렛 데어 비 라이트)입니다. 우리나라 서울대학교 표지에도 "진리는 나의 빛"(VERITAS LUX MEA, 베리타스 룩스 메아)이라고 되어 있습니다. 그 밖에도 크고 작은 많은 대학에서 빛(Lux, 룩스)를 학교의 표지로 삼는 것을 마다하지 않습니다.

이제 간단한 문장들이긴 하지만 예수의 제자들이 가져야 할 정체성으로 예수께서 주신 말씀을 한 번 살펴보겠습니다. 먼저 "너희는 세상의 소금이다"(ὑμεῖς ἐστε τὸ ἅλας τῆς γῆς, 휘메이스 에스테 토 할라스 테스 게스) 라는 문장입니다. 휘메이스(ὑμεῖς)는 인칭대명사 2인칭 단수인 '수'(σύ)의 복수형입니다. 이어지는 동사는 당연히 2인칭 복수를 받는 '에스테'(ἐστε)입니다. 이 에스테는 영어의 be 동사와 같은

'에이미'(εἰμι)에서 왔습니다. 그리고 '할라스'(ἅλας)가 헬라어로 "소금"입니다.

그런데 이 할라스를 '테스 게스'(τῆς γῆς)라는 속격이 한정합니다. 즉 그냥 소금이 아니라 "땅의 소금"이라는 것입니다. 우리 성경에는 보통 "땅"으로 번역하는 '게'(γῆ)를 "세상"으로 번역했습니다. 게가 사람이 사는 대지와 벌판을 의미하니까 세상이라는 번역이 꼭 어울리지 않다고 할 수는 없지만 소금과 땅이라는 짝을 통해서 전달하고자 하는 독특한 의미는 어느 정도 상실된다고 볼 수 있습니다.

"세상의 빛"과 "세상의 소금"이라는 문장들은 상호간에 대구對句형식을 취하는 구조입니다. 그래서 게(γῆ)와 코스모스(κόσμος)가 각기 나옵니다. 영어 성경들은 헬라어의 이 대구 형식을 살리려고 비슷한 의미지만 다른 단어인 earth(어쓰)와 world(월드)로 번역했습니다. 독일어 성경에서도 물론 Erde(에르데)와 Welt(벨트)로 다른 단어를 썼습니다. 코스모스도 게와 같이 "세상"으로 번역하긴 하지만 게보다는 더 광활한 느낌을 준다고 할 수 있습니다. 어감이 좀 다르지요?

두 번째 나오는 "너희는 세상의 빛이다"(ὑμεῖς ἐστε τὸ φῶς τοῦ κόσμου, 휘메이스 에스테 토 포스 투 코스무)라는 문장은 위의 "너희는 세상의 소금이다"와 문장의 형식이 정확히 일치합니다. 다만 세상이라는 말을 방금 설명했듯이 게가 아니라 코스모스로, 소금이란 말인 할라스 대신 빛이란 말인 '포스'(φῶς)로 변경되었을 뿐입니다. 라틴어의 빛이란 말 '룩스'(Lux)가 빛의 세기를 나타내는 단위를 비롯해서 여러 분야에서 다양하게 사용되는 것처럼 헬라어의 빛이란 말인 포스도 우리의 실생활에서 아주 많이 사용되는 말입니다. 물론 원형인 포스라는 말은 좀 낯설지만 격 변화를 시켜 보면 여러분에게 아주 익숙한 말이 드러날 것입니다.

단수 형태로만 변형시켜 보겠습니다. 중성명사인 포스(φῶς)의 2격, 즉 속격은 '포토스'(φωτός), 3격인 여격은 '포티'(φωτί), 그리고 중성의 경우 1격과 4이 동일함으로 대격은 다시 포스(φῶς)가 됩니다. 어떻습니까? 포스의 속격인 포토스가 바로 우리가 빛의 결과물로 얻게 되는 사진, 포토(photo)의 어원이 되는 말입니다.

"너희는 땅의 소금이다, 그리고 세상의 빛이다" 예수님이 제자들에게 주신 귀한 이름입니다. 이제 여러분은 제가 왜 "세상의 소금"이라는 말 대신에 "땅의 소금"이라고 번역했는지 이해하셨을 것입니다. 예수의 이 말에는 점층과 강화라는 상징이 들어있다고 볼 수 있습니다. 소금의 부패 방지 기능은 자기가 뿌려진 곳에서 상호간에 부대끼면서 발생하게 되는데 그런 기능과 효과가 나타날 때 사람들에게 인정을 받게 되고 사회가 정화됩니다. 소금과 같은 사람은 자신도 모르는 사이에 등대나 봉화와 같이 높은 곳에서 세상을 밝히는 일도 하게 됩니다.

이런 사람들이 온 세상을 환하게 밝히고 많은 사람들을 옳은 길로 인도하는 빛을 비추게 됩니다. 여러분은 모두 땅의 소금에서 세상의 빛으로 진보하셔야할 예수의 제자들입니다. 여러분 덕에 세상은 살맛이 나고 여러분 덕에 세상은 더 환해집니다.

가을. 오포라(ὀπώρα)

9

아마데우스, 테오빌로스 (Θεόφιλος)

....

    신약성서의 4복음서 중 누가복음에는 다른 복음서와는 다른 몇 가지 특이한 점이 있습니다. 그것은 누가복음서에는 본문이 시작되기 전에 오늘날의 책에서 흔히 볼 수 있는 소위 서문이라는 것이 있다는 것입니다. 헬라어로는 이 서문이란 말을 '프로오이미온'(προοίμιον)이라고 합니다. 사실 이 프로오이미온은 당시 대개의 도서에서 볼 수 있습니다. 오늘날과 마찬가지로 서문에는 보통 책을 내는 목적과 이유 그리고 헌사(獻詞)를 담고 있습니다.

    성경에 일반 서적처럼 그런 것도 있나 의아하시지요? 눈을 크게 뜨고 잘 읽는다면 발견해 낼 수 있습니다. 이 프로오이미온은 누가복음에만 있는 것도 아니고 사도행전에서도 찾을 수 있습니다.

    그럼, 어디 한 번 찾아볼까요? 바로 누가복음의 서두와 사도행전의 서두에서 찾을 수 있습니다. 누가복음은 1장 1절부터 4절까지이고, 사도행전에서는 1장 1절과 2절입니다. 누가는 책의 서문을 이렇게 쓰는 것이라는 것을 알려주듯이 "처음부터"($\dot{\alpha}\pi'$ $\dot{\alpha}\rho\chi\tilde{\eta}\varsigma$, 압 아르케스), "순서대로"($\dot{\alpha}\nu\omega\theta\varepsilon\nu$, 아노텐), "신중하게"($\dot{\alpha}\kappa\rho\iota\beta\tilde{\omega}\varsigma$, 아크리보오스) 복음서를 저술하겠다고 피력하고 있습니다. 더구나 지금까지 저술된 복음서가 자신의 마음에 들지 않았다는 내심內心을 조심스럽게 드러내기까지 합니다. 정말 그런 의미가 내포되어 있는지 제일 처음을 다시 한 번 읽어보겠습니다. 누가복음 1장 1절과 2절입니다.

"우리 중에 이루어진 사실에 대하여 처음부터 목격자와 말씀의 일꾼 된 자들이 전하여 준 그대로 내력을 저술하려고 붓을 든 사람이 많은지라" 이 말을 무슨 뜻입니까? 이미 누가 이전에 예수의 이야기를 쓴 사람이 여럿 있었다는 진술입니다. 실지로 복음서는 누가복음을 포함해서 4권이나 되고 여러 자료에 의하면 그 이상도 될 수 있습니다. 누가가 보기에도 예수의 이야기를 전하는 복음서가 여럿 있었다는 것입니다.

그런데 왜 누가는 군이 또 하나의 예수 이야기를 쓰려고 할까요? 그것은 아마도 누가가 보기에 이전에 쓰인 복음서가 아주 조금은(?) 마음에 들지 않았기 때문일 것입니다. 그가 보기에 부족하거나 아쉬운 것이 있었다는 것입니다. 특히 책에 서문이 빠져 있는 것을 못마땅하게 여겼을 수도 있습니다. 그래서 그는 마치 '책은 이렇게 시작해야 한다는 것을 알려주듯이 처음부터($\dot{\alpha}\pi'$ $\dot{\alpha}\rho\chi\tilde{\eta}\varsigma$, 압 아르케스), 순서대로

(ἄνωθεν, 아노텐), 그리고 신중하게(ἀκριβῶς, 아크리보오스) 쓰겠다는 자신의 원칙을 소상히 밝히고 있습니다.

누가의 집필 원칙 중에서 처음부터에는 자신이 다른 복음서와는 달리 지금 첨부하고 있는 서문, 프로오이미온도 해당할 것입니다. 헬라의 지식인 입장에서 서문이 없는 책이란 무척 낯설고 형식을 결여하는 것으로 보일 수 있기 때문입니다. 그는 예수의 이야기에도 서문이 있어야 한다고 생각했을 것이고 당당히 서문을 복음서의 제일 앞 서두에 첨부했던 것입니다. 누가의 이 서문에는 누가복음의 집필 원칙뿐 아니라 다른 헬라의 서적들에서처럼 저술 목적도 들어 있습니다.

그럼 누가복음을 왜 썼는지 저자의 말을 직접 들어볼까요. "알고 있는 바를 더 확실하게 하려 함이로라."(ἵνα ἐπιγνῷς περὶ ὧν κατηχήθης λόγων τὴν ἀσφάλειαν, 히나 에피그노오스 페리 호온 카테케테스 로곤 텐 아스팔레이안) '히나'(ἵνα)는 목적절을 이끄는 접속사입니다. 이 문장의 동사는 에피그노오스(ἐπιγνῷς)입니다. 원형은 '에피기노스코'(ἐπιγώσκω)이고 위의 히나(ἵνα) 문장에 사용된 동사 에피그노오스는 목적절 안에서 쓰이는 형태인 접속법 2인칭 단수로 쓰였습니다. 에피기노스코의 뜻이 "알게 하다, 이해하게 하다"이니 2인칭을 적용해서 해석하면 "당신이/네가 알고 이해하게 하기 위해서"가 될 수 있습니다.

그럼 우리는 어떤 것을 알고 이해하기 위해서인가란 질문을 하게 됩니다. 즉 목적어를 찾아야 합니다. 맨 뒤에 나와 있습니다. "확신, 신뢰, 믿음"이란 뜻을 가지고 있는 '아스팔레이안'(ἀσφάλειαν)이 그것입니다. 그리고 이 아스팔레이안을 다시 보충 설명하는 것이 "페리 호온 카테케테스 로곤"(περὶ ὧν κατηχήθης λόγων)입니다. 그 뜻은 "배운 말씀에 관한"입니다. 이 전치사구의 제일 앞에 있는 '페리'(περί)가 "~에 관하여"란 뜻을 가지며 속격을 취하기 때문에 이 전치사구의 격이 모두 속격의 형태입니다. 이 구문에서 또 눈여겨 봐야할 단어는 '카테케테스'(κατηχήθης)입니다. "귀로 듣고 입으로 중얼거리며 따라 배우다"라는 독특한 뜻을 가진 동사입니다. 원형은 '카테케오'(κατηχέω)이고 위의 문장에서는 2인칭 단순과거 수동태의 형입니다. 이 단어를 눈여겨보라고 한 이유는 바로 이 단어에서 기독교의 "교리문답, 요리문답"이라는 '카테키스무스'(catechismus)와 '카테케시스'(catechesis)란 말이 나왔기 때문입니다. 누가가 누가복음을 쓴 의도를 알아내려고 좀 길게 설명했습니다. 누가복음의 목적은 "배우고 믿은 것에 확신을 주려는 신앙 교육"에 있었습니다.

그렇다면 이제는 서문, 프로오이미온에서 빠지지 않는 헌사를 다루어 보겠습니다. 누가는 자신이 지금 집필하는 복음서를 누구에게 헌사하고 있습니까? 3절에서 밝히고 있습니다. 이 책은 데오빌로(Θεόφιλος, 테오필로스)에게 헌정했습니다. 헬라어 발음으로는 '테오필로스'입니다. 누가가 자신이 저술한 복음서를 헌사하는 이 테오필로스에 대해서 학자들은 그가 당시 실지로 존재한 사람이다, 아니다 등으로 의견이 분분합니다. 그 이유 중 하나는 테오필로스라는 이름이 가지는 상징성 때문이기도 합니다. 그 이름에 어떤 상징과 비밀이 있는지 궁금하신가요?

그럼, 그 이름이 무슨 의미인지 한 번 보겠습니다. 이제 여러분도 헬라어 파자破字에 익숙해지셨으리라 생각합니다. 테오필로스는 하나님을 뜻하는 '테오스'(Θεός)와 "사랑하다"(φιλέω, 필레오)가 결합된 말입니다. 테오스와 필레오가 결합하면 무슨 뜻이 되겠습니까? "하나님을 사랑하는 자"라는 뜻이 됩니다. "하나님을 사랑하는 사람"이라는 이름은 특별합니다. 자신의 신앙과 믿음을 공공연히 드러낸 사람입니다. 누가가 복음서를 집필할 때는 기독교가 하나의 섹트로 취급받고 지역사회에서 경원시 되었으며, 국가로 부터는 박해와 위협도 받았던 종교입니다. 이때 자신이 하나님을 사랑한다고 스스로 밝힌다거나, 다른 사람에 의해서 저 사람은 하나님을 사랑하는 자라고 지칭되는 것도 위험한 일이 될 수 있습니다. 더구나 그 사람이 기독교를 반대하는 정부의 고위직이라면 그 이름은 더더욱 숨겨야 할 이름인 것입니다. 이런저런 사정으로 인해 테오필로스는 상징적인 이름이거나 암시적인 표현이 아닌가 추측하는 것입니다.

그러나 이제는 하나님을 사랑하는 자라는 이름을 쓰는 것이 그리 어렵지 않을 뿐더러 그런 이름을 가졌다고 해서 박해를 받을 일도 없습니다. 하나님을 사랑한다는 이름을 가졌던 사람 중에 가장 유명한 사람은 아마 볼프강 아마데우스 모차르트(Wolfgang Amadeus Mozart)일 것입니다. 왜냐구요? 모차르트의 중간 이름(middle name)을 한 번

눈여겨볼까요? 아마데우스(Amadeus)라는 이름이 보일 것입니다. 아마데우스란 테오필로스의 라틴어 번역입니다. 헬라어를 라틴어로 옮겨 놓은 형태입니다. 라틴어의 "사랑하다"라는 말인 '아마레'(amare)와 하나님을 뜻하는 '데우스'(Deus)의 결합입니다. 역시 "하나님을 사랑하는 자"라는 뜻입니다. 사실 모차르트의 호적상의 이름은 아마데우스가 아니라 테오필로스입니다. 집에서도 학교에서도 테오필로스나 그 약칭인 '테오'라고 불리웠다고 합니다. 결국 테오필로스가 아마데우스고, 아마데우스가 테오필로스입니다.

신약을 연구하는 학자들은 아직도 테오필로스가 실재 인물이었는지 아닌지를 논쟁하고 있습니다. 그리고 누구였는지 궁금해 합니다. 그에 대한 경칭 '각하'라는 말에서 그는 아마도 정부의 고위직에 있는 사람일 것이라는 추측도 심심치 않게 등장합니다. 그를 보호하기 위해서 그의 본명을 숨기고 상징적 이름인 테오필로스를 썼다는 말도 설득력이 있습니다. 그러나 분명한 것은 누가복음이라는 성경책이 테오필로스에게 헌정되었다는 것입니다. 테오필로스는 아마데우스와 마찬가지로 하나님을 사랑하는 모든 사람들의 이름이기도 합니다.

가을, 오포라(ὀπώρα)

10

흔적들, 스티그마타 (στίγματα)

....

    살면서 상처를 받지 않는 사람은 아무도 없을 것입니다. 새로 태어난 아가들은 아무 상처도 없이 근심도 없이 세상에 나옵니다. 그러나 아무리 금지옥엽金枝玉葉으로 보살피며 키워도 살면서 몸에 크고 작은 상처들을 입게 됩니다. 어떤 경우 그 상처는 몸에 한정되지 않고 마음에 이르기까지 합니다. 마음의 상처는 몸에 난 상처보다 그 아무는 속도가 더디고 때론 치료하기도 더 어렵습니다. 사람들은 그렇게 살면서 나무의 연한 가지가 단단한 껍질이 되어가듯이 인생의 흔적을 몸과 마음에 남기며 살아갑니다.

    그러나 그런 상흔傷痕이 꼭 부정적이고 부끄러운 것만은 아닐 것입니다. 가족을 부양하기 위해 굵어진 손마디, 위험에 처한 사람을 구하기 위해 얻은 상처, 내가 목적하는 일을 이루기 위한 수고의 대가로 켜

켜이 쌓인 흔적들, 이 모든 것이 바로 내가 누구이며 어떻게 살아왔음을 보여주는 증거가 됩니다. 그리고 아픔과 고생의 상흔들은 마치 나이테와 같아서 우리네 인생이 굴곡지지만 언제나 제자리로 돌아와 환環을 이루는 것처럼 바로 내가 누구인지를 말해줍니다.

헬라 문학의 시조로 손꼽히는 호메르(Ὅμηρος, 호메로스)의 오딧세이(Ὀδύσσεια, 오뒤세이아)는 트로이(Τροία, 트로이아) 전쟁의 영웅인 오뒤세우스(Ὀδυσσεύς)가 고향인 이타케 섬으로 돌아가는 20여 년에 걸친 여행을 그리고 있습니다. 오뒤세우스가 겪은 수많은 우여곡절迂餘曲折은 마치 인생의 축소판과 같아 인생이나 인생의 여정을 말하는 동의어가 되었습니다. 오뒤세우스가 방랑을 하는 동안 이타케에서는 오뒤세우스의 뒤를 이어 왕권을 차지하려는 귀족들이 끈덕지게 오뒤세우스의 아내인 페넬로페(Πηνελοπη)에게 구혼을 청하고 있었습니다. 페넬로페는 남편 오뒤세우스를 기다리며 그리고 원치 않는 결혼을 기피하려고 구혼자들에게 여러 가지 과제를 주며 결혼을 지연시키고 있었습니다. 천신만고千辛萬苦 끝에 고향에 도착한 오뒤세우스도 자신의 정체를 숨기고 그 구혼자의 대열에 참가합니다. 그는 다른 구혼자들과처럼 페넬로페가 제안한 여러 가지 과제를 풀게 됩니다. 거지로 분장한 오뒤세우스를 알아보는 사람은 아무도 없었습니다. 다만 오뒤세우스가 키우던 늙은 개와 오뒤세우스를 키웠던 늙은 유모만이 그의 정체를 알아보았습니다. 오뒤세우스의 유모도 너무나 많이 변한 오뒤세우스를 잘 알아볼 수 없었으나 손님을 접대하는 의례로

가을, 오포라(ὀπώρα)
:
251

그의 발을 씻기다가 그의 정체를 알아차린 것입니다. 오뒤세우스의 발에는 상처가 하나 있었는데 그 상처는 오뒤세우스가 어린 시절 할아버지와 사냥을 나갔다가 멧돼지에게 물려서 난 상처였던 것입니다. 손님을 접대하느라고 발을 씻기던 오뒤세우스의 유모가 바로 그 상처를 알아보았던 것입니다. 이런 경우 상처는 오히려 그가 누구인지를 알려 주는 증표가 될 수도 있습니다.

신약성서에 보면, 자신에게 그런 상처가 흔적이 있다고 자랑스럽게 말하는 사람이 있습니다. 그는 다름 아닌 바울입니다. 갈라디아서 6장 17절에 보면 이런 구절이 있습니다.

"내가 내 몸에 예수의 흔적을 지니고 있노라."(ἐγὼ γὰρ τὰ στίγματα τοῦ Ἰησοῦ ἐν τῷ σώματί μου βαστάζω, 에고 가르 타 스티그마타 투 예수 엔 토 소마티 무 바스타조) 바울은 기독교의 태동기에 헬라 세계에 기독교를 전파하면서 많은 오해와 불신을 받았습니다. 바울은 예수의 12제자도 아니었으며 예수의 살아생전에 그를 만나거나 본 적도 없었습니다. 그런 그가 12제자들보다도 더 열심히 예수를 전파했습니다. 전도했습니다. 교회를 개척했습니다. 당시에는 아직 기독교의 교리와 조직이 체계를 잡기 전이라 모든 것이 어수선했고, 기독교의 교리와 사상도 많이 정립되지 않았습니다. 그 중 가장 큰 문제가 유대교에서 유래한 기독교도 유대교의 교리를 어느 정도 따라야 하고 유대교의 율법도 지켜야 한다는 것이었습니다. 오직 믿음으로 하나님께 무죄 선언을 받는다. 의인이라 칭함을 받는 다는 주장을 펴온 바울은

많은 도전과 핍박과 소외를 당해야만 했습니다. 위의 바울의 고백과
도 같은 선언은 바로 그런 상황 속에서 나온 말입니다.

바울의 당당한 선언을 이제 헬라어로 한 번 분석해 보겠습니다.

첫 장에서부터 여기까지 잘 좇아온 사람이라면 이제 위의 문장이 그
리 어렵게 느껴지지 않을 것입니다. '바스타조'(βαστάζω)를 제외하
곤 거의 모든 단어들을 한 번씩 다 다루었던 것을 기억하실 수 있을 것
입니다. 바스타조는 "마음에 간직하다, 증명하다, 부담하다, 짊어지
다, 참다" 등의 뜻이 있습니다. 바스타조는 이 문장에서 문장의 정동
사로 1인칭 현재입니다. 이 1인칭 현재와 상응하는 1인칭 주격 인칭
대명사 '에고'(ἐγώ)가 문장의 제일 앞에 나와 있습니다. 헬라어나 라
틴어 같은 언어는 동사에 이미 인칭을 포함하고 있기 때문에 굳이 인
칭대명사가 나오지 않더라도 무방합니다.

그런데 이렇게 인칭대명사가 나오면 특별히 그 인칭과 그 진술을 강
조하는 것입니다. 에고는 인칭대명사 1인칭 단수로 "나"입니다. 바울은
강조해서 "내가 짊어지고 있다, 내가 간직하고 있다"라고 강변합니다.
바울이 무엇을 가지고 있습니까? 목적어가 '스티그마타'(στίγματα)입
니다. 그 뜻은 "상처들, 흔적들, 상흔들, 표시들"이라는 뜻입니다. 스
티그마타는 그 뜻에서처럼 복수이고 단수는 '스티그마'(στίγμα)입니
다. 이 문장에서 스티그마타는 속격으로 그 뜻이 한정되어 있습니다.
어떤 스티그마타입니까? 이 스티그마타를 한정하는 속격은 "투 예
수"(τοῦ Ἰησοῦ)입니다. 즉 예수의 흔적들을 가지고 있다는 말입니다.

가을. 오포라(ὀπώρα)

253

"나는 예수의 흔적들을 가지고 있다!" 그럼 어디에 그 흔적들을 가지고 있는가? 라는 장소가 대두됩니다. 바울의 자신이 예수의 흔적들을 "ἐν τῷ σώματί μου"(엔 토 소마티 무)라는 장소의 전치사구를 통하여 알려 줍니다. '엔'(ἐν)이라는 전치사는 "~안에"라는 의미로 3격을 지배합니다. 이어지는 '소마티'(σώματί)가 3격입니다. 뒤의 "나의"라는 소유격 '무'(μου)와 결합하여 "내 몸 안에"라는 말이 됩니다. 그러니 더 이상 나를 괴롭히지 말라는 말입니다. 자신의 몸에 있는 스티그마타가 이미 충분히 예수의 사람이라는 증거라는 것입니다.

여러분은 살아오면서 어떤 상흔들을 가지고 있습니까? 그것이 여러분에게 부끄러운 것입니까? 아니면 여러분의 신념과 여러분의 살아온 인생 여정을 보여 주고 있습니까? 오뒤세우스의 경우처럼 그것이 여러분 자신이 누구인가를 보여 주는 것입니까? 아니면 바울의 경우처럼 그것이 여러분의 신념과 확신에 대한 증거가 되는 것 입니까?

11

길, 호도스 (ὁδὸς)

....

운전을 하는 사람들이 목적지까지 잘 도착하기 위해서 가장 주의하는 것은 목적지까지 자신을 안내하는 이정표와 교통 표지판 등일 것입니다. 하기야 요즘은 내비게이션이 발달해서 내비게이션의 안내를 따라서 운전하고, 더욱이 인공지능이 탑재된 자율운전 차량이라면 그런 수고를 덜고서도 목적지까지 수월하게 갈 수도 있습니다.

그러나 고전적 운전을 즐기는 사람이라면, 지도와 도로의 교통 표지판 등으로 목적지를 찾아가는 모험과 스릴을 포기하지 않을 것입니다. 또 작은 사각 모니터에서 구현된 가상의 화면에 신경을 집중하기보다는 전방에 펼쳐진 풍경을 즐기며 목적지를 찾아가는 운전의 묘미를 한껏 즐길 수 있을 것입니다. 물론 초보의 딱지를 뗀 운전자에게 해당되는 말일 것입니다. 아직 초보라면 주변을 둘러보며 운전할 여유

가을, 오포라(ὀπώρα)

조차 없이 겨우 내비게이션의 음성과 지도에 집중해서 전면을 주시하기에도 바쁠 것입니다. 하지만 초보운전자이던, 내비게이션을 의지하던, 아니면 자신의 운전 경력을 의지하던 목적지가 가까이 왔을 때 가장 중요한 것은 그 목적지에 도달할 수 있는 올바른 길로 정확히 빠져나가는 일입니다. 만일 그것을 놓치면 먼 길을 우회하거나 낯선 곳에서 헤매며 고생할 수도 있습니다. 그런 경우를 말하는 우리말에 "삼천포로 빠진다"라는 말이 있습니다. 길을 잘못 들어 자신이 원하지 않았던 전혀 다른 곳으로 갈 수 있다는 말입니다.

어느 나라든지 빠져나가는 길은 그 길에 접근하기 훨씬 전부터 여러 번 예고하여 운전자가 목적지를 잘 찾아갈 수 있도록 돕는 교통 표지판이 설치되어 있습니다.

영어권의 국가에서는 대부분 이것을 exit(엑시트)나 out(아웃)으로 표시하고 영어와 독일어와 유사한 말을 쓰는 네덜란드에서는 uit(아우트)로, 독일에서는 aus(아우스, 더 정확히는 아우스파르트[Ausfahrt])로 표기하여 알려 줍니다. 목적지로 빠진다는 이 말의 헬라어는 요즘도 그리스에서 여전히 사용하는 '엑소도스'(ἔξοδος)란 말입니다. 이 말을 라틴어로 옮기면 '엑소더스'(exodus)가 됩니다. 엑소더스란 말이 그리 낯설지는 않으리라 생각 됩니다.

구약성서의 두 번째 책인 출애굽기出埃及記를 엑소도스라고 합니다. 출애굽이란 말 그대로 애굽, 즉 이집트에서 탈출하여 빠져나오는 내용을 담고 있습니다. 이렇게 어디서 "빠져나오다, 탈출한다"는 말인 헬라어 엑소도스를 분절하여 나누어 발음하면 엑스-호도스란 말입니다. 엑스는 전치사 'ἐκ'(에크)가 모음 앞에서 변이를 일으켜 'ἐξ'(엑스)로 바뀐 꼴로 그 의미는 "어디 어디로부터 떨어져 나가다, 멀어지다, 나오다" 등을 표현할 때 사용합니다. '호도스'(ὁδός)는 "길"이라는 뜻입니다. 그래서 이 둘이 결합된 말인 '엑소도스'는 본디 "길에서 나가다"라는 말입니다. 그런 의미에서 요즘도 여전히 엑소도스를 "출구"라는 말로 쓰고 있는 것입니다.

엑소도스에서 중심어는 아무래도 호도스일 것입니다. 호도스, 길이란 무릇 사람이 가고자 하는 곳으로 인도합니다. 그리고 고산준령高山峻嶺이나 극지極地를 탐험하지 않는 한 누군가 이미 걸어간 길을 뒤따르게 됩니다. 길을 생각하면 누구나 교과서에서도 만난 적이 있는 미국의 시인 로버트 프로스트(Robert Frost, 1874~1963)의 '가지 않은 길'(The road not taken)이란 시를 떠올릴 수 있을 것입니다. 시인은 여기서 자신이 선택하지 않은 길을 아쉬워하면서도 "사람이 덜 밟은 길"을 선택했다고 노래하고 있습니다. 누구나 자신 앞에 있는 길에서 어떤 길을 선택하는 것이 올바른 길인지 고민합니다. 그리고 그가 한 선택은 전혀 다른 길을 가게 하고 다른 인생이 펼쳐질 수 있습니다. 인생의 길을 양자 택일이라는 말처럼 번번이 둘 중의 하나를 선택해야 합니다. 둘 다 가질 수는 없는 경우가 많이 있습니다.

이런 고민은 예수의 제자들이라고 예외는 아니었습니다. 요한복음 14장의 시작을 읽어 보면 예수의 제자 중의 하나인 도마(Θωμᾶς, 토마스)는 예수님이 어떤 길로 가실지 모르기 때문에 따라갈 수 없다고 미심쩍어 합니다. 이때 예수는 그에게 자신을 계시하시며 다음과 같이 말씀하십니다.

"내가 곧 길이요 진리요 생명이다."(ἐγώ εἰμι ἡ ὁδὸς καὶ ἡ ἀλήθεια καὶ ἡ ζωή, 에고 에이미 헤 호도스 카이 헤 알레테이아 카이 헤 조에) ἐγώ εἰμι ἡ ὁδὸς"(에고 에이미 헤 호도스) 이 문장의 제일 앞에 나오는 '에고'(ἐγώ)는 위에서도 다룬 것처럼 헬라어에서는 굳이 별도로 표기하지 않아도 문장의 뜻을 해석하는 데 전혀 어려움이 없습니다. 문장의 주동사가 이미 그 인칭을 알려주기 때문입니다. 그런데 인칭대명사가 나타나면 특히 문장의 주어와 문장의 내용을 강조하는 의미가 있다고 앞서 설명을 했습니다. 더군다나 요한복음에서 이 에고는 신적 정체성을 드러내는 에고, 계시의 에고 등으로 특별한 해석을 하고 있습니다. '카이'(καί)는 대등접속사로 "그리고"란 말입니다. 이 카이를 중심으로 3개의 명사가 대등하게 연결되어 있습니다. 제일 먼저 '호도스'(ὁδός), 다음에는 '알레테이아'(ἀλήθεια), 그리고 '조에'(ζωή)입니다.

예수는 이 말씀 속에서 "내가 바로 그 길이다"(ἐγώ εἰμι ἡ ὁδός, 에고 에이미 헤 호도스)라고 말하고 있습니다. 바로 "그" 길이라고 할 때 정관사 '헤'(ἡ)가 나옵니다. 이 헤는 여성 단수 주격을 나타내는 정관사입니다. 단수 주격을 나타내는 정관사에는 남성을 나타낼 때는 '호'(ὁ), 여성에는 방금 설명한 '헤'(ἡ), 그리고 중성에 '토'(τό)를 사용합니다. 이어지는 말씀에서 그는 "ἡ ἀλήθεια"(헤 알레테이아)라고 말하고 있습니다. 즉 "내가 그 진리"라는 말입니다. 마지막으로 나오는 말은 '조에'(ζωή)입니다. 조에는 "생명"을 뜻합니다. 여기에서 예수께서 하신 "내가 곧 길이요 진리요 생명이다"라는 말씀에서 나오는 이 세 개의 명사는 대등접속사 카이에 의해서 대등하게 연결되어 있는 것 같지만 어느 정도 인과 관계를 갖고 있는 것을 발견할 수 있습니다. 예수는 진리와 생명인 동시에 또 이 진리(ἀλήθεια, 알레테이아)와 생명(ζωή, 조에)으로 가는 길(ὁδός, 호도스)이라는 것입니다. 즉 예수는 자신이 진리와 생명이신 하나님께로 가는 길이라고 말하고 있습니다.(요 14:6)

사람은 누구나 두 갈래의 길 앞에 서 있습니다. 그리고 한 길을 선택할 수밖에 없으며, 가지 못한 길에 대한 미련과 호기심을 갖습니다. 그러나 그 길을 간다고 해도 또 다른 후회와 아쉬움이 찾아올 수 있습니다. 사람은 그렇게 미완의 불안한 존재입니다. 그러나 진리와 생명을 넘어 하나님께로 가는 길! 그런 길이 있다면, 그 길보다 더 가고 싶은 길이 있을까요?

가을, 오포라(ὀπώρα)

일용할 양식, 아르토스 에피우시오스 (ἄρτονς ἐπιούσιος)

초기 기독교의 그리스도인들이 하루 세 번씩 아침과 정오 그리고 저녁에 즐겨 암송하는 주의 기도(주기도문)가 있습니다.

이 주의 기도에는 "일용할 양식을 주옵소서!"라는 소위 '우리 청원'이라는 구절이 있습니다. 우리 청원이라는 말은 "우리에게 주십시오, 우리에게 주옵소서"라는 말을 표현하는 전문용어입니다.

주기도문은 예수 당시 방랑선교사들에 의해서 마태복음과 누가복음에 전해진 것으로 알려지고 있습니다. 보통 주기도문은 "하나님의 이름, 나라, 뜻"이 이루어지길 비는 하나님께 드리는 3개의 하나님-청원과 "일용할 양식, 죄 용서, 유혹과 악에서의 구원" 등을 간구하는 3개의 우리-청원으로 꼴 지어져 있습니다. 이 중 우리 청원의 첫 번째 간구가 "일용할 양식을 주옵소서!"입니다. 이 일용할 양식을 헬라어 성경에 찾아보면 "τὸν ἄρτον τὸν ἐπιούσιον"(톤 아르톤 톤 에피우시온)으로 되어있습니다.

여기서 헬라어의 순서에 따라 '일용할'이라는 말보다 '양식'糧食을 먼저 살피면, 우리 성경의 양식에 해당하는 헬라어가 '아르톤'(ἄρτον)입니다. 아르톤은 목적격이고 그 원형인 주격은 '아르토스'(ἄρτος)입니다. 아르토스가 정확히 무엇을 말하는지는 마태복음 4장 1~4절을 읽어 보면 알 수 있습니다.

마태는 마태복음 3장에서 예수의 등장을 묘사한 후 4장에 이르러는 예수께서 요한에게 세례를 받으신 후 광야로 가셨다고 전하고 있습니다. 예수께서는 그곳에서 40일간의 금식을 하셨습니다. 그리고 금식이 끝나갈 때 유혹자는 굶주린 예수에게 다가와 말합니다. 마태복음 4장 3절입니다.

"이 돌들로 떡덩이가 되게하라."(ἵνα οἱ λίθοι οὗτοι ἄρτοι γένωνται, 호이 리토이 아르토이 게논타이) '리토이'(λίθοι)는 '리토스'(λίθος)의 복수형태로 흔히 볼 수 있는 "돌멩이, 돌덩이"를 일컫는 말입니다. '아르토이'(ἄρτοι)는 아르토스의 복수이며, '게논타이'(γένωνται)는 이 문장의 동사로 리토이와 아르토이 등 복수형 명사에 상응하는 복수형 동사입니다. 이 게논타이의 원형은 '기노마이'(γίνομαι)로 영어의 become과 같은 뜻으로 우리말로는 "되다, 나다, 존재하다, 생성하다" 등 다양하게 아주 많이 사용되는 단어입니다.

위 문장의 동사인 게논타이의 성분을 더 상세히 분석하면 복수 3인

가을. 오포라(ὀπώρα)

칭 수동형 단순과거 접속법입니다. 이미 우리는 단순과거형의 문법적 의미가 지금 당장 동작의 실행이 이루어지는 뉘앙스를 가지고 있다고 배웠습니다. 그리고 이 동사가 직설법이 아니라 접속법으로 사용된 것은 이 문장의 제일 앞에 나온 '히나'(ἵνα)가 목적을 유도하는 부문장을 이끄는 접속사이기 때문에 그렇습니다.

따라서 "이 돌들이 빵이 되도록 하라"라고 번역할 수 있습니다. 여기서 우리 성경과 달리 '떡'이 아니라 왜 '빵'으로 번역했냐고 물으실 분이 계실 것 같아 부연하면 중동지역에 떡을 해먹는 사람이 없기 때문입니다. 우리 성경은 당연히 '빵'을 의역한 것입니다. 그래서 원문의 의미를 살리려고 빵으로 바꿔본 것입니다.

그러나 만일 의역을 제대로 한다면 빵보다는 '밥'으로 했어야 원래 의미에 더 가깝습니다. 우리네 정서로 떡은 잔치음식이며 자주 먹는 음식은 아닙니다. 서양의 빵처럼 살기 위해서 매일 먹는 식량의 의미라면 사실 떡보다는 밥이 맞을 것입니다. 그러나 돌덩이의 이미지와 밥은 전혀 매치되지 않습니다. 돌덩어리라면 밥보다는 떡이 더 어울리는 표상입니다. 그래서 아르토스를 떡이라 번역한 것 같습니다.

여기에 한 원문이 다른 문화와 정서로 옷을 입고 번역될 때의 어려움이 있는 것입니다. 이렇게 볼 때 주기도문 우리-청원에 나오는 '일용할 양식'의 직역은 '일용할 빵'이 될 것입니다.

이제는 '일용할'이란 말로 번역한 '에피우시온'(ἐπιούσιον)을 생각해 볼 차례입니다. 에피우시온은 목적격이고 주격은 '에피우시오스'

(ἐπιούσιος)입니다. 에피우시오스의 의미는 빵이란 말인 아르토스보다 그리 간단하지는 않습니다. 왜냐하면 에피우시오스는 신약성서에서도 오직 마태복음과 누가복음을 통해서 전달된 주기도문에만 나타나는 단어이고 그 해석도 여러 가지 가능성이 열려있기 때문입니다. 에피우시오스를 구성하는 말에서 전치사 '에피'(ἐπι)를 떼어내면 '우시아'(οὐσία)란 말이 부각되는데 이 말은 생존하기 위해서 꼭 있어야 할 '필수적'이라는 뜻이 있습니다. 또한 그런 뜻에서 "바로 지금, 오늘 생존하기 위한"이란 말로 그 의미를 조금 넓혀서 해석할 수 있습니다. 이런 맥락에서 '일용할'이라는 번역은 에피우시오스의 근사近似한 번역으로 볼 수 있습니다. 에피우시오스가 가질 수 있는 여러 의미군意味群 중에서 이 "일용할"이라는 의미를 채택한 사람 중에 대표적인 인물이 고대 교부인 가이사랴의 오리게네스(Ὀριγενες)입니다.

하지만 아이러니하게도 이 에피우시오스는 이렇게 "오늘"을 강조한 뜻과 더불어 "다가오는 날, 즉 내일"이라는 의미도 겸하여 갖고 있습니다. 이때는 이 에피우시오스가 "오는, 다가오는"의 뜻을 가지고 있는 '에피에나이'(ἐπιέναι)란 동사에서 파생된 것으로 추정합니다. 그러니 '일용할 빵'은 '오늘의 생존을 위한 빵'이란 뜻과 함께 '내일을 위한 빵'이란 이중의 의미가 나란히 있게 됩니다. 참 묘한 말입니다. 여기서 오늘의 생존을 위한 빵이란 의미는 그렇게 어렵지 않게 이해할 수 있습니다만 그런데 내일의 빵이라니요?

내일의 빵은 내일이 오고 또 와서 시간이 많이 흐른 뒤에 오는 미래의 빵이 될 수도 있습니다. 종말론적 의미로는 후일 예수와 천국잔치에서 같이 먹을 식탁의 빵으로 볼 수 있다는 것입니다. 하나님의 나라, 천국에서 예수와 함께 할 잔치의 자리, 그 식탁에서 먹을 빵을 오늘 지금 내가 먹는다면, 그것은 내일 그리고 미래에 먹을 빵에 대한 확신과 보증이 될 것입니다. 아르토스 에피우시오스(ἄρτος ἐπιούσιος)를 이렇게 내일을 위한 빵, 구원의 때에 먹는 생명의 빵으로 해석한 사람은 라틴지역의 4대 교부중 하나로 알려진 히에로니무스(Hieronymus)입니다. 그는 히브리어와 그리스어로 된 원문 성경을 라틴어로 번역했다고 알려진 인물이기도 합니다.

우리가 예수님을 따라 "지금 여기, 오늘 생명의 빵을 주소서"라고 기도합니다. 이 기도는 우리들의 녹록치 않은 일상 속에서 오늘 하루를 살아낼 뿐만이 아니라 오늘을 살게 하신 하나님께서 장래에 도래할 구원의 완성을 이루어주심을 믿는 것입니다. 또한 우리를 예수와 함께 하는 천국의 식탁 자리에 참여할 수 있게 해주신다는 약속을 신뢰한다는 것을 말합니다.

그런 의미에서 지금 내가 오늘 빵을 먹는다면, 하나님은 내일도 그리고 미래에도 빵을 먹을 수 있게 해주신다는 확신과 소망을 담고 있다고 볼 수도 있습니다. 오늘 내 눈 앞에 있는 빵(아르토스)는 바로 내일을 위한(에피우시오스) 빵의 보증입니다.

18

하늘의 시민권, 폴리토이마 (πολίτευμα)

··

우리나라에서는 한때 산모들이 미국으로 원정출산을 가는 일이 유행했던 적이 있었습니다. 이는 자녀들에게 태어나면서부터 세계 최대의 강국이며 선진국인 미국의 시민권을 부여해 주기 위한 부모들의 애절한 노력으로 볼 수 있습니다. 만일 초경쟁사회에서 말하자면 100미터 달리기 경주나 42,195킬로미터를 달리는 마라톤 경기에서 다른 경쟁자보다 앞서서 먼저 달릴 수 있는 특혜를 받는다면 어느 누가 그런 유혹을 마다할 수 있을까요? 공정의 여부를 떠나서 결과를 중시하는 오늘의 현실에서 눈앞에 널려 있는 유혹을 떨쳐내는 일이란 정말 어려운 일이 아닐 수 없습니다.

그렇지만 우리가 살아가는 인생을 누구도 알 수 없듯이 처음엔 좋았던 일이 시간이 지나면서 오히려 부메랑이 되어 우리의 미래나 자식의 앞길에 걸림돌이 될 수 있다는 것을 미리 알 수 있는 사람은 없습니다. 자식이 잘 되라고 어렵사리 미국에 가서 한 원정출산과 그때 얻었던 세계 최강대국의 시민권이 자식의 한국 입국을 영원히 막아버리는 금표禁票가 된 경우가 있는가 하면, 그런 일을 행한 부모가 고위 공직자로 진출할 때 그것이 발목을 잡아 입신양명立身揚名할 수 있는 좋은 기회를 놓쳤던 경우를 우리는 종종 목격할 수 있습니다. 앞서 간다고 했던 것이 앞서 가기는커녕 오히려 갈 길이, 앞날이 막혀버린 안타까운 일이 되어 버린 것입니다.

유력한 국가의 기득권을 상징하는 시민권은 예나 지금이나 욕망의 대상이 됩니다. 신약성서 시대에도 시민권에 관한 재미있는 대화가 나옵니다. 제자들과 추종자들의 만류에도 불구하고 예루살렘 행을 결행한 바울은 소요에 휩쓸려 예루살렘에 주둔한 로마군에 체포되는 일이 있었습니다.(행 21장~22장) 이때 바울을 체포한 로마군의 책임자인 '천부장'(χιλίαρχος, 킬리아르코스: 보병 600명이상의 지휘관 오늘날의 대령계급에 해당 됨)은 바울이 로마 시민권자라는 말을 듣고 심문합니다. "네가 로마 시민이냐 내게 말하라. 이르되 그러하다. 천부장이 대답하되 나는 돈을 많이 들여 이 시민권을 얻었노라. 바울이 이르되 나는 나면서부터라."(행 22:27~28)

이 대화에서 우리는 당시 세계를 지배하는 로마제국의 시민권은 요즘처럼 속지주의나 속인주의에 의해서 날 때부터 자동으로 부여되기도 하지만 돈을 들여서 구입할 수도 있음을 알 수 있습니다. 이 대화에서 사도행전의 의도는 로마의 고급장교보다 전도자 바울의 위치가 더 월등함을 보여 주려는 표현 같기도 합니다. 당시 세계를 지배하는 로마에 신생 종교인 기독교가 변방에서 시작되고 낮은 계층의 사람들만이 추종하는 섹트가 아니라 로마 시민인 바울 같은 사람도 열심히 전도하고 있다는 묘사를 통해 은연중에 기독교를 변호하는 것입니다.

사실 신약성서에는 시민권에 대한 언급이 아주 드물게 등장합니다. 그럼에도 이 시민권에 대한 언급 중의 하이라이트는 단연 빌립보서 3장 20절에서 찾을 수 있습니다. "우리의 시민권(πολίτευμα, 폴리토이마)은 하늘에 있는지라."(ἡμῶν γὰρ τὸ πολίτευμα ἐν οὐρανοῖς ὑπάρχει, 헤몬 가르 토 폴리토이마 엔 우라노이스 휘파르케이) 이 구절은 바울이 당시 로마의 식민지 마케도니아 지방의 자유도시 빌립보에 세워진 초기 기독교 공동체(교회)에게 보낸 편지에 나오는 말입니다. 당시 빌립보란 도시는 로마제국에 군인으로 복무하다 시민권을 획득하고 정착한 사람들이 많이 살고 있어 로마 시민권에 대한 남다른 애정과 자부심이 높았던 곳이었습니다. 위의 문장에서 시민권을 말하는 단어인 폴리토이마는 도시를 뜻하는 '폴리스'(πόλις)에 그 어원을 두고 있습니다.

폴리스란 말은 본래 "정착하다"라는 뜻을 갖고 있습니다. 그리고 이 뜻을 넘어 작은 마을의 연합체란 의미와 점차 그곳에서 이루어지는 통치와 지배 그리고 살림살이와 공공의 복지 등과 같은 의미로 동일시되기도 합니다. 정치(Politik, 폴리틱)라는 말도 이 폴리스란 말에서

가을. 오포라(ὀπώρα)
:

유래합니다.

그러나 오늘날 이 단어는 고대 헬라어 폴리스가 함의한 여러 가지 의미 중에서 그저 도시의 치안을 담당하는 기능으로 축소된 폴리스(police), 즉 경찰이라는 말에 그 유산을 다 넘겨준 채로 축소되었습니다. 폴리스에서 그것과 동반한 행위를 표현하는 동사 '폴리토이오'(πολιτεύω)가, 그리고 그 명사형인 폴리토이마가 생성됩니다. 이런 의미들 속에서 폴리토이마는 "정치적 행위, 정부의 행위, 공공복지, 시민권"등의 뜻을 갖게 됩니다.

시민권에 대한 자부와 애착이 강한 도시 빌립보에서 바울은 역설적으로 우리들의 시민권은 지상에 있는 것이 아니라 하늘에 있다고 선언합니다. 이것을 폴리토이마를 설명하는 전치사구 "엔 우리노이스"(ἐν οὐρανοῖς)에서 정확히 알 수 있습니다. 바울의 이런 확신은 그가 사용한 동사 '휘파르케이'(ὑπάρχει)에서 명확히 볼 수 있습니다. 휘파르케이는 "실제로 그렇게 존재하며, 눈앞에 놓여 있다"는 의미입니다. 이런 확신 가운데 그는 자신 있게 땅엣 것에서 하늘엣 것으로 그 눈과 관심을 돌리라고 권고합니다. 썩어지고 없어질, 그래서 부질없는 땅의 것으로부터 발생하는 한 순간의 온갖 욕심과 욕망으로부터 영원하고 참된 진리의 세계로 발을 옮기라고 요청합니다. 그것은 모름지기 신자는 이 땅의 폴리토이마를 얻으려고 애쓰는 사람들이 아니라 하늘의 폴리토이마를 얻기 위해 애쓰는 자들이기 때문일 것입니다.

ชิ∙ฺ

Όταν είσαι πλούσιος να μην είσαι υπερήφανος και όταν
είσαι φτωχός να μην ταπεινώνεσαι

부유할 때 자만하지 말고 가난할 때 비굴하지 말라

•

- Κλεόβουλος ὁ Λίνδιος -
– 클레오불로스 린디오스 –

가을. 오포라(ὀπώρα)

:

겨울

케이몬
XEIMΩN

Πολυτελὲς
ἀνάλωμα εἶναι τὸν χρόνον.

시간은 사람이
낭비하는 가장 값진 것이다.

•

- Θεόφραστος -
– 테오프라스토스 –

1

겨울, 케이몬 (χειμών)

....

지구상에 존재하는 모든 생명체 중에서 유일하게 인간만이 언어를 사용합니다. 동물들도 소리를 내서 상호 간에 의사소통을 한다고 알려져 있지만, 그것을 진정한 의미의 언어라고 보지는 않습니다. 인간이 문화를 창조하고 문명을 발전시킬 수 있었던 근저에도 언어가 있었습니다. 언어는 한 인간의 사고와 행동양식을 표현하는 수단일 뿐 아니라 인간과 인간의 커뮤니케이션을 중개하는 매개이기 때문에 문화와 문명을 창조하는 데까지 이르게 된 것입니다. 동일한 사물과 현상에 대한 언어적 합의가 없으면 의사소통이 불가능할 뿐만이 아니라 한 인간과 한 세대가 이룬 것을 다른 사람에게 그리고 다음 세대에 전달할 수 없습니다.

그런 의미에서 인간이 이룬 의식의 총화인 문화와 문명의 바탕에 언어가 있었다고 말하는 것입니다. 이것을 다시 소박하게 표현하면 언어란 서로 오래도록 함께 살아온 사람들의 삶이며 공통의 정서가 농축되고 전달된 것이라고 말할 수도 있을 것입니다.

이런 관점에서 우리말 겨울을 살펴보면 왜 사람들이 겨울을 겨울이라고 했는지 자연스레 고개를 끄덕이게 됩니다. 우리나라와 같이 사계절이 뚜렷한 지역에 사는 사람들에게 겨울은 다른 계절에 비해 바깥생활을 하기가 수월하지 않습니다. 밤은 일찍 찾아오고 추위는 오래 지속됩니다. 농경을 중심으로 살았다면 모든 것이 꽁꽁 얼어붙은 겨울에는 더더욱 밖에 나가서 할 일이 별로 없었을 것입니다. 이런 생활상을 반영하듯이 우리말의 겨울은 "집 안에서 지낸다"라는 뜻이 있다고 합니다. '겨'라는 말이 "계시다, 있다"라는 말의 고어인 "겨시다"라는 말에서 유래했으며 '울'은 "울타리, 집"이란 뜻이 있다고 하니 우리말의 겨울이란 정말 말 그대로 "집에 있다, 집에서 지내다"라는 뜻입니다. 추운 겨울 바깥생활을 할 수 없었던 우리 조상들의 오랜 삶이 어떠했는지 그 모습을 여실히 보여 주는 말이라고 할 수 있습니다. 그리고 환경의 영향으로 말이 생성되었다는 추측에 십분 공감할 만한 설명입니다.

헬라어의 겨울이란 말도 우리나라 말의 겨울과 정서적으로 어느 정도 공감되는 면이 있습니다. 헬라어로 겨울이라는 말은 '케이몬'(χειμών)이라고 합니다. 케이몬은 사계절이 뚜렷하지 않은 지역에서는 눈이 내리고 얼음이 어는 추운 겨울이라기보다는 비가 자주 내리는 우기雨

期를 말합니다. 또 폭풍과 같은 거센 바람이 많이 부는 시기를 일컫는 말이기도 합니다. 즉 비가 많이 오고 바람이 많이 부는 계절, 그래서 춥게 느끼는 계절이 케이몬이라는 것입니다. 이렇게 보면 케이몬도 날씨와 관계된, 자기가 사는 환경의 영향으로 생성된 말인 것을 알 수 있습니다. 우리말의 겨울이나 헬라어 케이몬이나 그 이면에 공통적으로 들어있는 느낌은 겨울은 어쨌든 사람이 살기에 썩 좋지 않은 계절임을 말하고 있다는 것입니다.

신약성서에도 겨울과 관련해서 이와 유사한 분위기를 느낄 수 있는 구절이 있습니다. 마가복음 13장 18절입니다.

"너희는 이런 일이 겨울에 일어나지 않도록 기도하라."(προσεύχεσθε δὲ ἵνα μὴ γένηται χειμῶνος, 프로세우케스테 데 히나 메 게네타이 케이모오노스) 여기서 기도하라는 말, '프로세우케스테'(προσεύχεσθε)는 우리가 자주 보았던 2인칭 복수 명령형입니다. 흔히 어미 〈-ε〉가 명령형이라는 표식을 나타냅니다. 이 경우 시제는 현재형으로 쓰였습니다. 현재형은 문법적으로 변함없는 지속적인 동작이나, 행위를 표시합니다. 프로세우케스테의 원형은 '프로세우코마이'(προσεύχομαι)이며, 그 뜻은 신앙적 텍스트에서 "신적인 응답을 얻기 위해 묻고, 요청하고, 바라고 기도하다"라는 뜻이 있습니다. 그래서 주로 "기도한다"라는 뜻으로 사용합니다. 이 동사를 명사형으로 바꾸면 '프로세우케'(προσευχή)가 됩니다. 프로세우케는 무슨 뜻일 것 같습니까?

그렇습니다. 짐작하시는 것처럼, "기도하다, 요청하다, 바라다"가

겨울. 케이몬(χειμῶν)

명사형이 되면 당연히 "기도, 바람, 요청"이 됩니다. 그런데 이 프로세우케는 동시에 "기도하는 곳, 요청하는 곳"이라는 뜻도 갖고 그로부터 "기도하는 곳, 기도처, 기도의 집"이라는 의미도 갖습니다. 유대인은 그들의 회당을 말할 때 '시나고그'(συναγωγή) 라는 말을 쓰기도 하지만 종종 프로세우케라고 하기도 합니다.

다시 이 프로세우케스테의 원형인 프로세우코마이라는 말을 자세히 들여다보면 "요청하다, 기원하다"라는 '유코마이'(εὔχομαι)라는 말에 그 의미를 더 강화하기 위해서 '프로스'(πρός)라는 전치사가 결합된 형태라는 것을 알 수 있습니다. 전치사 프로스는 결합하는 명사의 "이익을 증가하고, 함께하고, 그 방향으로 향하게"하는 의미를 갖습니다. 같은 "기도하다"라는 말인 유코마이가 "프로세우코마이"로 바뀌면서 그 행위가 더 강조되는 것입니다. 우리의 감성을 넣어서 그 뉘앙스를 살리면 "간구하다, 간절히 기도하다" 정도로 해석해 볼 수 있을까요? 또한 이 프로세우코마이에는 "절하다, 경배하다, 예배하다"라는 추가적인 의미도 있습니다.

마가복음 13장 18절에서 왜 이렇게 기도해야 하는지를 '히나'(ἵνα)가 이끄는 목적절이 설명하고 있습니다. 그 내용은 "μὴ γένηται χειμῶνος"(메 게네타이 케이모오노스)입니다. 맨 앞에 나오는 부정의 '메'(μή)에 의해서 목적절의 전체적인 내용이 부정됩니다. 즉 "겨울에 일어나지 않기를" 기도한다는 것입니다.

여기서 케이모오노스는 겨울을 말하는 케이몬의 속격입니다. 속격이 사용된 이유는 헬라어에서 이렇게 케이모스처럼 때를 나타내는 명사들은 2격인 속격으로 쓰일 때 문장 안에서 '때'(tempus)를 나타내는 부사로 사용되기 문입니다. 예를 들어 밤과 낮을 뜻하는 '눅스'(νύξ)와 '헤메라'(ἡμέρα)라는 말이 있습니다. 이 둘도 각각 속격인 '눅토스'(νύκτος)와 '헤메라스'(ἡμέρας)로 쓰일 때 주어나, 목적어가 아니라 부사적으로 쓰여 "낮과 밤"이라는 때를 나타냅니다.

마가복음 13장은 세계의 종말과 파국을 예언하는 예수의 말씀을 기록하고 있습니다. 18절을 포함하고 있는 더 큰 문맥인 14절에서 20절에 이르는 배경에는 로마의 예루살렘 침공을 포함한 유대전쟁이라는 커다란 참극이 도사리고 있습니다. 로마의 군단이 예루살렘 성을 포위하고 철저히 파괴한다는 일들이 예고되어 있는 것입니다. 그날에 만일 누가 지붕 위에 있다면 내려가지 않는 것이 더 안전하고, 집 밖에 있다면 뭔가 귀중품을 가지려고 다시 집으로 돌아가지 말아야 한다는 당부도 들어 있습니다. 조금이라도 지체하다가는 생명을 부지하기 어려울 것이라는 염려와 걱정 때문입니다.

이런 대 참사가 벌어지는 때에는 정말 자기 몸 하나도 간수하기 어려운 법입니다. 실지로 우리는 전쟁 통에 부모를 잃어버린 많은 전쟁고아들 얘기를 들어본 적이 있습니다. 경황이 없는 전쟁 중에는 부모라도 자기 자식을 잃어버릴 수 있다는 말입니다. 그런데 만일 아이를 가졌거나 젖먹이를 돌봐야 한다면 정말 그것보다 더 난감하고 위태한 일이 없는 것입니다.(막 14:15~17)

겨울. 케이몬(χειμών)

그런데 이런 참극이 겨울에 일어난다고 생각해 보면 어떨까요? 정말 끔찍한 일이 아닐 수 없습니다. 비록 한국의 겨울 같지는 않겠지만, 케이몬이라고 썼을 때에는 다른 어떤 계절보다 더 춥고 비바람이 많이 부는 좋지 않은 날씨가 지배하는 계절이라는 것을 우리는 알고 있습니다. 케이몬이라는 단어에서 느낄 수 있는 뉘앙스를 통해서 우리는 마가복음 13장의 대 참극이 왜 겨울에 일어나지 않도록 기도하라고 했는지 더 잘 이해할 수 있는 것입니다.

추위는 사람을 움츠러들게 합니다. 따뜻한 온기를 찾아 몸을 녹이며 쉬고 싶은 생각을 절로 나게 하는 겨울입니다. 땅거미가 지고 찬바람이 골목을 내달리면 어두운 밤하늘 아래로 종종걸음을 치며 귀가를 서두르는 사람들의 모습이 그리 낯설지 않은 계절입니다. 여름의 풍성한 잎으로 치장했던 나무들이 벌거벗은 듯이 허망하게 서있는 거리의 풍경은 몸과 마음을 더 스산하게 합니다. 몸이 추워지면 마음은 더 추운 법입니다. 그런 겨울에 당하는 어려움이란 큰 고통과 슬픔일 수 있습니다.

겨울은 말 그대로 바깥 생활을 하기보다는 집안에서 더 많은 시간을 보낸다는 뜻을 가진 계절입니다. 혹 여러분은 겨울이 오기 전에 끝냈어야 하는 일은 없었나요? 아니면 추운 겨울의 시련과 같은 어려움이 여러분 앞에 기다리고 있나요? 힘든 일과 어려움에 처한 인생의 겨울을 지내고 있는 분이 계시다면, 그 일을 해결하느라 분주하게 다니기보다는 오히려 집에 머무르면서 차분하게 그 문제를 다시 한 번 직시하며 담대하게 해결할 방도를 궁리해 보면 어떨까요? 바라건대, 여러분들에게 그런 일이 겨울에 일어나지 않기를 기도합니다.

　그러나 비록 집 안에서 답답하게 지낼지라도 그 숱한 겨울을 보내고 또 보낸 조상들처럼 인생의 겨울도 지혜롭게 이겨낼 수 있을 것입니다. 그것은 이 또한 지나가리라는 희망과 기대가 있기 때문이며 겨울이 지나면 봄이 온다는 것을 알고 있기 때문입니다.

겨울. 케이몬($\chi\varepsilon\iota\mu\acute{\omega}\nu$)

2

아드벤투스(adventus), 파루시아(Παρουσία)

··

농사를 짓는 농부들이 24절기에 따라 한 해의 농사일을 예견하고
준비하는 농사력農事曆을 가지고 있는 것처럼, 예수를 믿는 기독교 신
자들도 한 해 동안 신앙생활과 교회 생활을 어떻게 해야 할지 일목요
연하게 정리한 교회력敎會曆 혹은 교회 달력(church calendar)이라는
것을 가지고 있습니다. 농사력이 봄이 오는 입춘, 겨우내 얼었던 강이
녹는다는 우수로 시작한다면, 교회력은 한 해가 마무리되는 11월 말
이나 12월 초에 자리잡고 있는 대강절待降節 혹은 대림절待臨節로 시작
합니다. 물론 교회력도 정교회, 가톨릭교회, 개신교회 등 종단과 교단
에 따라 조금씩 차이가 있기는 하지만 그 대강大綱은 같습니다.

미국 교회력의 영향을 강하게 받은 우리나라의 교회력에는 없으나
오랫동안 교회력에 따라 교회 생활뿐 아니라 일상생활을 영위해온 독

일과 스위스에서는 개신교회뿐 아니라 가톨릭교회에서도 교회력의 대강절이 시작하기 직전인 11월에 죽음의 주일(Totensonntag, 토텐존탁) 혹은 영원한 주일(Ewigkeitssonntag, 에비히카이츠존탁)이라는 절기가 있습니다. 다시 말해서 교회력의 마지막 절기가 죽음의 주일 혹은 영원한 주일이라는 것입니다. 교회력을 가장 먼저 지키기 시작했다고 볼 수 있는 유럽의 교회가 교회력의 마지막 주일을 죽음의 주일로 지키는 것은 자기들보다 먼저 이 세상을 떠난 사람들을 추모하고 기억하며 언젠가 그들을 다시 만날 소망을 다진다는 의미가 있습니다. 또한 자신의 죽음을 묵상하면서 동시에 자신의 죽음뿐 아니라 세상의 종말도 생각한다는 숙연한 의미를 가지고 있습니다.

이들이 죽음의 주일을 동시에 영원한 주일로 부르는 것은 죽음으로 자신과 세상이 모두 끝나는 것이 아니라는 신앙의 확신도 반영하고 있습니다. 그래서 교회력의 마지막 주일은 죽음, 최후의 심판, 영원한 생명 등과 같은 의미를 모두 함축하는 절기이기도 합니다.

죽음의 주일 혹은 영원한 주일로 한 해를 마무리한 교회력은 다시 예수의 오심을 기다리는 4주간의 대강절 혹은 대림절로 시작합니다. 교회력의 시작을 알리는 대강절 혹은 대림절이라는 말을 보다 정확히 이해하기 위해서는 헬라어 '파루시아'(παρουσία)가 무슨 뜻인지를 먼저 파악해야 합니다.

파루시아는 "오다, 접근하다, 도착하다"라는 뜻을 가진 '파르에이미'(πάρειμι)에서 파생되었습니다. 그 뜻은 파루시아와 마찬가지로 "현재하다, 나타나다"라는 뜻입니다. 이 파루시아라는 말이 라틴어로 넘어 갈 때 역시 같은 의미인 "도착, 접근"을 말하는 '아드벤투스'(adventus) 가 됩니다. 그리고 이 라틴어를 다시 영어로 번역하면서 기독교의 절 기로 굳어져 우리에게 익숙한 단어인 '애드벤트'(advent)가 되는 것 입니다. 이날은 부활절이란 말 '이스터'(easter)와 함께 기독교를 국교 로 삼은 서구의 여러 나라들과 기독교를 수용한 나라들에서는 즐거운 경축일이자 축제의 날입니다. 하지만 이 애드벤트를 유래한 헬라어 파루시아는 마음을 들뜨게 하고 즐겁기만 한 날을 나타내는 말은 아 니었습니다. 오히려 이 말은 다소 묵직한 뉘앙스를 풍기고 있다고 말 할 수 있습니다. 왜냐하면 이 단어는 고대에 통치자나 고위 관리가 자 신이 관할하고 통치하는 지역을 방문할 때에 사용하던 전문 기술용어 (terminus technicus)였기 때문입니다. 그리고 이 말이 종교적 맥락에 서 사용될 때는 신들의 현현과 메시아의 도래를 표현할 때 사용하던 신성한 말이기도 했습니다. 특히 신약성서에서는 이 말을 예수의 "다 시 오심", 즉 재림再臨과의 연관성 속에서 자주 사용했습니다.

그러나 방금 전에 살핀 것처럼 파루시아의 원뜻에는 재림의 의미가 전혀 들어 있지 않습니다. 그저 누가 "온다, 가까이 온다, (그래서) 현재 하다"라는 뜻입니다. 그런데 기독교에서는 오셨던 예수께서 다시 오신 다고 하니, 그 오신다는 말을 다시 오신다는 재림의 의미로 사용하게 된 것입니다. 이런 이유로 파루시아라는 말은 신약성서에서 주로 종 말에 관계된 문맥에 자주 등장합니다.

신약성서에서 이 파루시아를 당시에 사용하던 용례대로 또 당시의 문화에 가장 잘 어울리게 적절히 사용하고 있는 구절을 찾아본다면, 데살로니가전서 2장 19절을 제일 먼저 떠올릴 수 있습니다. 바울은 예수의 오심, 즉 재림이 오기 전에 세상을 떠난 친지를 걱정하며 슬퍼하는 성도들에게 보낸 편지에서 이렇게 위로의 말을 전하고 있습니다. "우리의 소망이나 기쁨이나 자랑의 면류관이 무엇이냐 그가 강림하실 때 우리 주 예수 앞에 너희가 아니냐."(τίς γὰρ ἡμῶν ἐλπὶς ἢ χαρὰ ἢ στέφανος καυχήσεως - ἢ οὐχὶ καὶ ὑμεῖς - ἔμπροσθεν τοῦ κυρίου ἡμῶν Ἰησοῦ ἐν τῇ αὐτοῦ παρουσία, 티스 가르 헤몬 엘피스 에 카라 에 스테파노스 카우케세오스-에 욱시 카이 휘메이스-엠프로스텐 투 퀴리우 헤몬 예수 엔 테 아우투 파루시아) 문장이 길기 때문에 우리가 다루려는 주제와 관련한 몇 가지만 살펴보겠습니다. 우리의 주제와 관련해서 가장 중요한 단어는 면류관冕旒冠이란 말인 '스테파노스' (στέφανος)와 역시 파루시아(παρουσία)입니다. 우리가 재림이라고 말한 헬라어 파루시아가 이 문장에서는 강림降臨이라는 말로 번역되어 있습니다. 여기서 파루시아는 발음은 같지만 형태는 제3격인 여격의 형태로 쓰였습니다. 파-루-시-아의 〈아〉에 해당하는 헬라어 알파벳 〈α〉를 자세히 봐 주시기 바랍니다. 보통 사용하는 알파벳 '알파' 〈α〉와 달리 이 알파의 아래에 알파벳 '이오타' 〈ι〉가 작은 모양으로 축소되어 함께 쓰인 것을 볼 수 있습니다. 이것을 "이오타 하기下記"라고 부릅니다. 발음은 통상의 알파와 같지만 주로 3격인 대격을 표현할 때 나타나는 표기법입니다. 이 경우는 때와 장소를 나타내는 전치사 '엔'(ἐν)과 함께 전치사구 속에서 대격으로 활용되었기 때문입니다.

파루시아는 이미 위에서 설명했으므로, 면류관이라는 말을 한 번 살펴보겠습니다. 면류관, 스테파노스는 왕들이 쓰는 왕관과는 다른 종류의 관으로 행사나 특별한 일이 있을 때 따로 제작해서 썼던 관冠을 말합니다. 꼭 왕 뿐만이 아니라 지방의 군주나 귀족도 쓸 수도 있었고, 올림픽 마라톤의 우승자에게 월계수로 만들어진 관을 씌워주었던 것처럼 여러 가지 다양한 재질로 만든 면류관들이 있었습니다.

바울이 파루시아를 당시의 용례와 문화에 어울리게 사용했다는 것은 그가 이 면류관(στέφανος, 스테파노스)과 강림(παρουσία, 파루시아)을 결합해서 사용했다는 말입니다. 당시 그레꼬-로만시대에서 파루시아라는 말은 왕이나 고위 공직자의 예정된 공식 방문, 즉 행차를 말합니다.

따라서 왕이나 고위 공직자가 방문할 지역이나 도시를 관할하는 관리는 이 파루시아를 최선을 다해 준비해야 했습니다. 도로를 새로 내기도 하고, 새로운 건물을 짓기도 하고 심지어 많은 보석으로 장식한 화려한 면류관을 만들어 바치기도 했던 것입니다.

예를 들자면, 오늘날 대통령이나 군대의 최고 지휘관이 어느 지역을 방문하거나 예하부대를 시찰하는 것을 생각하면 파루시아가 어떤 것을 말하는지 어느 정도 짐작할 수 있을 것입니다. 파루시아를 위해 최선을 다해서 준비하고 최고의 예우를 갖출 것입니다. 이것이 바로 파루시아인 것입니다.

　바울은 자신이 1세기 그리스 마케도니아 지방에 개척한 데살로니가 교회에 보내는 이 위로의 편지에서 예수께서 파루시아로 오실 때 그는 금이나 보석으로 치장한 면류관이 아니라 희망(ἐλπὶς, 엘피스)과 기쁨(χαρά, 카라)으로 만들어진 자랑스러운 면류관을 드릴 것이라고 말합니다. 그리고 그 희망과 기쁨으로 만들어진 면류관은 다름 아닌 바로 자신이 복음을 전하여 세운 데살로니가 교회에 있는 성도들이라고 담대히 말하고 있습니다.

　기독교인들은 이제 예수가 오셨던, 아니 오실 성탄절을 기준으로 4주 전부터 예수의 오심을 기다리고 준비하며 대강절을 지킵니다. 만왕의 왕(The King of kings)이요 만주의 주(The Lord of lords)로 오시는 그분을 위해서 집안을 대청소하고, 크리스마스트리를 세우고, 형형색색의 반짝이 등으로 집 안팎을 장식하고, 대강절 촛불을 하나둘 밝히면서 예수의 파루시아를 맞이합니다. 대강절의 촛불은 대강절 첫째 주에 한 개, 두 번째 주에 두 개 이렇게 차례대로 불을 붙입니다. 그리고 대강절 촛불이 하나씩 켜질 때마다 세상이 점점 밝아지고 마지막 예수의 촛불이 켜지면 온 세상이 환히 밝아집니다. 그렇게 세상은 새롭게 시작하고 교회의 달력은 새로운 절기를 맞이하는 것입니다. 사랑하는 여러분, 여러분은 파루시아를 위해 어떤 스테파노스를 준비하고 계십니까?

겨울, 케이몬(χειμών)

285

8

동방박사, 마고이 (μάγοι)

....

모든 것이 꽁꽁 얼고 춥기만 할 것 같은 겨울에도 포근하고 따스함을 느낄 수 있는 것들이 있기에 긴 겨울을 이겨낼 수 있습니다. 간간이 하늘에서 내리는 흰 눈은 세상을 온통 하얗게 바꾸어 동심을 자극합니다. 어린 시절 추운 줄도 모르고 눈 오는 들판에서 뛰놀던 지난날의 그리운 한 순간을 아련히 떠올리게 합니다. 또 그 눈은 사랑하는 연인들이 손을 꼭 잡고 거니는 길을 하얗게 수놓기도 하고, 도시의 어둡고 좁은 골목길 위에도 소복이 쌓여 온 세상을 맑고 깨끗하게 뒤덮습니다. 누구나 크리스마스에는 왠지 흰 눈이 축복처럼 내려야 한다는 기대감을 갖고 있습니다. 거리에 울리는 캐럴은 우리의 마음을 들뜨게 하고 기쁨과 감사를 기억하게 하며 행복한 순간들을 만들어 냅니다. 더구나 크리스마스는 한 해가 바뀌는 길목에 있어서 지나간 날들을 돌아보고 다가올 날을 희망하는 모든 이들에게 삶의 분수령과 같은 날이 되기도 합니다. 전 세계 모든 이의 마음을 설레게 하는 크리스마스, 그 첫 번째 크리스마스는 어떠했을까요?

첫 번째 성탄절의 동심을 밝히는 이야기 소재로는 단연 동방박사가 으뜸일 것입니다. 머나먼 동방으로부터 별을 따라와서 황금(gold)과 유향(frankincense) 그리고 몰약(myrrh)을 아기 예수께 바친다는 동화 같은 이야기는 많은 사람들에게 온갖 호기심과 상상력을 불러일으킵니다. 그럼 첫 번째 성탄절 이야기는 어떠했을까요? 마태복음 2장 1절은 크리스마스의 서막을 이렇게 시작합니다.

"헤롯 왕 때에 예수께서 유대 베들레헴에서 나시매 동방으로부터 박사들이 예루살렘에 이르러."(Τοῦ δὲ Ἰησοῦ γεννηθέντος ἐν Βηθλέεμ τῆς Ἰουδαίας ἐν ἡμέραις Ἡρῴδου τοῦ βασιλέως, ἰδοὺ μάγοι ἀπὸ ἀνατολῶν παρεγένοντο εἰς Ἱεροσόλυμα, 투 데 예수 겐네텐토스 엔 베트레엠 테스 유다이아스 엔 헤메라이스 헤로두 투 바실레오스, 이두 마고이 아포 아나톨론 파레게논토 에이스 예로솔루마) 마태는 첫 번째 성탄절을 동방박사의 이야기로 시작합니다. 이 마태의 성탄절 이야기를 헬라어 문장으로 한 번 볼까요? 이 구절의 전반부는 때를 나타내는 부사절로 시작하며, 예수께서 언제 탄생하셨는지를 가르쳐 줍니다. 헬라어에서는 시간의 부사절을 나타낼 때 절대속격용법 (Genitivus absolutus)이라고 해서 문장의 성분을 모두 속격으로 만들어서 활용합니다.

겨울. 케이몬(χειμών)

위의 문장의 경우 제일 앞에 나온 "투 데 예수"(Τοῦ δὲ Ἰησοῦ)부터 "엔 헤메라이스 헤로투 투 바실레오스"(ἐν ἡμέραις Ἡρῴδου τοῦ βασιλέως)까지가 절대 속격 용법의 때를 나타내는 부사절입니다. 더 정확히는 분사를 사용하고 있으므로 내용적으로는 때를 나타내는 부사절이지만, 문법 형식으로는 부사구라고 해야 합니다. 이 부사구에서 동사의 역할을 하는 것이 '겐네텐토스'(γεννηθέντος)입니다. 우리가 이미 다룬 '기노마이'(γίνομαι)의 분사로 남성 단수 속격 단순 과거 분사입니다. 기노마이가 "되다, 나다, 존재하다, 생성하다"라는 뜻이 있다는 것을 다시 기억해 보면, 이 경우에 "태어나다"라고 해석하는 것이 맞습니다. 그리고 이 속격 분사의 주어는 그 앞에 있는 속격 고유명사인 예수이므로 절대 속격의 형식을 갖추기 위해서 예수도 속격(Ἰησοῦ)으로 사용되었습니다. "예수가 태어날 때 유대 땅에 헤롯이 왕으로 있었다"는 시간의 부사절이 완성되었습니다.

이어서 이 문장의 주어인 동방박사가 등장합니다. 동방박사라는 표현은 "마고이 아포 아나톨론"(μάγοι ἀπὸ ἀνατολῶν)입니다. 아나톨론은 '아나톨레'(ἀνατολή)의 복수 속격 형태로 앞에 나온 명사 '마고이'(μάγοι)를 한정합니다. 아나톨레에서 온 마고이들이란 말입니다. 아나톨레는 "해나 별이 뜨다, 나타나다"라는 '아나텔로'(ἀνατέλλω) 동사의 명사형입니다. 그리고 그렇게만 보면 아나톨론, 아나톨레라는 말에는 엄격히 말해서 동방이라는 뜻은 없습니다. 풀어서 설명하면 "해 뜨는 쪽 그래서 동쪽, 동방"이라고 유추할 수 있을 뿐입니다.

당시 팔레스틴 지역에서 볼 때 동쪽 지역에서 마고이들이 왔다는 것입니다. 마고이는 '마고스'(μάγος)의 복수입니다. 아나톨레가 동방이라는 뜻보다 단순히 해나 별이 뜬다는 것에 방점이 있는 말이듯이 마고이도 단순히 박사라는 뜻을 갖기에는 좀 어려움이 있습니다. 더구나 오늘날의 박사와도 차이가 많이 있습니다.

마태복음의 이 구절에서 보듯이 동방에서 여러 명의 박사들이 왔다고 해서 어떤 이들은 그들이 누구인가보다도 그들이 몇 명이었나에 더 많은 호기심과 상상력을 가동하기도 합니다. 대부분의 사람들은 그들이 바친 세 가지 선물을 통해서 예수의 탄생을 경축하러 온 동방박사가 3명일 것으로 추측하지만, 위의 구절에서 읽을 수 있는 것처럼 동방박사의 이야기를 최초로 전하는 마태는 그들이 그저 동방에서 온 마기(Magi)라고만 언급했을 뿐, 그 어디에도 이들이 몇 명이었는지에 대해서는 말하고 있지 않습니다.

그래서 초기 기독교의 성화들에 보면 동방박사는 2명(아르메니안 정교: 카그바, 바다밀라), 4명 혹은 6명(에디오피안 정교: 타니수람, 미카, 시시스바, 아브니슨, 리브타, 카세드)으로 등장하기도 하는데, 헬라교부 오리게네스가 이들을 3명(카스퍼, 멜키오르, 발타자)일 것이라고 거론한 후 3명으로 널리 알려졌습니다. 위에서 헬라어 구문을 분석하며 언급한 것처럼 동방의 박사들이 과연 몇 명이었는지 불확실한 것이 어쩌면 그들의 미스터리한 정체와 연관성이 있는 듯합니다.

동방박사에 관하여 명확히 알 수 없는 이유로, 그들이 과연 어디에서 온 누구인가가 더욱 궁금해지는 것입니다. 웃지 못할 일은 여호수아가 눈(Nun)의 아들이었기 때문에 하나님이 그를 눈동자(Eye)처럼 지키셨다고 성경을 읽는 어떤 사람들이 동방박사가 동방예의지국에서 온 한국의 박사들, 심지어 첨성대에서 별을 보던 박사들이 아니었겠냐는 추정을 서슴없이 한다는 것을 들은 적이 있습니다. 어떻게 성경에 나온 그 동방을 한국이라고 생각할 수 있는지 정말 실소를 금할 수가 없습니다.

이 동방이란 말은 영어 성경에 Orient(오리엔트) 혹은 East(이스트) 등으로 번역되어 있지만, 본래 그리스어 성경에서는 위에서 설명한 것처럼 아나톨레(ἀνατολή)라고 기록하고 있습니다. 이 아나톨레라는 말은 고대에 터키 지역을 일컫는 말로도 쓰였지만, 고유명사로 쓰이지 않을 때는 단순히 "해 뜨는 곳"이라는 의미를 가지고 있어 "동쪽, 동방"이라는 말이 됩니다.

그리고 마태가 살던 그 시대에서 그가 말하는 동쪽, 동방이란 흔히 고대 근동 지역을 일컫는 지명이었습니다. 이런 추측이 가능한 것은 고대의 저술가인 헤로도트(Herodot) 혹은 필로(Phillo von Alexandria)의 문헌들에서 "마기"가 페르시아의 점성술가, 이란의 제사장들이었다고 전하기 때문입니다.

따라서 우리는 아나톨레가 고대 페르시아, 메소포타미아 지역, 이란 지역일 것으로 추측할 수 있을 뿐입니다. 동방으로부터 왔다는 마기, 마고이란 마태의 표현은 고대 페르시아, 메소포타미아 지역, 혹은 이란 등지에서 별을 관찰했던 사람들, 점성술가로 이해할 수 있습니다.

마태와는 다르게 누가가 전하는 첫 번째 크리스마스 이야기(누가 2:1~20)에는 동방박사가 나타나지 않습니다. 실제로 이 동방의 박사들은 예수의 탄생일에 베들레헴의 작은 외양간에 당도하지는 못했던 것으로 보입니다. 정말 동방박사들이 누가복음의 목자들이 아기 예수를 방문한 짐승들의 우리가(누가 2:7, 16) 아닌 어떤 집(마태 2:11)으로 찾아가고 있었을까요? 아니면 누가는 동방박사들이 아기 예수를 가장 먼저 찾아와서 경배했다는 이야기를 듣지 못했을까요?

동방박사들이 아기 예수가 태어난 것을 증표로 보여주는 별을 보고 여행을 시작했다면 그들은 아기 예수가 탄생한지 여러 날 혹은 수주數週가 지나서야 베들레헴에 도착할 수 있었을 것입니다.

이런 이유 때문인지 교회력에서는 이 동방박사들이 아기 예수를 찾은 날이 12월 25일 성탄절이 아닌 1월 6일로, 그 절기의 이름도 에피파니(Epiphanias), 주현절主顯節로 정하고 '그리스도의 신성이 세상에 나타남'을 기념하며 지키고 있습니다. 첫 번째 크리스마스에 나타난 동방박사들이 점성술사이든 마술사이든 머나먼 동방에서 단지 별을 보며 아기 예수를 찾아왔다면, 그 마고이들은 진정 박사라고 불릴만 합니다.

누미노제 (numinose)의 나타남, 에피파네이아 (Ἐπιφάνεια)

···

"나타났다" 혹은 "눈에 보이다"는 뜻을 가진 좀 어려운 한자 표현에 현현(顯現)이라는 말이 있습니다. 그리고 "나타나서 눈에 보인다"라고 강조할 때는 시현(示顯)이라고 쓰기도 합니다. 그런데 그저 "나타났다" 그래서 "보인다"라고 하지 않고 굳이 현현이라는 말을 쓰는 것은 그것이 어떤 신적인 현상과 관계되기 때문에 그런 경우가 있습니다. 즉 신적인 현현이란 신적인 나타남의 현상을 말하고자 할 때 쓰는 말이라는 것입니다.

현현이라는 말과 그대로 대응하는 헬라어가 '에페파네이아' (ἐπεφάνεια)입니다. 에페파네이아라는 말을 자세히 들여다보면 시간, 장소, 양태 등을 좀 더 자세히 묘사하는 전치사 '에피'(ἐπί)와 "빛이 비치다" 그래서 "보인다", "나타난다"라는 뜻을 가진 '파이네인'

(φάινειν)과 결합되어 있음을 알 수 있습니다. 이런 의미에서 에페파네이아는 주로 신성과 신의 임재, 신의 뜻이 나타나는 현상인 numen(누멘) 혹은 numinose(누미노제)를 표현할 때 사용하는 전문용어라고 볼 수 있습니다.

따라서 이 누미노제를 좀 더 구체화하여 사용할 때는 부가적으로 그 대상을 그 말에 결합하여 다양한 단어들을 파생시키는 것을 발견할 수 있습니다. 예를 들어, 신의 나타나심을 말하고 싶으면 신을 뜻하는 '테오스'(θεός)와 에페파네이아에서 전치사 에피가 탈락한 형태로 활용하여 '테오파네이아'(θεοφάνεια)라는 말을 만들면 됩니다. 즉, 테오파네이아는 신의 나타나심, 신현현神顯現을 말하는 것입니다.

이런 방식으로 천사天使의 나타남, 천사의 현현을 뜻하는 말을 만들고 싶으면 간단히 영어에서 천사를 뜻하는 angel(엔젤)의 어원인 헬라어 '앙겔로스'(ἄγγελος)와 파네이아를 결합시켜 '앙겔로파네이아'(ἀγγελοφάνεια)라고 하면 천사의 현현, 즉 천사의 나타남이라는 누미노제를 표현할 수 있는 것입니다. 같은 방식으로 그리스도의 나타나심은 당연히 '크리스토파네이아'(χριστοφάνεια)가 됩니다.

초기 기독교에서는 에페파네이아顯現란 말 앞에 굳이 테오스나 크리스토스를 붙이지 않아도 당연히 그것이 주主의 나타나심顯現을 말할 정도로 보편화됩니다. 세월이 흘러 에페파네이아라는 헬라어의 발음을 그대로 라틴어로 옮겨 동일한 의미를 가진 라틴어화된 '에피파니아'(epiphania)를 사용하게 됩니다. 한참 시간이 더 흐른 후, 영어로

겨울. 케이몬(χειμών)
:

는 에피파니(Epiphany)로 표기되었습니다. 에피파니는 그 어떤 신의 나타나심을 표현하는 문구보다도 강력하게 하나님이 이 세상에 오시는 사건을 특징적으로 표현하는 말로 굳어지게 됩니다.

신약성서에는 예수께서 이 세상에 나타나신(현현) 중요한 두 사건을 기록하고 있습니다.

첫째는 예수의 탄생이며(마 2:1~11, 눅 2:1~20), 둘째는 그 분이 세례를(마 3:13~17, 막 1:9~11, 눅 3:21~22, 요 1:29~34) 받으시는 사건입니다. 교회에서는 이 두 사건을 에피파니로 부르며 세상에 나타나신 주님을 주현절主顯節이라는 절기로 기념합니다.

주현절은 부활절처럼 매년 움직이는 날이 아니라 성탄절처럼(12월 25일) 고정된 날(1월 6일)로 지킵니다. 서방교회에서는 주현절을 예수께서 동방박사에게 경배를 받으시면서 세상에 알려졌음을 기념하며, 동방교회에서의 그날은 예수께서 세례를 받으시면서 세상에 알려졌음을 기념하여 축일로 지킵니다. 하지만 넓은 의미에서 보면 성탄절도 에피파니, 즉 주현절에 속합니다. 왜냐하면 그때 처음으로 예수 그리스도께서 세상에 나타나시고 알려지셨다고 볼 수 있기 때문입니다. 그래서 에피파니는 파루시아와 마찬가지로 "오다, 도착하다, 나타나다, 현재하다"라는 뜻도 가지고 있습니다.

하나님이 이 세상에 오셔서(파루시아) 나타나셨다는(에피파니) 사실은 정말 놀랍고도 놀라운 일(누미노제)이 아닐 수 없습니다!

하나님의 형상과 본체, 에이콘 (εἰκών)과 모르페 (μορφή)

컴퓨터가 처음 나왔을 때는 엄청난 크기의 전자계산기였습니다. 이름처럼 주로 다양하고 복잡한 수식을 빨리 계산하려는 목적으로 개발되었습니다. 그리고 이 전자계산기는 복잡한 프로그램을 다룰 수 있는 전문가의 전유물이기도 했습니다. 컴퓨터는 시대가 지나 책상 위로 올라와 데스크탑(desktop)과 노트북(notebook)이 되었고, 다시 사람들의 손바닥 위에까지 올라와 팜탑(palmtop)과 스마트폰(smartphone)이 되었습니다.

이제는 정말 컴퓨터와 스마트폰이 없다면 일상생활을 할 수 없을 정도에 이르렀습니다. 컴퓨터의 하드웨어가 이렇게 작아져 우리들의 일상생활에 가까이 올 수 있었던 것은 0 과 1 이라는 논리적 기억소자를 저장하는 커다란 진공관이 극소형의 직접회로(I.C)로 대체된 하드웨어의 출현과 복잡한 컴퓨터 언어와 명령어들을 몰라도 손쉽고 간단하게 사용할 수 있는 소프트웨어가 개발되었기 때문입니다.

사용자(End User)와 컴퓨터를 소통의 장으로 연결하는(interface) 가장 혁신적인 발명이 윈도우(window)와 그 윈도우에 떠 있는 아이콘(icon)입니다. 아이콘이란 말은 오늘날 우리에게 너무나도 익숙한 단어로 하루에도 몇 번씩 말하고 듣는데, 도대체 이 말의 근원은 어디에서 온 것일까요? 아이콘이란 말이 고대 헬라어 '에이콘'(εἰκών)에서 온 것임을 아는 사람들은 그리 많지 않을 것이라 생각합니다.

초기 기독교의 유명한 그리스도 찬가(Christushymnus) 중 하나인 골로새서 1:15~20의 서두에는 예수 그리스도에 대해서 이렇게 말합니다.

"그는 보이지 않는 하나님의 형상이시오."(ὅς ἐστιν εἰκὼν τοῦ θεοῦ τοῦ ἀοράτου, 호스 에스틴 에이콘 투 테우 투 아오라투) 이 문장의 제일 앞에 나온 '호스'(ὅς)는 관계대명사로 앞에 나온 남성 단수 주격을 받습니다. 즉 예수 그리스도에 관한 부연 설명이 이 관계대명사 문장에서 서술되는 것입니다. 제일 뒤에 나온 형용사는 '아오라토스'(ἀόρατος)는 그 앞의 테오스(Θεός)를 수식하기 위해서 서로 격을 맞추어 속격인 '아오라투'(ἀοράτου)가 사용되었습니다. 아오라토스는 "보인다, 볼 수 있다"라는 '호라토스'에 이제 너무 자주 나와서 여러분에게 친숙한 부정의 '아'(ἀ)가 접두어로 붙어서 "볼 수 없는, 보이지 않는"이라는 뜻입니다. 그리고 우리 성경에 "형상"으로 번역된 '에이콘'(εἰκών)이 눈에 뜁니다. 영어 성경에서는 이 에이콘을 흔히 '이미지'(image)로 번역합니다. 왜냐하면 에이콘의 기본적인 의미가 "형태, 모양, 형상"이기 때문입니다. 그래서 에이콘은 이 기본적인 의미로 부터 "어떤 형체를 닮은" 혹은 "어떤 형체와 유사한 외양을 갖은"이란 의미도 함께 갖습니다.

고대 헬라세계에서는 이 에이콘을 주로 동상이나 석상 등을 언급할 때 쓰는 용어였습니다. 또 그림자가 어떤 실제의 실루엣/이미지를 만들어 준다는 생각에서 그림자(σκιά, 스키아)란 말과 상호 교차하여 사용되기도 했습니다. 세상과 우주의 시작이 어떠했는가를 알려주는 구약성서 창세기 1장 26~28절은 인류의 기원이 하나님께로부터 유래했음을 설명하고 있습니다. 천부인권설天賦人權說을 근거하는 중요한 구절입니다. 여기에서 하나님과 우리와의 관계를 연결하는 중요한 요소로 등장하는 용어가 바로 에이콘입니다. 그 말씀이 이렇게 시작합니다.

"하나님이 자기 곧 하나님의 형상대로 사람을 창조하시되."(ἐποίησεν ὁ θεὸς τὸν ἄνθρωπον, κατ᾽ εἰκόνα θεοῦ ἐποίησεν αὐτόν, 에포이에센 호 테오스 톤 안트로폰, 카트 에이코나 테우 에포이에센 아우톤) 이 구절의 맨 앞에 나온 동사 '에포이에센'(ἐποίησεν)은 '포이에오'(ποιέω)의 3인칭 단수과거형입니다. '포이에오'(ποιέω)동사는 다룬 적이 있지만 다시 정리하면 영어의 make 나 do 와 같이 가장 많이 쓰이는 동사 중의 하나로 그 뜻은 "행하다. 만들다, 실행하다" 등 문장에 따라 다양한 의미로 해석이 가능합니다.

여기서는 하나님이 사람을 만드셨다(ἐποίησεν ὁ θεὸς τὸν ἄνθρωπον, 에포이에센 호 테오스 톤 안트로폰)는 의미입니다. 그 뒤에 어떻게 만들었는지를 설명하는 문장이 뒤따라 나옵니다. "κατ᾽ εἰκόνα θεοῦ." (카트 에코나 테우) 여기서 발음상 '카트' (κατ)라고 하는 말의 원형은 '카타' (κατά)입니다. 카타가 그 뒤에 모음이 따라올 때 발음의 편의를 위해서 카트로 축약된 것입니다. 카타는 전치사로 그 뒤에 속격 또는 대격을 요청합니다. 카타는 결합하는 속격과 대격에 따라 다양한 의미를 가지고 있는 속격과 결합할 때는 일반적으로 장소를 나타내며 "아래로부터, 아래쪽으로"라는 의미로, 대격과 함께 사용될 때 역시 장소와 방향을 나타내며 "~방향을 따라, ~그 방향에, ~을 지나" 등의 의미로 쓰입니다. 또한 대격과 결합할 때 종종 "~과 일치하다, ~의 뒤를 따르다"라는 뜻으로도 쓰입니다.

위의 구절에서는 대격과 결합한 후자의 의미로 사용되었다고 볼 수 있습니다. 이 카타에 의해서 에이콘이 대격인 '에이코나' (εἰκόνα)가, 그리고 이 에이코나를 한정하는 속격으로 하나님을 뜻하는 테우 (θεοῦ)가 나왔습니다. 즉 사람은 하나님의 형상, 신적 형상을 따라서, 그것과 일치하게 창조되었다는 말입니다.

따라서 성경은 사람은 물질로 창조되었으나 하나님의 신적인 이미지, 에이콘을 갖고 있는 존재들이라고 알려 주고 있습니다.

예수 그리스도를 하나님과의 관계 속에서 설명하는 에이콘처럼 중요한 말을 하나 더 찾으라면 '모르페'(μορφή)를 들 수 있습니다. 모르페 역시 초기 기독교의 중요한 신앙고백을 담고 있는 그리스도 찬가 중의 하나인 빌립보서 2장 6~11절에서 그 용례를 설명할 수 있습니다. 6절의 전반부를 보겠습니다.

"그는 근본 하나님의 본체시나."(ὃς ἐν μορφῇ θεοῦ ὑπάρχων, 호스 엔 모르페 테우 휘파르콘) 짐작하셨듯이 우리 성경에 '본체'라고 번역된 헬라어가 바로 '모르페'(μορφή)입니다. 문장의 구조가 위에서 설명한 골로새서와 유사합니다. 이번에도 관계대명사 '호스'(ὃς)가 예수 그리스도의 정체성을 설명하고 있습니다. 단지 서술어가 분사 형식으로 되어 있습니다. 여기에 나온 분사 '휘파르콘'(ὑπάρχων)의 원형은 '휘파르코'(ὑπάρχω)이며 그 뜻은 "시작하다, (이미)존재하다, 현재하다"입니다. 이런 이해 속에서 위 문장을 "애초부터 이미 존재한다"라고 번역해 보면 어떨까요?

그럼 이제 모르페를 살펴보겠습니다. 이 모르페의 뉘앙스는 에이콘의 경우처럼 영어 성경의 번역을 참조하면 더 잘 이해할 수 있습니다. 대부분의 영어 성경은 모르페를 '폼'(form)으로 번역했습니다. 우리 성경에 주로 '본체'로 번역된 이 말이 사실은 "형체, 모양, 틀" 등의 의미로 사용되는 말이었습니다. 그래서 어떻게 보면 '본체'本體라는 말보다 '형체'形體라는 말이 더 좋은 번역이 될 수 있을 것입니다. 그 이유는 같은 단어인 이 모르페가 빌립보서 2장 6절에서는 '본체'라고 번역되었으나 7절에서는 "종의 형체"(μορφὴν δούλου, 모르펜 둘로)라고 번역되었기 때문입니다. 여기에서 굳이 같은 단어의 반복을 피하려고 '본체', '형체'라고 말을 바꾸는 것보다는 그리스도 찬가 전체의 결집성과 운율을 살리는 의미에서 둘 다 '형체'라고 하는 것이 훨씬 좋아 보입니다. 왜냐하면 빌립보서 2장의 이 그리스도 찬가는 하나님의 형체(모르페)를 가지신 분이 인간의 형체(모르페)로 오셨다는 것을 강조하는 노래이기 때문입니다. 즉 하나님의 모르페로 신성이 충만하신 분이 제한적인 시간과 공간 속에 살 수밖에 없는 사람의 모르페로 오셨다는 것에 강조점을 두고 말하기 때문입니다.(빌 2:8)

따라서 우리는 고대 헬라어 에이콘이 이미지, 형상刑象을 말한다면 모르페는 그 형상의 틀인 폼, 형태形態를 말한다고 이해할 수 있습니다. 골로새서와 빌립보서를 통해 전해지는 초기 기독교의 중요한 신앙고백인 그리스도 찬가는 확신 가운데 예수 그리스도를 하나님의 에이콘이며 모르페라고 소개하는 것입니다.

오늘을 사는 우리가 컴퓨터나 스마트폰의 아이콘을 한 번 클릭하므로 무한한 가상의 세계에 접속할 수 있는 것과 마찬가지로 만일 우리가 하나님의 아이콘이신 예수 그리스도와 접속한다면 예수 안에서 에이콘과 모르페로 나타나신 하나님의 신성의 충만함에 참예할 수 있게 되지 않을까요?

구원자, 소테르 (σωτήρ)

································

예수께서 사역하던 당시 세계를 지배하던 나라는 로마(Roma)였습니다. 로마는 지금 이탈리아의 수도에 불과하지만, 1세기 전후에는 지중해 인근의 모든 지역을 포함해서 동쪽으로는 당시의 아시아 지역과 서쪽으로는 영국, 그리고 남쪽으로는 아프리카의 북부까지 지배하는 대제국의 이름이었습니다. 로마는 그리스의 알렉산더 대왕이 점령한 모든 지역을 복속했을 뿐 아니라, 그 보다 더 넓은 지역까지도 영토를 넓혔습니다.

이때 로마는 그들이 흡수한 다양한 민족과 국가를 아우르는 정책으로 Pax Romana(팍스 로마나) 즉, 로마에 의한 태평성대를 내세웠습니다. 로마제국 영토 안에 있는 모든 민족과 국가에 안정된 삶의 질서와 토대를 구축하고 평화를 주겠다는 약속이었습니다. 이 정책은 로마의 초대 황제인 아우구스투스(Augustus)에 의해서 주창된 정치적 이데올로기인 '팍스 아우구스타'(Pax Augusta)에서 유래합니다.

그러나 이 모토가 표면적으로 평화, Pax(팍스)를 표방하는 것과 달리 그 이면에는 정복전쟁으로 확장된 영토 내에서 그들의 영속적인 통치를 강화하고 피지배국의 질서 유지를 위한 폭력을 정당화하겠다는 의도가 깔려 있었습니다. 그리고 로마인들은 그들이 통치하는 제국에 황제 숭배를 전파하기도 했습니다. 이집트의 파라오가 그러했듯이 로마의 황제도 또한 신으로 떠받들었습니다. 이런 배경에서 로마는 황제를 divi filius(디비 필리우스), 즉 "신들의 아들"이라는 칭호를 공식적으로 부여했습니다. 그리고 로마황제를 신으로 숭배하는 황제 숭배 제의를 제국의 전역에 전파했습니다. 로마의 황제는 로마인들뿐 아니라 제국의 곳곳에서 신에게 부여한 존칭인 '주'(κύριος, 퀴리오스)와 '구원자'(σωτήρ, 소테르)로 불리며 경배를 받았습니다.

4복음서 중에서 특히 누가복음을 읽을 때에는 앞서 설명한 당시 로마제국의 정치, 사회적인 맥락을 이해하는 것이 중요합니다. 그 이유는 누가가 복음을 전하는 삶의 자리가 그랬기 때문입니다. 누가의 그런 의도는 우리가 위에서 살핀 첫 번째 크리스마스 이야기에도 여실히 드러나 있습니다. 예수의 탄생 이야기가 시작하는 누가복음 2장에서 누가는 팍스 로마나를 주창한 아우구스투스 황제 때 예수가 태어났다고 말문을 엽니다.(눅 2:1) 그리고 로마황제 아우구스투스에게 부여된 것과 똑같은 칭호(주와 구주)를 갖는 예수가 태어났다고 이 둘을 은연중에 비교하고 있습니다.(눅 2:11) 사실 당시 사회에서 퀴리오스, 주라는 호칭은 요즘 흔히 사용하는 직장의 상사나 상관 혹은 '보스'(boss)라는 말처럼 1세기 사회의 여러 계층 구조 속에서 흔히 사용되던 말이었습니다. 특히 주종 관계에서 주인에 대한 칭호였습니다. 종교적 컨텍스트에서 퀴리오스라는 호칭은 자기가 믿는 신을 주인으로 섬기겠다는 약속이며, 자신은 그의 종이라는 다짐이자 고백이었습니다. 반면에 소테르라는 칭호는 고대 헬라의 전통에서 신들에게 부여하는 호칭이었습니다.

신들이 사람들의 보호자이며 수호자라는 호칭이 소테르입니다. 헬라인들에게 제우스(Ζεύς), 아폴론(Ἀπόλλων), 포세이돈(Ποσειδῶν), 헤라클레스(Ἡρακλῆς)뿐 아니라 의술의 신인 아스클레피오스(Ἀσκληπιός) 등이 그들의 소테르였습니다. 로마인들은 이 신들의 목록에 로마황제를 슬그머니 끼워 넣었던 것입니다. 그리고 그 황제에 의한 세계의 평화를 피지배국의 시민들에게 선전했던 것입니다.

누가가 전하는 예수 탄생의 이야기는 로마제국의 이 위선과 기만을 고발하고 참된 주와 구원자가 누구인지 말하려는 데 있습니다. 거짓된 주와 구원자가 지배하는 세상에 참된 주(퀴리오스)와 구원자(소테르)가 탄생하셨다는 노래가 하늘에서부터 울려 퍼졌다고 전하고 있는 것입니다. "오늘 다윗의 동네에 너희를 위하여 구주가 나셨으니 곧 그리스도 주시니라."(ἐτέχθη ὑμῖν σήμερον σωτὴρ ὅς ἐστιν χριστὸς κύριος ἐν πόλει Δαυίδ, 에테크케 휘민 세메론 소테르 호스 에스틴 크

겨울, 케이몬(χειμών)

리스토스 퀴리오스 엔 폴레이 다비드) 로마가 전하는 아우구스투가 참 구원자가 아니라 예수 그리스도가 참 구원자라는 말입니다. 로마가 전하는 가짜 뉴스(유앙겔리온)가 아니라 온 세상을 뒤흔들만한 참된 기쁜 소식(유앙겔리온)을 전하고자 하는 의도가 있는 것입니다.

헬라어 소테르가 갖는 생생한 의미는 당시 언어의 용례를 통해서 더 많이 얻을 수 있습니다. 문법적으로 소테르는 '소조'($\sigma\dot{\omega}\zeta\omega$)라는 동사에서 왔습니다. 소조는 소테르가 구원자라는 뜻을 대표하는 것처럼 "죽음으로부터 생명을 구하다, 살려주다, 보존하고 유지하다"라는 뜻이 있습니다. 간혹 "관찰하다, 명심하다, 법을 준수하다"라는 뜻으로 사용되기도 합니다. 이 소조에서 명사형인 '소테리아'($\sigma\omega\tau\eta\rho\dot{\iota}\alpha$)가 파생되었고, 그런 일을 하는 사람인 소테르도 만들어졌습니다.

신약성서에서는 소조, 소테르, 소테리아는 아주 중요한 단어들입니다. 누가는 누가복음의 속편인 사도행전에서 당시 마케도니아의 빌립보에서 전도중인 바울의 입을 통해 이렇게 말합니다. "주 예수를 믿으라! 그리하면 너와 네 집이 구원을 받으리라!"($\pi\dot{\iota}\sigma\tau\epsilon\upsilon\sigma\upsilon \dot{\epsilon}\pi\dot{\iota} \tau\dot{\upsilon}\upsilon \kappa\dot{\upsilon}\rho\iota\upsilon \dot{\iota}\eta\sigma\upsilon\tilde{\upsilon}\upsilon \kappa\alpha\dot{\iota} \sigma\omega\theta\dot{\eta}\sigma\eta \sigma\dot{\upsilon} \kappa\alpha\dot{\iota} \dot{\upsilon} \upsilon\tilde{\iota}\kappa\dot{\upsilon}\varsigma \sigma\upsilon$, 피스튜손 에피 톤 퀴리온 예순 카이 소테세 수 카이 호 오키코스 수) 바울은 로마의 자유도시로 선정된 곳이자 정년 퇴직한 로마의 군인들이 많이 사는 도시인 빌립보에서 전도하던 중 소요에 휘말려 감옥에 수감됩니다. 감옥에 갇힌 바울이 한밤중에 기도하던 중 지진이 일어나 메인 것이 풀리고 옥문이 열리는 기적이 일어납니다. 그러자 뒤늦게 이를 인지한 간

수는 죄수들이 탈옥했을 것으로 지레 짐작하여 자결하려고 했습니다. 그러나 바울은 탈옥하지 않고 자결하려는 그를 말려 생명을 구해줍니다. 이때 겁을 집어먹은 간수는 이제 자신이 어떻게 해야 살 수 있는지를 묻습니다. 이때 바울이 한 말이 위의 구절입니다. 바울은 '주'(κύριον, 퀴리온)이신 예수를 믿을 때 '구원'(σωθήση, 소테세)을 얻을 수 있다고 전합니다. 그것도 그 간수(σύ, 수)뿐 아니라 그의 집(οἶκός, 오이코스) 안 식구들 모두가 그렇게 된다는 것입니다. 이 구절에서도 '주'와 '구원'은 밀접한 관계로 짝을 이루며 나왔습니다. 우리 성경 번역에는 구원이 명사의 꼴을 취하고 있지만, 헬라어는 동사 '소테세'(σωθήση)입니다. 소조(σώζω)의 미래 수동형입니다.

여기서 바울이 말한 구원의 핵심과 전제는 이 구절의 맨 앞에 있는 명령법 문장입니다. "주 예수를 믿으라."(πίστευσον ἐπὶ τὸν κύριον Ἰησοῦν) 여기서는 "믿는다"라는 동사 '피스튜오'(πιστεύω)의 단순과 거 명령법이 사용되었습니다. 단순과거 2인칭 단수 명령법을 지시하는 〈-σον〉을 눈여겨 보시기 바랍니다. 이제 몇 번 반복해서 나타나 이 형태도 익숙해졌을 것입니다. 문법적으로 "즉시, 당장" 명령의 실행을 요구하는 문법적 의미가 있다고 했습니다. 전치사 '에피'(ἐπί)가 믿어야 하는 대상을 대격을 통해 요청하고 이어서 그리스도 예수가 대격인 목적격 "κύριον Ἰησοῦν"(퀴리온 예순)으로 나타나 있습니다.

신약 성서에서 참된 구원은 오직 '예수 그리스도를 주로 믿을 때' 얻을 수 있다고 증언하고 있습니다.

겨울. 케이몬(χειμών)

목자, 포이멘(ποιμήν)

....

세계에서 가장 높은 산인 에베레스트 산의 정상에 제일 먼저 오른다는 것은 인류 역사의 위대한 족적이자 무한한 영광을 얻는 일일 것입니다.

에베레스트 산은 1953년 5월 29일 사람들이 그 꼭대기에 오르는 것을 최초로 허락했고, 기록에 의하면 뉴질랜드의 탐험가 에드먼드 힐러리(Sir Edmund Percival Hillary)가 지구상에서 사람이 오를 수 있는 가장 높은 극지에 올랐다고 알려졌습니다. 그러나 그 후에 동행한 셀파 텐징 노르가이(Tenzing Norgay)와 동시에 올랐다고 그 보도는 정정되었습니다. 그럼에도 불구하고 많은 산악인들은 텐징이 먼저 올라간 뒤 따라온 헌트의 손을 잡아주지 않았겠느냐는 우스갯소리를 심심치 않게 한다고 합니다. 비단 이런 궁금증은 산악인들뿐 아니라 많은 사람들의 진실 공방으로 이어져 이 둘은 생전에 그것과 관련된 질문을 끊임없이 받았다고 합니다.

이런 논란이 있을 때마다 텐징은 "에베레스트 산에 두 번째로 올랐다는 것이 부끄러운 일이라면, 나는 앞으로 부끄러운 마음으로 살 것이다"라는 대답으로 일관했고, 힐러리는 텐징의 사후에야 비로소 "텐징이 정상을 앞에 두고 나에게 영광을 양보했다"라고 고백했다고 합니다. 그 말뜻은 텐징이 에베레스트 정상에 인류 최초로 오를 수 있음에도 그 것을 힐러리에게 양보했다는 말입니다. 어떤 면에서 고용된 셀파로서의 당연하고 책임 있는 자세였을 수 있습니다.

첫 번째 크리스마스 이야기에도 이와 비슷한 일이 있었습니다. 질문은 첫 번째 크리스마스에 아기 예수께 처음 경배한 사람들이 누구였는가라는 것입니다. 성탄절에 주고받는 많은 크리스마스 카드는 한결같이 외양간이나 마구간 같은 가축우리에서 태어난 아기예수를 품고 있는 마리아와 그 곁을 다정하게 지키는 남편 요셉 그리고 그 앞에 무릎을 꿇고 선물을 드리는 3명의 동방박사와 그 뒤에 병풍처럼 둘러선 목자들을 그리고 있습니다.

그러나 아쉽게도 이 조합은 성경을 자세히 읽어 보면 완성될 수 없는 그림입니다. 예수의 탄생을 전하는 크리스마스 이야기는 4복음서 중에서도 마태복음과 누가복음만이 전하고 있습니다. 그런데 위에서 잠깐 언급한 것처럼 마태복음의 첫 번째 크리스마스 이야기와 누가복음의 첫 번째 크리스마스 이야기는 서로 다릅니다. 또한 예수의 탄생을 축하하러 방문한 방문객도 서로 다릅니다.

마태의 성탄 이야기에는 동방박사들이 찾아왔고 누가의 성탄이야기에는 목자들이 찾아옵니다. 누가 먼저 찾아 왔을까요? 위에서 다룬 동방박사 이야기를 주의 깊게 읽은 사람은 쉽게 답을 말할 수 있을 것입니다. 그렇습니다. 그들은 바로 들판에서 양 치던 목자들이었습니다. 목자들이 제일 먼저 아기예수를 방문하고 경배했던 사람들입니다. 이미 설명한 것처럼 동방의 마고이(Magi)들은 예수의 탄생과 함께 그 자리에 나타날 수 없습니다. 왜냐하면 그들은 메시아 탄생을 알리는 신비한 별을 보고 여행을 시작했기 때문에 아마 여러 주가 지나서야 예수가 탄생한 동네인 베들레헴에 도착했을 것입니다.

그러나 베들레헴(Βηθλέεμ)의 들판에서 양을 치던 목자들은 예수의 탄생 소식을 듣는 그 즉시로 세상의 역사를 기원전(B.C)과 기원후(A.D.)로 나누는 아기 예수의 탄생을 목격하고 경배할 수 있었습니다.

누가가 전한 복음서가 그날의 일을 생생하게 전하고 있습니다. 그 시작이 이렇습니다. 누가복음 2장 8절입니다. "그 지역에 목자들이 밤에 밖에서 자기 양 떼를 지키더니."(ποιμένες ἦσαν ἐν τῇ χώρᾳ τῇ αὐτῇ ἀγραυλοῦντες καὶ φυλάσσοντες φυλακὰς τῆς νυκτὸς ἐπὶ τὴν ποίμνην αὐτῶν, 포이메네스 에산 엔 테 코라 테 아우테 아그라우로운테스 카이 퓔라손테스 퓔라카스 테스 눅토스 에피 텐 포이므넨 아우톤) 내용은 베들레헴 인근에 목자들이 양을 치고 있다는 말입니다. 베들레헴 인근이라는 표현이 "엔 코라 테 아우테"(ἐν τῇ χώρᾳ τῇ αὐτῇ)입니다.

장소의 전치사 '엔'(ἐν)이 이끄는 전치사구 안에 있는 '코라'(χώρα)라는 단어가 "시골이나 한정된 공간"을 나타내며 베들레헴의 근처라는 공간적 배경을 설명합니다. 그리고 "테스 눅토스"(τῆς νυκτὸς)가 시간의 속격용법으로 "밤"이 되었다는 것을 알려 줍니다. 시간의 속격은 이미 위에서 배웠던 것을 기억해 주시기 바랍니다.

여기까지 분석한 것들을 정리하여 번역해 보면 "한 밤중에 베들레헴 인근에"라는 시간과 공간의 배경이 다 설명되었습니다. 그럼 그 시각, 그 장소에 누가 있었습니까? 주문장 "포이메네스 에산"(ποιμένες ἦσαν)에서 알 수 있습니다. '포이메네스'(ποιμένες)는 '포이멘'(ποιμήν)의 복수로 포이멘은 "양치기, 목자, 목부"의 뜻입니다. '에산'(ἦσαν)은 영어의 be 동사와 같은 '에이미'(εἰμι)의 미완료 과거 3인칭 복수형입니다. 주어가 복수이니 복수 동사가 사용되었고 그 지역에서 "지속적으로 양치는 일을 하고 있었다"라는 문법적 의미가 주어집니다. 재미있는 것은 양떼를 의미하는 '포이멘'(ποίμνη)이 양치기를 뜻하는 '포이멘'(ποιμήν)과 발음 및 철자가 같다는 것입니다. 한 번 눈을 크게 뜨고 이 두 단어를 자세히 들여다보시기 바랍니다. 자세히 보시면 똑같은 것 같지만 작은 차이점이 있습니다. 어디에서 차이가 날까요? 미묘하지만 액센트에 차이가 있습니다. 양치기를 말하는 포이멘은 뒤 음절에 악센트가, 양떼를 뜻하는 포이멘에는 앞 음절에 악센트가 있습니다. 양치기와 양의 밀접한 관계를 짐작할 수 있는 말놀이(word play)로 보이기도 합니다.

겨울. 케이몬(χειμών)

한 밤중에 들판에서 양을 치던 목자들에게 홀연히 천사들이 나타났습니다. 이 천사들이 첫 번째 크리스마스의 메시지를 전합니다. 그 기쁜 소식은 이어지는 11절에 나옵니다.

"오늘 다윗의 동네에 너희를 위하여 구주가 나셨으니 곧 그리스도 주시니라."(ἐτέχθη ὑμῖν σήμερον σωτὴρ ὅς ἐστιν χριστὸς κύριος ἐν πόλει Δαυίδ, 에테크테 휘민 세메론 소테르 호스 에스틴 크리스토스 퀴리오스 엔 폴레이 다비드) 천사들이 전한 소식은 한 인물의 탄생에 관한 소식입니다. 바로 이 소식이 문장의 제일 앞에 나온 "에테크테 휘민"(ἐτέχθη ὑμῖν)입니다. 에테크테의 원형은 '틱토'(τίκτω)입니다. 틱토의 뜻은 "아기를 낳다, 세상에 나오다, 태어나다"이고 에테크테는 이 틱토의 단순과거 3인칭 수동형입니다. 말 그대로 우리를 위해서 누군가 태어났다는 것입니다. 그 인물의 정체가 연달아 나오는 호칭에 의해서 구체화됩니다. 그는 곧 '소테르'(σωτήρ)이며, '크리스토스'(χριστός)이며, '퀴리오스'(κύριος)입니다. 이 3가지 호칭은 다 예수에 대한 중요한 호칭으로 그 의미는 각각 "구원자"救援者, "그리스도", "주"主라는 뜻입니다. 예수가 이 땅에서 어떤 일을 할지 미리 알려주는 열쇠가 되는 말이라고 할 수 있습니다. 이 소식은 이 세상과 이 세상에 사는 사람들에게 너무나 기쁜 소식이기 때문에 천사들은 하늘에서 노래합니다. "지극히 높은 곳에서는 하나님께 영광이요 땅에서는 하나님이 기뻐하신 사람들 중에 평화로다."(δόξα ἐν ὑψίστοις θεῷ καὶ ἐπὶ γῆς εἰρήνη ἐν ἀνθρώποις εὐδοκίας, 독사 엔 휩시스토이스 테오 카이 에피 게스 에이레네 엔 안트로포이스 유도키아스) 이 문장은 두 개의 전치사구가 대등접속사 '카이'(καί)로 결합되어 있습니다. 첫 번째 구문은 "하늘에서"(ἐν ὑψίστοις, 엔 휩시스토이스) 이루어지는 일이고, 두 번째 구문은 "땅에서"(ἐπὶ γῆς, 에피 게스) 이뤄지는 일들을 보도하고 있습니다. 첫 번째 구문의 주제어는 '영광'(δόξα, 독사)이며, 두 번째 구문의 주제어는 '평화'(εἰρήνη)로서 하늘에는 영광 그리고 땅에는 평화가 강조되어 나타납니다. 그런데 하늘의 영광은 하나님께(θεῷ, 테오) 돌리고, 땅의 평화는 사람들에게(ἀνθρώποις, 안트로포이스) 임한다는 찬양의 내용입니다.

이 문장에 나오는 단어와 용법들은 이미 우리가 수차례 다룬 것들이라 그리 어렵지 않으리라 생각합니다. 다만 하늘을 나타내는 '휩시스토이스'(ὑψίστοις)만 좀 더 깊이 분석해 보겠습니다. 휩시스토이스는 '휩시'(ὑψί)의 최상급입니다. 휩시는 부사로 "위에, 높이, 높은 곳에"라는 뜻을 갖습니다. 헬라어의 비교급과 최상급은 어근에 추가되는 어미에 의해서 활용하는데 비교급에는 ⟨-(ί)ων⟩(온)을 그리고 최상급에는 ⟨-ιστος⟩(이스토스)를 붙여서 만듭니다. 그래서 이 휩시가 비교급이 되면 'ὑψίων'(휩시온)이 되고 그 뜻은 "보다 높은 곳에, 좀 더 위에"가 됩니다. 그리고 여기에 최상급을 나타내는 어미 ⟨-ιστος⟩가 붙으면 'ὑψίστος'(휩시스토스)가 되어 "가장 높은 곳에, 지극히 높은 곳에"라는 말이 됩니다. 이 말은 "하늘보다도 더 높은 곳에"라는 뜻으로 하나님이 계신 처소를 의미합니다.

겨울. 케이몬(χειμών)

311

위의 구문에서는 하늘이 여러 층으로 되어 있다는 고대인의 생각을 반영하여 휩시스토스의 복수형이 사용되었습니다. 고대인들은 하늘을 삼층으로 혹은 칠층으로 구분하여 말하는 것을 고대의 문서들을 통해서 읽어 볼 수 있습니다. 바울도 삼층천이라는 하늘을 말한 적이 있습니다.(고후 12:2) 이렇듯 지극히 높은 하늘에서 부르는 천사의 노래는 너무나 유명하여 많은 성가곡聖歌曲에 영감을 주었고, 위의 헬라어 구문 "δόξα ἐν ὑψίστοις θεῷ"(독사 엔 휩시스토이스 테오)에 대응하는 라틴어 "gloria in excelsis Deo"(글로리아 인 엑셀시스 데오)는 그 중 하이라이트에 해당합니다.

흥미롭게도 예수 이야기의 시작인 첫 번째 크리스마스에 등장하는 양치는 목자에 관한 이야기가 예수 이야기의 마지막 종결에 또 등장합니다. 요한복음의 결말인 21장으로 한 번 가보겠습니다. 부활하신 예수께서 그의 수제자인 시몬 베드로와의 나눈 마지막 대화가 15절부터 나옵니다. 이때 부활하신 분은 베드로에게 뜬금없이 "내 양을 치라!"(ποίμαινε τὰ πρόβατά μου, 포이마이네 타 프로바타)고 명령하십니다. 이 명령은 15절과 16절 그리고 17절에 이르기까지 세 번이나 반복됩니다. 위에서 배운 양떼를 의미하는 '포이멘'(ποίμνη), 목자를 의미하는 '포이멘'(ποιμήν)과 같은 계열인 '포이마이노'(ποιμαίνω)는 "목자가 되다, 양을 치다, 양과 같이 자다"라는 의미가 있습니다. 이 경우 베드로에게 하는 명령이기 때문에 2인칭 단수 명령법인 포이마이네가 쓰였습니다. 베드로 바로 "네가 목자가 되어라"라는 말입니다.

부활하신 예수는 고향 갈릴리 호수로 낙향하여 고기를 잡는 베드로에게 느닷없이 목자가 되라고 하십니다. 방금 전까지 그물이 찢어지도록 풍어豊漁를 기록한 어부에게 그 고기잡이를 포기하고 목자가 되라니, 이런 명령이 있을 수 있는 것입니까? 바닷가에서 고기 잡느라 잔뼈가 굵은 사람에게 그가 가진 모든 지식, 경력, 그리고 노하우를 다 포기하라는 것과 같은 명령입니다. 어부가 목자가 된다는 직업의 전환은 지금도 상상하기 어려운 일입니다. 모든 것을 다 버리는 일과 같은 것이고 개척자의 자세로 다시 처음부터 일을 배워야 하는 일일 수 있습니다. 그래서였을까요? 예수는 베드로에게 "내 양을 먹이라" 거듭 세 번이나 부탁하지만, 베드로는 대답도 하지 못한 채 계속 주저합니다. 이 장면에서 예수의 어법으로는 네가 나를 사랑한다면 너는 반드시 목자가 되어 양떼를 돌봐야 한다는 강렬한 당위가 들어 있습니다.

그러나 정작 베드로는 시원하게 "네, 주님" 대답을 하지 못하고 계속 머뭇거리기만 합니다. 왜 그럴까요?

나의 모든 경험과 지식 어쩌면 내 인생의 전부를 기꺼이 내려놓고 누군가를 섬겨야 되는 일, 목자牧者가 된다는 것, 목회牧會를 한다는 것….

그 길은 좁은 길이며, 결코 걸어가기 쉬운 길은 아닐 것입니다. 그래서 베드로는 선뜻 대답하지 못하고 주저하고 있습니다. 양(ποίμνη)과 똑같아야 목자(ποιμήν)라는 헬라어가 여러분에게 어떻게 다가오십니까?

겨울. 케이몬($\chi\varepsilon\iota\mu\acute{\omega}\nu$)

8

사도(使徒), 아포스톨로스 (ἀπόστολος)

....

    예루살렘에 기독교 최초의 모교회母敎會가 설립된 이래로 세월이 흐름에 따라 기독교는 아시아와 유럽으로 선교하며 발전했습니다. 그러나 그때는 아직 기독교의 교리가 완전히 정리되지 않았고, 예수의 가르침도 다양한 전승 과정을 통해 지역과 공동체를 통해 여러 갈래로 흩어져서 존재했습니다. 특히 기독교의 태동기에는 유대교의 율법과 절기를 지켜야 한다는 유대교 출신 기독교인들의 강력한 주장과 신비적 영적인 지식을 기반으로 한 영지주의靈知主義 거짓 가르침으로 인해 이단화되었고, 그들이 수시로 교회와 신자들을 공격하여 혼란에 빠지게 했습니다.

    이런 상황 속에서 2세기 초 순교자인 안디옥교회의 감독(ἐπίσκοπος, 에피스코포스) 이그나티우스(Ignatius)는 서머나(Smyrna)교회에 보내는 편지 8장 1절에서 "모든 사람은 예수 그리스도가 하나님을 따르신 것처럼 감독을 따르라!"(πάντες τῷ ἐπίσκοπῳ ἀκολουθεῖτε, ὡς Ἰησοῦς Χριστός τῷ πάτρι 판테스 토 에피스코포 아콜루테이테, 호스 예수 크리스토스 토 파트리)라고 말하고 있습니다.

이그나티우스의 이 말에 나온 어휘들은 우리가 이미 대부분 앞에서 다룬 단어들이라 그리 어렵지 않게 해석하리라 생각합니다. 다만 "따르다, 쫓다, 추종하다"라는 말인 '아콜루테오'(ἀκολουθέω)가 희구법希求法의 형태인 '아콜루테이테'(ἀκολουθεῖτε)로 나타나 문법적으로 "약한 명령, 희망" 등의 의미를 갖고 있다는 것에 주의할 필요가 있습니다. 또한 그는 감독이 없는 곳은 교회가 아니라는 공교회주의(Catholicism)의 기초를 세우기도 합니다. 이그나티우스가 초기 기독교 공동체에게 남긴 이 권면은 당시의 상황과 연결해서 해석해야 합니다. 아직 교회와 교리가 견고하게 자리잡지 못한 상황에서 목회자의 역할이 얼마나 중요한가를 역설하는 것입니다.

초기 교회는 시간이 지남에 따라 교회를 유지하고 이단의 공격과 도전으로부터 복음과 정체성을 지키기 위해서 자연스럽게 여러 가지 직제職制가 생겨났습니다.

신약성서에 등장하는 교회의 직제에는 감독(ἐπίσκοπος, 에피스코포스), 장로(πρεσβυτέρος, 프레스뷔테로스), 집사(διακόνος, 디아코노스), 과부(χήρα, 케라) 등이 있습니다. 이 직제에서 감독이 장로 중의 한 사람인지 아니면 장로들을 치리하거나 감독하는지 직분인지 분명하지 않고, 여자집사 혹은 과부가 교회의 직제였는지도 명확하지 않습니다.

그러나 아직 기독교의 교리가 완전히 정착하기 전이라 예수의 가르침에 관한 다양한 해석과 전승이 혼재하고 있던 이때에 목회자의 역할은 매우 중요했습니다. 특히 유대교의 율법과 절기를 지켜야 한다는 유대교 출신 기독교인들의 주장과 초기 기독교에 침투한 영지주의 거짓 가르침은 건강하고 올바른 예수의 참 가르침을 바로 전수하고 전승해야 하는 필요성을 절실하게 요구하였습니다.

이런 요청은 신약 성서 안에 교회를 지키기 위한 확실한 방법으로 질서와 조직이 필요하고, 목회자의 역할과 사명의 중요성을 강조한 성경들을 목회 서신이라는 제목으로 모아 놓았습니다.

목회 서신은 기독교의 초기 발전 단계를 잘 반영하고 있어 초기 기독교의 역사를 연구할 때 중요한 문서로 가치를 지니고 있습니다. 이 목회 서신에 속하는 성경책들에는 디모데전서, 디모데후서 그리고 디도서가 있습니다. 이 성경들은 모두 바울이 자신의 동역자이자, 영적 아들들인 디모데(Τιμοθέος, 티모테오스)와 디도(Τίτος, 티토스)에게 보낸 편지들입니다.

이 세 편지가 목회서신이라고 불리는 것은 근대 성경 연구가 중의 하나인 파울 안톤(Paul Anton)의 "Abhandlung der Pastoralbrief"(1753~1755)라는 연구에 기인합니다. 하지만 이보다 앞서 이미 13세기에 토마스 아퀴나스(Thomas von Aquin)도 디모데전서를 연구하며 이 서신에는 분명히 목회자가 알아야 할 도리들이 있다고 언급했습니다.(quasi regula pastoralis, 크바지 레굴라 파스토랄리스). 목회 서신이 기독교의 발전 과정에서 더욱 의의를 갖는 것은 제자들에게 전수된 예수의 가르침이 이제 사도들을 징검다리로 목회자들에게 넘어가는 단계에 이르렀다는 것을 보여 주기 때문입니다. 그리고 아직 교리가 확립되지 않은 당시의 상황에서 참된 교회와 목회자를 구분하는 시금석은 오직 사도들의 전통을 물려 받았는가, 그렇지 않은가로 판가름할 수밖에 없었기 때문이기도 합니다. 이런 이유에서 고대 교회의 교회론을 정리한 치푸리아누스(Cyprianus)는 교회의 속성을 "una, sancta, catholica, apostolica"(우나, 쌍타, 카톨리카, 아포스톨리카)라는 네 가지 주제어로 정리하면서 '아포스톨리카'使徒性를 포함하고 있는 것입니다.

그렇다면 교회의 정통성을 기초하는 사도란 누구를 지칭하며 어떤 사람들을 말하는 것일까요? 사도를 이해하기 위해서는 초기 기독교에서 교회 지도자들을 어떻게 호칭했는지 그 역사를 되돌아볼 필요가 있습니다. 교회가 예수를 그 반석으로 삼고 그로부터 시작되었다고 볼 때, 그 예수의 무릎 아래에서 직접 가르침을 받은 사람들이 교회의 리더였다는 것은 주지의 사실입니다. 그 제자들을 '마태타이'(μαθηταί)라고 불렸다는 것을 배웠습니다. 그리고 이 제자들을 특히 '12'라는 숫자로 특징되며 '도데카'(δώδεκα)라고 불렸다는 것도 배웠습니다.

그런데 성경을 읽다 보면, 이 제자들이란 호칭이 역사적 예수의 승천 이후 사도로 바뀌는 것을 볼 수 있습니다. 더구나 사도란 예수의 제자가 아니어도 가능하다는 것도 읽을 수 있습니다. 우리는 이것을 초기 기독교의 역사를 기술하고 있는 사도행전 1장의 끝부분에서 읽을 수 있습니다. 예수의 제자들은 제자 중 하나인 유다(Ἰούδας Ἰσκαριώθ, 유다스 이스카리오트)가 배신하고 사라지자 제자 그룹에 부족한 한 명을 충원하기 위해 제비뽑기를 합니다. 그리고 자신들뿐 아니라 새로 이 제자그룹에 합류한 사람까지 사도라 부르는 것을 볼 수 있습니다.

이를 통해서 우리는 초기 기독교는 교회의 교권을 수호하고 정통성을 지켜나가는 지도자들을 사도라는 호칭으로 부른다는 것을 알 수 있습니다. 즉 예수께서 존재하실 때의 지도자들이 제자들로 불렸다면, 이제 예수 부재시의 지도자들은 사도라 불린다는 것입니다. 사도를 선택하는 장면인 사도행전 1장 22절은 사도의 자격이 어떤 것인지 설명하고 있습니다. 그 조건은 먼저 역사적 예수가 누구신지 아는 사람이어야 하며, 동시에 그의 부활의 증인이 되어야 한다는 것입니다.

우리는 사도의 이런 조건을 사도의 대명사인 사도 바울의 육성을 통해서 또 다시 확인할 수 있습니다. 고린도전서 9장 1절입니다. "내가 사도가 아니란 말입니까? 내가 우리 주 예수를 뵙지 못했단 말입니까?" (οὐκ εἰμὶ ἀπόστολος; οὐχὶ Ἰησοῦν τὸν κύριον ἡμῶν ἑόρακα; 욱 에이미 아포스톨로스? 욱키 예순 톤 퀴리온 헤몬 헤오라카?) 위의 구절을 분석하기에 앞서 먼저 헬라어의 문장 부호를 잠깐 보겠습니다. 따로 어순이 없는 헬라어에서는 문장의 구조나 순서로 평서문 혹은 의문을 구별할 수는 없습니다. 그것은 헬라어 문장의 맨 끝에 있는 문장 부호가 그것을 지시하게 됩니다.

헬라어 문장의 마침표와 쉼표는 우리말과 같이 점 ⟨·⟩과 쉼표 ⟨,⟩를 똑같이 사용합니다. 주의할 것은 의문문을 나타낼 때는 위의 문장에 반복해서 나오는 세미콜론 ⟨;⟩을 우리말의 물음표 ⟨?⟩로 사용한다는 것입니다. 우선 문장 부호에 착안해서 위의 문장을 훑어보면 2개의 의문문이 연달아 나온 것을 볼 수 있습니다. 그리고 두 문장 모두 부정을 나타내는 불변화사 '욱'(οὐκ)과 '우키'(οὐχί)가 앞서고 있어 부정 의문문이 되었습니다. 우키는 욱이 변형된 형태로 반복되어 나오는 두 번째 부정문에서 더 강한 부정을 표시합니다.

이 첫 번째 부정의문문에 우리의 주제어 사도란 말이 나옵니다. 사도를 뜻하는 헬라어 '아포스톨로스'(ἀπόστολος)는 "누군가를 목적을 위해 멀리 보내다, 파견하다"라는 동사 '아포스텔로'(ἀποστέλλω)의 명사형입니다. 아포스톨로스는 이 아포스텔로의 뜻을 그대로 이어받아 "전권을 위임받아 파송한 대사, 특사, 전달자" 등을 의미를 갖습니다. 이 아포스톨로스를 우리가 이미 배운 '에이미'(εἰμι) 동사를 넣어 해석하면 "내가 사도가 아닙니까?"라는 말이 됩니다.

이제 두 번째 문장을 보겠습니다. 이 문장에 있는 단어들도 곰곰이 생각해 보시면 다 알 수 있습니다. 다 아시는 단어들일 것입니다. 문장의 맨 마지막에 나온 동사는 "보다"라는 뜻을 가진 '호라오'(ὁράω) 동

겨울, 케이몬(χειμών)

사의 1인칭 현재완료형인 '헤오라카'(ἑόρακα)입니다. 그리고 이 동사의 앞에 나온 일련의 명사들이 이 동사의 목적어입니다.

따라서 그 번역은 "내가 우리 주 예수 그리스도를 보지 못했나요?"가 될 수 있습니다. 앞의 부정 의문문과 마찬가지로 당연히 "그렇지 않다"라는 대답이 예상되는 이런 의문문을 수사 의문문이라고 합니다. 바울은 두 개의 수사 의문문을 연달아 잇대어 자신이 사도이며, 또 예수를 목격한 증인이라고 강변하고 있습니다. 바울의 이 진술에서 우리는 다시 한 번 사도의 조건이 "부활하신 예수를 목격하고 그 증인 된 사람"이라는 것을 알 수 있습니다.

사도의 자격과 조건에 부활하신 예수의 증인이 되어야 한다는 것이 중요한 이유는 교회가, 그리고 교회의 정통성이 예수로 소급되는 경로에 사도가 자리하기 때문일 것입니다.

따라서 예수에서 제자로 이어지는 기독교의 정수精髓가 그 제자로부터 다시 사도에게로 그리고 후기 사도들(Post Apostles)들을 거쳐 기독교의 목회자들에게 내려가기 때문에 그 중간에 위치한 사도는 더 없이 중요한 직임職任이었던 것입니다.

𝟫
나는 믿습니다, 피스튜오 (πιστεύω)

·······································

    전 세계 기독교인들이 예배 시에 함께 암송하는 사도들의 신앙고백, 간단히 줄여서 사도신경이라고 부르는 것이 있습니다. 이 사도신경은 정교회, 가톨릭교회, 개신교회가 함께 암송하며 일치된 신앙의 고백을 표현하는 것입니다.

    이 사도들의 신앙고백은 교회에서 교회로 전해 내려온 기독교의 오래된 전승을 포함하고 있어 고대교회가 믿고 있었던 고갱이를 밝혀줄 뿐 만 아니라 더 소급하면 예수의 제자들인 사도들과 그들에게 가르침을 주신 예수께로도 소급할 수 있는 기독교의 귀중한 역사적 자산이기도 합니다. 사도신경은 기독교 신앙인들이 믿는 대상 세 가지와 믿는 바 5가지를 핵심으로 구성되어 있습니다.

    그래서 사도신경은 종단과 교파별로 세분화 되어 있는 모든 기독교

요리基督敎要理의 밑절미라고 말할 수 있습니다. 사도들의 신앙고백인 이 사도신경은 초기 기독교에서 가장 영향력 있었던 로마교회의 영향인지는 모르나 라틴어로 전래되었습니다. 전승된 라틴어로 표현된 신앙의 대상 셋은 하나님(Deus, 데우스), 예수 그리스도(Jesus Christus, 예수 크리스투스), 성령(Spiritus Sanctus, 스피리투스 쌍투스) 그리고 그 믿는바 다섯은 교회의 거룩함과 보편성(sancta ecclesia catholica, 쌍타 에클레시아 카톨리카), 성도의 교제(sanctorum communio, 쌍토룸 코무니오), 죄의 용서(remissio peccatorum, 레미씨오 페카토룸), 몸의 부활(carnis resurrection, 카르니스 레주르렉치온), 그리고 마지막으로 영생(vita aeterna, 비타 아에테르나)입니다.

이 사도신경은 이렇게 믿는 대상 세 가지와 믿는바 다섯 가지 앞에 "나는 믿습니다"라는 라틴어 동사 '크레도'(credo)로 유도가 됩니다. 그래서 사도들의 신앙고백은 반복되는 "나는 믿습니다"라는 말이 들어 있고, 이로부터 간단이 크레도라고 불립니다. 영어의 "신조, 신념, 고백"을 뜻하는 말 creed(크리드)란 말이 라틴어 credo로부터 유래했습니다.

"나는 믿습니다"라는 라틴어 크레도에 대응하는 헬라어가 '피스튜오'(πιστεύω)입니다. 라틴어와 마찬가지로 어미에 인칭을 포함하고 있는 헬라어에서 '피스튜오'(πιστεύω)는 "나는 믿습니다", '피스튜에이스'(πιστεύεις)는 "너는 믿는다", '피스튜에이'(πιστεύει)는 "그/그녀가 믿습니다"라는 뜻을 가집니다. 즉 어미를 ⟨-ω⟩, ⟨-εις⟩, ⟨-ει⟩ 등으로 바꾸어 가며 1인칭, 2인칭, 3인칭 등으로 변화를 시키는 것입니다. 위의 "오"(ω), "에이스"(εις), "에이"(ει)는 단수 어미이고, 복수에는 각각 ⟨-ομεν⟩, ⟨-ετε⟩, ⟨-ουσι(ν)⟩을 붙입니다. 발음은 차례대로 "오멘", "에테", "우시"입니다. 물론 이 어미들은 현재시제에 해당하고 피스튜오 동사의 경우에 그렇습니다. 불규칙이거나 어근이 다른 동사는 또 전혀 다른 어미 변화를 할 수 있습니다.

그럼 신앙고백문이라는 것은 어떻게 생겼을까요? 신앙고백문은 위에서 말씀드린 것처럼 교회의 전승을 포함할 뿐 아니라 더 소급하면 예수와 예수의 제자들에게까지 거슬러 올라갈 수 있다고 했습니다. 즉 신앙고백은 신약성서에 뿌리를 두고 있습니다. 신약성서를 자세히 살펴보면 사도신경의 원형이 되는 다양한 형태의 짧은 신앙고백문들이 곳곳에 산재해 있습니다. 대표적인 것들이 하나님에 대한 영광송(doxology)과 그리스도 찬가(hymnus)와 같은 것들입니다. 짤막하고 간단한 이 영광송과 찬가들이 신앙교리문답 형식의 문구들과 서로 결합하여 신앙고백문이 되는 것입니다.

요한복음 11장에 나오는 예수와 마리아의 문답은 특히 초기교회에 상존한 신앙교리문답의 원형原型을 잘 보여주고 있습니다. 이 문답에서는 상호간에 주고받는 말 속에 들어 있는 피스튜오 "나는 믿습니다"라는 말이 교리문답이라는 시그널을 주고 있습니다. 그 대화는 이렇습니다. 25절에서 예수께서 묻습니다. "나는 부활이요 생명이니 나를 믿는 사람은 죽더라도 살겠고 또 살아서 믿는 사람은 영원히 죽지

겨울. 케이몬(χειμών)

않을 것이다. 너는 이것을 믿느냐?(ἐγώ εἰμι ἡ ἀνάστασις καὶ ἡ ζωή ·
ὁ πιστεύων εἰς ἐμὲ κἂν ἀποθάνῃ ζήσεταιπᾶς ὁ ζῶν καὶ πιστεύων εἰς
ἐμὲ οὐ μὴ ἀποθάνῃ εἰς τὸν αἰῶνα. πιστεύεις τοῦτο; 에고 에이미 헤 아
나스타시스 카이 헤 조에. 호 피스튜온 에이스 에메 칸 아포타네 제세
타이파스 호 존 카이 피스튜온 에이스 에메 우 메 아포타네 에이스 톤
아이오나. 피스튜에이스 투토?)" 마리아가 대답을 합니다. "예, 주님,
주님께서는 이 세상에 오시기로 약속된 그리스도이시며 하나님의 아
들이신 것을 내가 믿습니다."(ναὶ κύριε, ἐγὼ πεπίστευκα ὅτι σὺ εἶ ὁ
χριστὸς ὁ υἱὸς τοῦ θεοῦ ὁ εἰς τὸν κόσμον ἐρχόμενος, 나이 쿠리에, 에
고 페피스튜카 호티 수 에이 호 크리스토스 호 후이오스 투 테우 호 에
이스 톤 코스몬 에르코메노스) 예수와 마리아의 대화는 신앙교리문
답의 전형처럼 "네가 [이것을] 믿느냐? 당신이 [이것을] 믿습니까?"
라는 질문인 "πιστεύεις [τοῦτο];"(피스튜에이스 투토?)로 시작하고
"예, 내가 믿습니다"(ναὶ [κύριε], ἐγὼ πεπίστευκα, 나이 [퀴리에], 에
고 페피스튜카)로 대답하는 것을 명백히 볼 수 있습니다. 또 대화의 내
용이 예수의 질문 속에서 '부활'(ἀνάστασις, 아나스타시스)과 '영
생'(αἰών, 아이온)이 그리고 마리아의 대답에서 '주'(κύριος, 퀴리오
스), '그리스도'(χριστός, 크리스토스), '하나님의 아들'(υἱὸς τοῦ
θεοῦ, 후이오스 투 테우) 등이 주요하게 믿음의 대상과 믿는 바를 열
거하고 있음도 확인할 수 있습니다. 이것은 위에서 소개한 사도신경
의 핵심 내용들과 일치하는 것입니다.

위의 문답에서 마리아의 대답에 잠깐 주목해 보시기 바랍니다. "πιστεύεις τοῦτο;"(피스튜에이스 투토?) "이것을 믿느냐? 이것을 믿습니까?"라는 질문에 "예, 내가 믿습니다"(ναί, ἐγὼ πεπίστευκα, 나이, 에고 페피스튜카)라고 대답하고 있습니다. 여기서 '나이'(ναί)는 "예, 그렇습니다, 맞습니다, 확실 합니다"라는 긍정의 대답입니다. 이어서 나를 뜻하는 1인칭 '에고'(ἐγώ)와 '페피스튜카'(πεπίστευκα)가 연이어 나옵니다. 헬라어는 어미에 이미 인칭을 포함하고 있어서 굳이 표기하지 않아도 알 수 있지만 이렇게 인칭대명사를 집어넣은 것은 강조의 의미가 있다고 언급한 적이 있습니다. 바로 "내가" 그렇게 "믿는다, 확신 한다"라는 분명한 의사 표현을 담으려는 의도입니다. 특이한 것은 마리아가 "나는 믿습니다"인 피스튜오(πιστεύω)의 현재 완료형 페피스튜카(πεπίστευκα)로 대답하고 있다는 것입니다. 그 얘기는 자기의 믿음과 신앙고백은 과거의 특정시점에서부터 현재까지 연속적으로 이어진 하나의 경과이자 경험이라는 것입니다. 그리고 그 결과로 지금 "내가 믿습니다"라고 대답한다는 의미입니다. 신앙고백이라는 것이 그렇습니다. 믿어져야 믿을 수 있는 것이겠지요. 그런데 이것을 공동체가 함께 고백하는 신앙고백이라고 할 때 그것은 한 사람의 개인적 경험과 믿음만을 말하지는 않습니다. 거기에는 나도 "그렇게 믿는다"라는 동조와 일치가 있어야 하는 것입니다.

이런 의미에서 헬라어의 신앙고백이라는 말은 또 다른 의미를 밝혀 줍니다. 헬라어로 "(신앙)고백하다"라는 말이 '호모로게오'(ὁμολογέω)입니다. 이 말을 '호모'와 '로게오'(λογέω)로 따로 떼어 놓고 보면 여러분은 이미 접두사 '호모'와 결합된 동사 '로게오'가 무엇을 말하는지 짐작하실 수 있을 것입니다.

호모는 형용사 '호모스'(ὁμός)에서 왔다는 것을 우리는 배운 적이 있습니다. 호모스란 "같은, 동일한, 공통적인" 이란 뜻이라고 했습니다. 그리고 로게오는 '로고스'(λόγος)와 '레고'(λέγω)의 계열로 가장 기본적인 의미가 "말하다"라는 것을 이미 배웠습니다. 따라서 호모로게오는 문자 그대로 "같은 언어를 말하다, 일치된 말을 하다, 한 가지 말을 하다" 등으로 직역할 수 있습니다.

신앙고백이라는 것은 결국 서로 다른 사람들이 일치된 같은 말을 한다는 것이 일차적인 의미이며, 그 말이 변치 않는다는 신뢰와 약속을 담고 있다는 것이 이차적이 의미가 되겠습니다.

기독교의 신앙고백이란 이렇게 하나하나의 작은 믿음의 고백인 "나는 믿습니다"가 모여서, 너와 나의 "나는 믿습니다"로 모이고 다시 공동체의 일치된 신앙고백인 우리들의 "나는 믿습니다"가" 되어 2000년이 지난 오늘날까지 이어져 내려오고 있습니다.

10

믿음의 실상과 증거, 휘포스타시스(ὑπόστασις)와 엘렝코스(ἔλεγχος)

신약성서 27권 중에 "낙동강 오리알"처럼 동떨어져 있는 성경이 하나 있습니다. 신약성서에는 예수의 말씀과 사역을 전하는 복음서, 초기 교회의 역사를 기술하는 사도행전, 그리고 바울과 사도들의 편지와 끝으로 세상의 종말과 파국에 대한 묵시를 담고 있다는 계시록 등이 있는데 여기에 속하지 않는 성경이 하나 있습니다. 그것이 바로 '히브리서'입니다.

히브리서는 한때 바울의 편지로 알려지기도 했었고, 최근에는 초기 기독교의 명품설교라고 알려져 있습니다. 히브리서의 불명확한 장르는 신약성서에 편집된 위치에서도 어느 정도 알 수 있습니다. 히브리서는 바울 편지를 수집하여 편집한 제일 끝자락에, 그리고 사도들의 편지를 수집하여 편집한 공동서신들의 제일 앞자리에 위치하며 이 두

선집選集을 연결하고 있습니다.

히브리서는 형식상으로 편지의 틀을 가지고 있기도 하지만, 내용적으로는 초기 기독교가 처해 있는 고난과 박해라는 위기상황 속에서 신앙 공동체의 믿음을 지켜 주고자 외치는 설교자의 뜨거운 마음이 가득 담겨 있는 책이라고 볼 수 있습니다. 심지어 신자들의 배교背教가 우려되는 상황에서 설교자는 특히 인내와 믿음을 강조하며, 십자가에서 고난당하신 그리스도를 상기시키고 있습니다.

또한 히브리서 11장은 고린도전서 13장이 그 주제어인 아가페(ἀγαπή)를 따라 "사랑장"으로 불리는 것과 마찬가지로 그 주제어인 '피스티스'(πίστις)를 따라 "믿음장"으로 불립니다. 고린도전서 13장이 아름다운 시가詩歌 속에 기독교의 참사랑인 아가페를 노래했다면, 히브리서 11장은 역사 속에서 믿음의 본本을 보인 위인들의 사례들을 정교한 구조 속에서 서사적으로 이야기 하고 있습니다.

이 믿음장의 첫 절은 히브리서 11장 전체를 아우르는 독특하고 힘찬 믿음에 대한 정의로 시작합니다. "믿음은 바라는 것들의 실상이요 보이지 않는 것들의 증거이다."(ἔστιν δὲ πίστις ἐλπιζομένων ὑπόστασις, πραγμάτων ἔλεγχος οὐ βλεπομένων, 에스틴 데 피스티스 엘피조메논 휘포스타시스, 프라그마톤 엘렝코스 우 블레포메논) 히브리서 11장은 믿음장이라는 별명에 걸맞게 흡사 "이것이 믿음의 정의"라는 것을 보여주려는 듯, "A = B 이다"라는 구문 형태를 취합니다. 더구나 동사가 앞선 문장 구조를 선택하여 이 정의를 더욱 강조합니다. 이런 의도를 가진 문장을 그 뉘앙스에 맞게 번역해 본다면 "믿음이란, 바로 이 것이다!"라는 문장으로 바꾸어 볼 수 있습니다. 여러분도 이미 잘 아 시는 것처럼 격 변화가 있는 헬라어 문장은 어순에 관계가 없기 때문 에 각각의 문장성분들이 문장의 앞이나 뒤 어디에 와도 상관이 없습 니다. 그러나, 그럼에도 불구하고 동사가 문장의 맨 앞에 위치한다면 명령법과 같은 효과를 주며 강조하고 있다는 뜻입니다. 위 문장의 "에 스틴 데"(ἔστιν δὲ)가 바로 그런 역할을 하고 있습니다. 에스틴의 바로 뒤에 있는 '데'(δέ)는 접속사로 "그러나, 그런데, 이제, 또한" 등 문장 을 매끄럽게 연결하고 감칠맛을 더하는 기능을 갖습니다. 그럼 이 선 언적인 문장에서 믿음을 어떻게 정의 내리고 있습니까?

히브리서의 설교자는 "에스틴 데"(ἔστιν δὲ)의 뒤에 나오는 개념을 통해서 믿음에 관한 두 가지 정의를 말합니다. 우리나라의 예배와 예 전에서 공인된 성경인 『개역개정』은 믿음에 대한 두 가지 정의를 이 렇게 해석했습니다. 믿음은 첫째 "바라는 것들의 실상이다", 둘째 "보 이지 않는 것들의 증거이다" 믿음에 대한 이 두 가지 정의에 해당하는 헬라어는 각각 "엘피조메논 휘포스타시스"(ἐλπιζομένων ὑπόστασις) 그리고 "프라그마톤 엘렝코스 우 블레포메논"(πραγμάτων ἔλεγχος οὐ βλεπομένων)입니다.

첫 번째 정의에서 우리말의 실상實像으로 번역된 '휘포스타시스' (ὑπόστασις)는 번역하기가 쉬운 단어는 아닙니다. 이 휘포스타시스 를 다른 성경들이 어떻게 번역했는지 비교하면 어떤 번역이 원문의 의미를 더 잘 살리고 있는지 비교할 수 있을 것입니다. 휘포스타시스는 영어 성경 NIV에서는 "being sure"로 RSV에서는 "the assurance"로 번역되었습니다. 휘포스타시를 "확신"으로 본다는 것입니다. 이런 경향은 중국어 성경 『화합본』에서 實底(실저)로, 일본어 성경 『구어역』이 確信(확신)으로 번역한 것에서도 확인할 수 있습니다. 이렇게 번역이 서로 다를 수 있는 것은 헬라어를 앞에 두고 번역하는 사람에게 언제든지 찾아올 수 있는 어려움이라고 할 수 있습니다. 그것은 종교개혁의 아버지이자 헬라어 성경을 독일어로 번역한 마르틴 루터(Martin Luther)에게도 마찬가지였습니다. 그는 신약성서를 번역할 때 헬라어 휘포스타시스에 여러 가지 번역의 가능성이 있음을 시사하고 있습니다. 그는 휘포스타시스의 가능한 번역으로 "실재, 원인, 토대, 본질, 소유, 능력" 등을 고려했습니다.

이런 배경에서 이 휘포스타시스를 한정하는 속격 "엘피조메논"(ἐλπιζομένων)과 함께 첫 번째 믿음의 정의를 보다 구체적으로 살펴보겠습니다. 엘피조메논은 '엘피조'(ἐλπίζω)의 현재분사 복수 속격형태로 휘포스타시가 어떠한지를 부연 설명합니다. 엘피조가 "기대하다, 바라다, 희망하다"라는 기본적인 뜻과 겸하여 "믿는다"라는 뜻도 가지고 있다고 할 때 믿음의 첫 번째 정의를 말하는 "엘피조메논 휘포스타시스"는 "믿음은 믿는 것들이 이루어질 것이라는 확신이며 그 실재이고 그것을 이루어 가는 소유이며 능력"이라고까지 그 의미의 지평을 넓힐 수 있을 것입니다.

두 번째 믿음의 정의를 설명하는 '엘렝코스'(ἔλεγχος)도 그 기본적 의미에서 보면 번역하기에 그리 어렵지는 않습니다. 엘렝코스는 '엘렝코'(ἐλέγχω) 동사의 명사형인데 엘렝코는 "면밀하게 조사하다, 밝히다, 제시하다"라는 말입니다. 이 엘렝코는 또한 문맥에 따라서 "잘못을 교정하다, 납득하게 하다, 벌을 주다"라는 뜻도 있습니다. 믿음의 정의라는 차원에서 엘렝코스가 전자의 의미를 취한다고 보아야 할 것입니다. 이 엘렝코스도 속격에 의해서 그 의미가 한정되고 있는데 설교자는 이 엘렝코스의 경우 '프라그마톤'(πραγμάτων)으로 믿음의 정의를 부연 설명하고 있습니다.

따라서 두 번째 믿음의 정의를 밝히기 위해서는 프라그마톤에 대한 바른 이해도 요청됩니다. 프라그마톤은 엘렝코스를 한정하기 위해서 복수 속격의 형태로 사용되었고 원형인 단수 주격은 '프라그마'(πρᾶγμα)입니다. 프라그마는 "이미 벌어진 일, 사건, 사안"이라는 뜻을 갖습니다. 그런데 이 프라그마는 다시 현재분사 "우 블레포메논"(οὐ βλεπομένων)에 의해서 그것이 어떤 의미를 말하는지 설명하고 있습니다. "우 블레포메논"은 그 앞에 부정의 '우'(οὐ)에 의해서 뒤의 분사가 말하고자 하는 내용이 부정됩니다. 블레포메논은 '블레포'(βλέπω) 동사의 수동형 복수 속격입니다. 혹 기억하실 수 있는지 모르겠지만 우리는 위에서 블레포를 여러 번 다룬 적이 있습니다. 그 뜻은 "보다, 응시하다, 볼 수 있다" 등입니다. 이상의 내용을 종합하면 두 번째 믿음에 대한 정의는 "눈으로 볼 수 없는 일들에 대한 면밀한 조사와 증거"라고 말할 수 있습니다.

신생 기독교 최대의 위기인 박해와 배교 앞에 그것을 초극超克하는 것으로 믿음을 보았던 설교자는 믿음이란 결국 "자신이 믿는 바가 그렇게 이루어질 것이라는 바람이면서 동시에 그것을 이루어 가는 능력"이며, 또한 동시에 믿음이란 "사람의 눈으로 볼 수 없는 많은 것들 속에 하나님의 손길이 개입되어 있다는 확신"이라고 말합니다. 그래서 사람이 면밀히 조사하고 시험한다면 그 증거와 결과들을 분명히 알 수 있다는 위로와 권면이 들어 있다고 할 수 있습니다.

11

(율)법, 노모스(νόμος)

....

  우리나라에는 개발도상국을 상대로 상호 교류와 우호 증진 및 경제ㆍ사회의 발전을 도모하는 한국국제협력단(KOICA)이라는 기관이 있습니다. 이 기관은 교육, 직업교육, 농수산업, 보건, 위생 등 각 분야에 전문성을 가진 우리나라의 청년들을 '해외봉사단'이라는 이름으로 파견하여 개발도상국을 돕고 우리나라와 상대국의 역사, 문화 그리고 전통을 교류하고 있습니다.

  이 봉사단에 선발된 인력들은 해당국가로 파견되기 전에 사전 교육을 통해 자신이 봉사할 나라의 역사, 문화, 전통 그리고 주의사항을 전달받습니다. 이 중 파푸아뉴기니(Papua New Guinea)에 파견되는 청년들에게 주는 주의사항 중에 만일 교통사고를 내면 지체 없이 그곳을 떠나 옆 동네로 피한 후 그곳 경찰서에서 신고해야 한다는 내용이 있다고 합니다. 그 이유는 파푸아뉴기니 일부 부족 중에 아직도 동해보복법(同害報復法: "눈에는 눈, 이에는 이", 손해를 끼친 사람에게는 동일한 정도의 손해로 되돌려주어야 정의롭다는 법을 말함)이 남아있기 때문이라는 것입니다. 그래서 만일 파푸아뉴기니의 어떤 지역에서 교통사고로 사람의 다리에 손상을 입히면 비록 경찰서에 신고를 하더라도 피해자의 가족들이 몰려와 그 가해자에게 똑같이 다리에 상해를 입힐 수도 있기 때문에 일단 사고 지역을 벗어나야 한다고 합니다.

신약성서에도 이 동해보복법이 나오는 대표적 구절이 있습니다. 예수께서 산에서 하셨던 설교를 담은 마태복음 5장 38절입니다. "눈은 눈으로, 이는 이로 갚으라 하였다는 것을 너희가 들었으나."(ἠκούσατε ὅτι ἐρρέθη · ὀφθαλμὸν ἀντὶ ὀφθαλμοῦ καὶ ὀδόντα ἀντὶ ὀδόντος, 에쿠사테 호티 에르레테, 옵탈몬 안티 옵탈무 카이 오돈타 안티 오돈토스) 동해보복법의 정의와도 같은 구절입니다. '옵탈모스'(ὀφθαλμος)와 '오두수'(ὀδούς)는 각각 우리말의 '눈'과 '이'입니다. 단수로 쓰였기 때문에 정확히 말하면 "눈 하나"와 "이 하나"입니다. 눈과 눈 그리고 이와 이 사이에 있는 전치사 '안티'(ἀντί)는 속격을 취하며 주로 그 뜻은 공간적으로는 "반대 방향", 개념적으로는 "사람이나 사물의 대체나 대신함"을 표현할 때 사용됩니다.

위의 구절에서 "눈에는 눈으로 이에는 이로"라는 말은 등가의 대치를 말합니다. 이 구절의 제일 앞에서 문장을 이끄는 '에쿠사테'

(ἠκούσατε)는 '아코우오'(ἀκούω)의 단순과거 2인칭 복수입니다. 그 뜻은 "너희들은, 당신들은 들었다"입니다. 이 "들었다"의 목적어로 옵 탈모스의 목적격 '옵탈몬'(ὀφθαλμὸν) 그리고 오두수의 목적격 '오돈 타'(ὀδόντα)가 나온 것입니다. lex talionis(렉스 탈리오니스)라고 불 리는 이 동해보복법은 함무라비 법전이나 고조선의 팔조금법八條禁法 같은 고대 사회법의 근간에 있는 보상법을 일컫습니다. 즉 상호간에 발생한 손해는 동일한 정도로 보상하라는 법 규정입니다. 이 구절은 구약성서 출애굽기 21장 23절에서 25절 그리고 레위기 24장 19절에 서 20절에도 나옵니다. 이런 맥락에서 예수께서 "너희가 들었다"라고 한 것입니다.

구약성서에는 위의 탈리온 법을 포함한 613가지 율법 조항이 있다 고 합니다. 그리고 그 613가지의 핵심적인 내용을 10가지로 간추린 것이 10계명(δεκάλογος, 데카로고스)입니다. 그런데 예수께서는 이 10계명을 다시 "하나님 사랑과 이웃사랑"이라는 2계명으로 요약하 시면서 그것이 율법의 전체이며 성경의 전체라고 말씀하셨습니다. 이 2계명 안에는 '사랑'이라는 말이 두 번 반복되기 때문에 흔히 이 2계 명은 "사랑의 이중계명"이라고 불리기도 합니다.

마태복음 22장 40절에는 사랑의 이중계명에 관한 중요성이 나옵니 다. "이 두 계명이 온 율법과 선지자의 강령이니라."(ἐν ταύταις ταῖς δυσὶν ἐντολαῖς ὅλος ὁ νόμος κρέμαται καὶ οἱ προφῆται, 엔 타우타이 스 타이스 뒤신 엔톨라이스 홀로스 호 노모스 크레마타이 카이 호이

겨울. 케이몬(χειμών)
:
335

프로페타이) 먼저 이 문장에서 주어를 찾아보면 "ὅλος ὁ νόμος καὶ οἱ προφῆται"(홀로스 호 노모스 카이 호 프로페타이)입니다. '노모스' (νόμος)는 구약성서 중에서 특히 모세가 전한 율법, '토라'(תּוֹרָה)를 말합니다. 신약성서에서는 율법을 뜻하는 히브리어 토라를 헬라어 '노모스'(νόμος)로 번역합니다. 이 노모스 앞에 나온 '홀로스'(ὅλος)는 "전체, 전부"라는 말입니다. 그리고 노모스의 뒤에 나오는 말 '프로페타이'(προφῆται)는 "선지자, 예언자"라는 말인 '프로페테스'(προφήτης)의 복수입니다. 신약성서에서 "율법과 선지자"라는 말이 나오면 이 말은 구약성서를 달리 표현하는 말입니다. 즉 구약성서 전체를 말합니다.

'엔'(ἐν)으로 유도되는 전치사구에는 "두 가지 계명"을 설명하는 "뒤신 엔톨라이스"(δυσὶν ἐντολαῖς)가 있습니다. 이미 우리는 위에서 헬라어 숫자를 일부 배웠습니다. '뒤신'(δυσὶν)은 "숫자 둘"을 의미하는 '뒤오'(δύο)에서 왔습니다. 아마 기억이 나실 것입니다. 이 뒤신은 앞에 나온 전치사 엔의 영향과 뒤에 나오는 여성명사 '엔톨레'(ἐντολή)를 수식하기 위해 여성 복수 여격의 형태로 변화했습니다. '엔톨라이스'(ἐντολαῖς)가 이 엔톨레의 복수 여격이며 그 뜻은 "계명, 명령"입니다.

이제 서술어인 동사를 살펴보겠습니다. 이 문장의 동사 '크레마타이'(κρέμαται)는 '크레만뉘미'(κρεμάννυμι)라는 동사의 3인칭 단수 수동형입니다. 크레만뉘미는 "(관계, 형편 등이) 달려 있다, 매달려 있다, 종속되다"의 의미를 갖습니다. 사실 이 문장에서 크레마타이는 두 번 나와야 하는데 하나가 생략되었습니다. 그것은 문장 속에서 이미 그 의미를 알 수 있기 때문에 반복하지 않고 한 번 사용했습니다. 크레마타이가 우리 성경에서는 의역되어 "강령이다"라고 번역되었지만 크레마타이를 살려서 번역하면 "이 두 계명 안에 모든 율법과 선지자, 즉 성경의 정신이 달려 있다, 들어 있다"라고 할 수 있습니다. 즉, 율법, 노모스의 기본 정신은 사랑이라고 말하고 있는 것입니다.

비록 현대를 사는 우리가 볼 때 "눈에는 눈 이에는 이"라는 탈리온 법의 이 구절들이 원시적이고 잔인한 듯 보이지만 사실 이것은 일종의 약자 보호법이며 자비의 법이 될 수도 있습니다. 고대사회에서 힘과 권력과 부를 가진 사람들이 상대적으로 힘도 권력도 돈도 없는 약자로부터 신체의 가장 중요한 부분인 눈 혹은 이에 손상을 입었다면 어떤 일이 벌어지겠습니까? 그런 일을 행한 사람을 반쯤 죽이는(?)일도 서슴없이 하지 않을까요? 탈리온 법은 그래서 가진 자들로 부터 없는 자들을 보호하는 일종의 약자 보호의 기능이 있는 것입니다.

누가 어떤 사람의 눈에 손상을 끼쳤다고 해서 혹은 오복伍福의 하나인 치아를 상하게 했다고 해서 그 가해자에게 그 이상의 상해를 요구하거나 거의 죽을 만큼의 보복을 해서는 안 된다는 것이 탈리온 법에 들어 있는 정신입니다. 그런데 이 법이 동해보복同害報復 혹은 동해복수同害復讐라고 불렸던 것처럼 예수 시대까지도 이 법의 정신보다는 그 자구에 사로잡혀서 집행하는 경우가 비일비재했습니다.

겨울. 케이몬(χειμών)
:
337

바울도 율법의 조문이 아니라 그 바탕에 있는 정신이 중요한 것을 고린도후서 3장 6절에 이렇게 말하고 있습니다. "율법 조문은 죽이는 것이요 영은 살리는 것이니라."(τὸ γὰρ γράμμα ἀποκτέννει, τὸ δὲ πνεῦμα ζῳοποιεῖ, 토 가르 그람마 아포크텐네이, 토 데 프뉴마 조오포이에이) 이 문장은 "죽이다"(ἀποκτέννει, 파로크텐네이) "살리다"(ζῳοποιεῖ, 조오포이에이)라는 동사가, 그리고 '율법 조문'(γράμμα, 그람마)과 '영' 혹은 '정신'(πνεῦμα, 프뉴마)이라는 명사가 서로 강한 대조를 이루고 있습니다. 그람마는 어디서 많이 들어본 단어 같지 않나요? 네 그렇습니다. 영어 단어 grammar(그래머)와 발음뿐 아니라 철자까지 거의 같습니다. γράμμα에서 grammar가 나왔습니다. 영어의 grammar는 이제 문법이라는 말로 정착되었지만 헬라어 γράμμα는 "문자, 문장"이라는 의미뿐 만아니라 복수로 쓸 때는 "그림이나 선의 일부"라는 뜻까지 갖고 있었습니다. 그래서 위 바울의 문장도 그람마의 고유 의미로 번역하면 "문자는 죽이고 정신은 살린다"라고 할 수 있습니다.

여러분은 어떻게 생각하시나요? 법은 그 법이 만들어진 정신을 지켜 나가는 것이 더 중요할까요, 아니면 명문화된 그 조항들이 하나의 예외 없이 철저하게 집행되는 것이 더 중요할까요? 그 판단은 쉽지 않을 것 같습니다. 그러나 바울 그리고 예수에게서 듣는 (율)법의 정신은 우리에게 생각의 전환을 요청합니다. (율)법이 사랑으로 만들어진 것이라면, 그 (율)법은 또 사랑으로 실행되어야 할 것입니다.

12

시간들, 크로노스(χρόνος)와 카이로스(καιρός) 그리고 아이온(αἰῶν)

로마신화에 나오는 신들 중에 가장 오래된 신의 하나인 야누스 (Ἰανός)는 두 개의 얼굴을 가지고 있어 한 얼굴로는 앞을, 그리고 다른 얼굴로는 뒤를 동시에 볼 수 있다고 알려져 있습니다. 야누스의 이런 생김새는 그를 '시작과 끝' 그리고 '입구와 출구'의 신으로 불리게 했습니다. 한 해가 끝나고 다른 해로 들어가는 문이라고 생각되는 1월도 야누스의 이름을 따서 January(재뉴어리)가 되었다고 합니다. 정말 시간은 우리 모두를 거침없이 앞으로 또 앞으로 밀어내어 지난 과거의 시간과 다가오는 새로운 시간 앞에 세워놓고 야누스처럼 때론 뒤를 돌아보게 하고 때론 앞을 바라보게 합니다.

헬라어는 이렇게 쉴 새 없이 흐르는 시간을 '크로노스'(χρόνος)와 '카이로스'(καιρός)라는 두 단어로 설명합니다. 크로노스의 시간이란

겨울, 케이몬(χειμών)

339

시간의 어떤 한 시점이나 그 시점의 정량적이며 연속적인 흐름과 경과를 나타냅니다. 일정한 눈금을 새겨서 정량적이며 연속적인 크로노스를 측정하기 위한 계측기를 크로노미터(chronometer) 또는 시계라고 부를 때 그 말이 바로 헬라어 크로노스에서 유래된 것입니다. 크로노스의 관점은 특정한 시간이나 시점 그리고 그 시간들의 정량적 축적과 경과에 있습니다.

신약성서에서 이 크로노스의 예를 찾아보면, 마태복음 2장에 나오는 예수의 탄생 에피소드에서 볼 수 있습니다. 마태복음 2장 7절입니다. "헤롯이 가만히 박사들을 불러 별이 나타난 때를 자세히 묻고." (Ἡρῴδης λάθρᾳ καλέσας τοὺς μάγους ἠκρίβωσεν παρ᾽ αὐτῶν τὸν χρόνον τοῦ φαινομένου ἀστέρος, 헤로데스 라트라 칼레사스 투스 마구스 에크리보센 파르 아우토오온 톤 크로논 투 파이노메누 아스테로스) 이 구절에서 우리의 주제와 연관된 단어만 잠깐 살펴보면 예수가 태어날 당시 유대 땅의 지배자였던 헤롯대왕(Ἡρῴδης, 헤로데스) 예수의 탄생을 알리는 별(ἀστέρος, 아스테로스)을 좇아온 동방박사들(μάγους, 마구스)을 불러 묻습니다(ἠκρίβωσεν, 에크리보센).

위 문장의 서술어인 '에크리보센'은 '아크리보오'(ἀκριβόω)의 단순과거 3인칭 단수입니다. 아크리보오 동사는 "(정확한 정보를 얻기 위해) 자세히 묻다"라는 뜻입니다. 헤롯은 가만히 박사들을 불러 별이 나타난 때(τὸν χρόνον, 크로노스)를 자세히 묻습니다. 그는 "언제?/어느 때?"라는 크로노스에 관심이 있습니다. 이와 유사하게 마가복음 9장 14절 이하의 말 못하는 귀신들린 자를 치유하는 기적 이야기에서도 예수께서 "언제부터(πόσος χρόνος, 크로노스) 이렇게 되었느냐?"(막 9:21)라고 물으십니다. 크로노스는 이처럼 "언제부터?/얼마나 오랫동안?"에 대한 관심의 표명입니다. 모두 특정한 때와 그 정량적 흐름 그리고 그 연속적 경과를 총칭하는 시간(tempus)에 강조점이 있습니다.

반면에 카이로스(καιρός)의 시간은 표면적으로는 "때, 시간, 기간, 기회" 등으로 번역되며 크로노스와 형식면에서는 유사하게 보입니다. 하지만 카이로스는 엄밀히 말해서 크로노스에 의해서 의미가 부여되는 특별한 시간, 순간을 말할 때 사용합니다. 그러면 신약성서에서 어떤 때 크로노스의 시간을 쓰지 않고 카이로스의 시간을 쓰고 있는지 한 번 보겠습니다. 마가복음 1장 15절에는 예수님의 첫 번째 선포를 "때가 찾고 하나님의 나라가 가까이 왔으니 회개하고 복음을 믿으라"(πεπλήρωται ὁ καιρὸς καὶ ἤγγικεν ἡ βασιλεία τοῦ θεοῦ · μετανοεῖτε καὶ πιστεύετε ἐν τῷ εὐαγγελίῳ, 페플레로타이 호 카이로스 카이 엥기켄 헤 바실레이아 투 테우 메타노이에테 카이 피스튜에테 엔토 유앙겔리오)고 기록하고 있습니다. 이 구절도 위에서 다룬 적이 있기 때문에 우리의 주제와 관련된 부분에만 초점을 맞춰 보면, 처음에 나오는 "때가 찾다"(πεπλήρωται ὁ καιρὸς, 페플레로타이 호 카이로스)입니다.

여기서 '때'로 번역된 카이로스는 크로노스가 말하는 계량적으로 측정하는 어떤 때를 말하지 않습니다. "가득 채우다"라는 '플레로오'(πληρόω)동사의 현재완료 수동인 '페플레로타이'(πεπλήρωται)가 보여 주는 것처럼 언제인지는 정확히 알 수 없지만 "가득 채워지는" 그 순간, 그 어느 때를 말하는 크로노스란 결정적인 순간(momentum)을 의미하는 것입니다.

이런 의미의 지평 속에서 신약성서의 카이로스는 주로 종말론적 시간을 표현합니다. 다시 말해서 하나님의 구원의 시간이 세속의 시간 틈새로 들어온 순간을 표현하는 말이며, 동시에 종말의 완성을 향해 가는 파루시아와 심판의 시간을 말하기도 합니다. 그래서 주의 날을 묻는 데살로니가 교회의 교인들에게 바울은 다음과 같이 말합니다. "때와 시기에 관하여는…(περὶ δὲ τῶν χρόνων/크로노스 καὶ τῶν καιρῶν/카이로스…)"(살전 5:1) 크로노스의 시간 안에서 나타날 카이로스 시간의 의미를 보여 주고 있는 것입니다.

신약성서에는 이 크로노스의 시간과 카이로스의 시간을 모두 품고 있는 말로 아이온(αἰῶν)이라는 말이 또 있습니다. 우리에게는 이온/에온(eon)으로 더 알려져 있는 말이기도 합니다. 아이온은 한 사람의 '인생'을 나타내기도 하고 그 인생들이 모여 사는 시간인 '세대', 그들이 사는 '세상'을 말하기도 합니다. 또한 그 모든 인생, 세대가 달려가는 마지막 끝을 의미할 때도 있습니다.

따라서 아이온은 바로 이 세상에 존재하는 시간, 인생, 세대, 그리고 그 종국終局인 세상의 끝을 말하기에 아이온은 그 세상과 시간의 끝 너머에 있는 저 세상, 저 세대, 저 시간을 의미하기도 합니다. 우리는 아이온의 그런 용례를 그리스도에 대한 권능을 찬양하는 부분인 에베소서 1장 21절에서 확인할 수 있습니다. "…이 세상뿐 아니라 오는 세상에…"(οὐ μόνον ἐν τῷ αἰῶνι τούτῳ ἀλλὰ καὶ ἐν τῷ μέλλοντι, 우 모논 엔 토 아이오오니 투토 알라 카이 엔 토 멜론티) 이 구절에서는 〈~οὐ μόνον, ἀλλὰ καί~〉 구문이 등장하고 있습니다. 이 구문은 영어의 〈~not only but also~〉 구문과 정확히 일치하며 그 뜻도 "~뿐 아니라, ~도 역시"로 영어의 구문과 똑같습니다. "우 모논"(οὐ μόνον)이 "not only"와 "알라 카이"(ἀλλὰ καί)가 "but also"의 뜻입니다. "엔토 아이오오니"(ἐν τῷ αἰῶνι τούτῳ)는 "지금 이 세상 혹은 지금 이 시대" 그리고 "엔토 멜론티[아이오오니]"(ἐν τῷ μέλʰλοντι[αἰῶνι])는 "다가오는 세대 혹은 다가오는 시대"를 말합니다. 과거 한자를 혼용하는 성경 번역에서는 "현세"現世와 "내세"來世로 번역하기도 했습니다. "다가오는"이라고 번역하는 헬라어 '멜로'(μέλλω)는 "미래의 어떤 특정한 시점에 발생하는 혹은 바로 뒤이어서 일어나는" 등의 의미를 나타냅니다.

　아이온에 대한 이런 내용들에서 우리는 아이온이 의미 있는 특정한 시간과 다가오는 시간을 뜻하는 카이로스와 크로노스를 동시에 모두 품은 영원을 말하고 있다고 생각할 수 있습니다. 신약성서의 이 약속에 따르면, 우리 모두는 순간의 크로노스에 살고 있지만 동시에 카이로스의 시간 안에서 영원히(에온) 살 존재들입니다.

겨울. 케이몬(χειμών)

18

주의 만찬, 퀴리아코스 데이프논 (Κυριακός δεῖπνον)

....

이태리 밀라노의 산타 마리아 델레 그라치에(Santa Maria delle Grazie)교회에는 다빈치(Leonardo da Vinci)의 '최후의 만찬'(La Cena, 라 체나)이 걸려 있습니다.

르네상스 시대의 미술로는 최초로 원근법을 적용한 것으로도 유명한 이 최후의 만찬에서 다빈치는 소실점에 주인공인 예수를 위치하게 하여 자연스럽게 시선이 먼저 그쪽으로 향하도록 한 것으로도 유명합니다. 예수와 함께 식사하는 12제자의 면면이나, 그림 속에 예수를 배반한 유다가 어디 있는지를 찾는 재미하며, 이 작품보다 더 무수한 이야기를 쏟아내는 그림도 그리 많지 않을 것입니다. 또한 흥미로운 점은 이 작품의 제목이 '최후의 만찬'으로 알려졌다는 것입니다. 원래 다빈치가 붙인 제목(La Cena, 라체나)이나 독일어 제목(Das Abendmahl,

다스 아벤트말) 혹은 프랑스어 제목(La Cène, 라 센느)은 단순히 '만찬' 또는 '저녁식사'라는 의미이지만, 우리에게 익숙한 영어 제목으로 붙여진 '최후의 만찬'(Last Supper, 라스트 서퍼)은 특히 '최후'라는 말에 더 방점을 두고 있습니다. 그 이유는 아무래도 이 저녁식사가 예수께서 제자들과 하신 마지막 저녁식사였기 때문에 그런 제목이 붙었을 것입니다.

사실 제자들과 예수께서 하신 이 마지막 식사에는 다른 이름이 붙어 있습니다. 정확히는 '유월절 식사'입니다. 마가복음 14장 12절에 보면 제자들은 이 유월절 식사를 어디서 할 것인지 묻는 대목이 나옵니다. "어디로 가서 선생님께서 유월절 음식을 잡수시게 준비하기를 원하시나이까"(ὅτε τὸ πάσχα ἔθυον, 호테 토 파스카 에튀온) 즉, 그들이 마지막에 했던 식사는 '파스카'(πάσχα)라는 유월절 식사입니다. 그리고 예수와 제자들이 마지막에 한 이 식사가 초기 교회로 넘어오면서 '주의 만찬'(Lord's Supper, 로드 서퍼)이라고 불립니다. 이것을 '주의 만찬'에 대한 가장 오래된 전승을 담고 있는 고린도전서 11장 20절에서 볼 수 있습니다. "너희가 함께 모여서 주의 만찬을 먹을 수 없으니."(συνερχομένων οὖν ὑμῶν ἐπὶ τὸ αὐτὸ οὐκ ἔστιν κυριακὸν δεῖπνον φαγεῖν, 순에르코메논 운 휘몬 에피 토 아우토 우크 에스틴 퀴리아콘 데이프논 파게인) 여기서 '퀴리아코스 데이프논'(κυριακός δεῖπνον)이라는 말이 "주의 만찬"이라는 뜻입니다.

바울은 이어지는 구절에서 주의 만찬이 어떻게 진행되는지 알려줍니다. 23절과 24절입니다. "떡을 가지사 축사하시고 떼어."(ἔλαβεν ἄρτον καὶ εὐχαριστήσας ἔκλασεν, 엘라벤 아르톤 카이 유카리스테사스 에클라센) 이 구절에는 명사 '아르톤'(ἄρτον)을 중심으로 3개의 동작이 차례로 나오며 연속적인 행동을 표현하고 있는 것을 볼 수 있습니다. 아르톤은 우리 성경에는 "떡"으로 번역하지만 실지로는 "빵"이라는 것을 얘기한 적이 있습니다. 이 빵을 중심으로 한 세 가지 연속 동작은 먼저 빵을 "집는다"(ἔλαβεν), 빵을 든 채로 "감사[기도]를 한다"(εὐχαριστήσας, 유카리스테사스), 그리고 그 빵을 "떼어 나눈다"(ἔκλασεν, 에클라센)입니다. 이 세 가지 동작은 예수께서 제자들과 마지막 파스카를 행하셨던 것에 대한 정확한 재연으로 아주 의미가 깊습니다. 그리고 이 행위는 또한 부활하신 예수가 자신을 계시하는 행위로도 나타납니다.

오늘날 모든 기독교회가 행하는 성찬식에서도 예수의 이 원초적 행위를 반복하며 예수를 기념하고 기억하고 있습니다. 예수의 이 행위는 또한 부활하신 예수를 알아보게 하는 행위이기도 합니다. 누가복음 24장 13절 이하입니다. 소위 '엠마오로 가는 두 제자'라는 제목이 붙은 이 에피소드에 보면 예수가 십자가에서 처형된 후 꿈을 잃고 예루살렘을 떠나 고향으로 가는 두 제자가 나옵니다. 이 둘은 여행 중에 부활하신 예수를 만났지만 예수를 알아보지 못합니다. 이 둘이 예수를 알아본 것은 함께 식사할 때입니다. 예수의 얼굴과 음성으로도 알아보지 못하고 그저 낯선 여행자로만 알았던 그들은 여행 중에 만난

이 나그네가 식사할 때 보여준 행동을 보고 눈이 번쩍 뜨이게 됩니다. 30절에 그 낯선 사람의 행동이 묘사됩니다. "빵을 집어 감사를 한 후 그들에게 떼어 나누어 주었다."(λαβὼν τὸν ἄρτον εὐλόγησεν καὶ κλάσας, 라본 톤 아르톤 유로게센 카이 클라사스) 이 구절은 바울이 전한 고린도전서 11장의 성만찬 전승에 나온 예수의 행위와 완벽하게 일치합니다. 빵을 "집는다"(λαβὼν, 라본), "감사[기도]를 한다" (εὐλόγησεν, 유로게센), 그리고 "떼어 나누다"(κλάσας, 클라사스). 이 정도면 이것은 역사적 예수께로부터 전해 내려온 식습관으로까지 봐야 할 것입니다.

　신약성서는 또 예수의 이 행위를 여러 대중 앞에서 광범위하게 보여주고 있습니다. 바로 "오병이어"의 기적 사건입니다. 그 원초적인 모습을 살피기 위해서 마가복음에서 전하는 오병이어의 기적 사건을 보겠습니다. 마가복음 6장 41절입니다. "예수께서 떡 다섯 개와 물고기 두 마리를 가지사 하늘을 우러러 축사하시고 떡을 떼어 제자들에게 주어."(λαβὼν τοὺς πέντε ἄρτους καὶ τοὺς δύο ἰχθύας ἀναβλέψας εἰς τὸν οὐρανὸν εὐλόγησεν καὶ κατέκλασεν τοὺς ἄρτους, 라본 투수 펜테 아르투스 카이 투스 뒤오 이크튀아스 아나블렙사스 에이스 톤 우라논 유로게센 카이 카데클라센 투스 아르투스) 이 구절에서는 음식인 "빵 5 개"(πέντε ἄρτοι, 펜테 아르토이)와 "물고기 2마리"(δύο ἰχθύες, 뒤오 이 크튀에스)가 첨가되어 있고 "[감사]기도하다"(εὐλόγησεν, 유로게센)를 생생하게 묘사하기 위해서 "하늘을 우러러보다"(ἀναβλέψας εἰς τὸν οὐρανὸν, 아나블렙사스 에이스 톤 우라논)가 추가된 것 외에는 예수를 특징하는 일련의 동작 "[빵과 물고기를]가지다"(λαβὼν, 라본), "[감사]기도를 하다"(εὐλόγησεν, 유로게센), 그리고 "떼어 나누다"(κατέκλασεν, 카테클라센)이 어김없이 연속적으로 나오고 있습니다.

학자들은 이런 관찰을 토대로 예수의 이 행위를 예수의 '고유한 행위'(ipsissima facta, 입시씨마 팍타)라고 부릅니다. 그렇다면 오늘날 기독교회에서 행하는 성찬식은 바로 2000년 전 예수께서 하시던 바로 그 행동의 반복이며 재연으로 볼 수 있으며 성찬식을 행함으로 더 생생하게 예수를 기억하고 기념한다고 볼 수 있습니다. 오늘의 교회는 예수께로 소급되는 성만찬의 3단계 연속 동작 중에서 그 두 번째에 있는 감사에서 따온 "유카리스테오"(εὐχαριστέω)를 부각하여 성찬식을 '유카리스트'(Eucharist)라는 예전으로 부르며 규칙적으로 행하고 있습니다.

성만찬 전승의 전승궤도에서 살핀 것처럼 이 예전은 예수께로 소급되며, 그 의미는 예수와 함께 식사를 나누는 친교의 정신이 들어 있습니다. 그래서 예수와 함께한 저녁식사는 최후의 만찬이 아니라 끝나지 않는 영원한 식사인 것입니다.

사랑하는 여러분, 유카리스트를 행하며 예수와 함께 행복한 저녁식사를 나누시기를 바라며 인사드립니다.

ঞ৽

Τὸν φίλον κακῶς μὴ λέγε, μηδ᾽ εὖ τὸν ἐχθρόν•
ἀσυλλόγιστον γὰρ τὸ τοιοῦτον.

친구에 대하여 나쁘게 말하지 말며,
원수에 대하여 좋게 말하지도 말라:
그것은 앞뒤가 맞지 않는 말이기 때문이다.

•

- Πιττακὸς ὁ Μυτιληναῖος -
− 피타코스 뮈틸레나이오스 −

겨울, 케이몬($\chi\varepsilon\iota\mu\acute{\omega}\nu$)

『헬라어수업』은 독자들로 하여금 고전헬라어의 세계에 관심을 갖게 하고 더욱 흥미를 느낄 수 있도록 안내해 드리고자 하는 마음에서부터 시작한 일이었습니다. 그런데 이제 그 종착점에 이르렀습니다. 한껏 호기를 부리며 출발했지만 종착점에 다다르니 마치 미지의 곳을 여행하는 여행자가 목적지에 도달한 것처럼 아쉬움이 많이 남습니다. 이건 이렇게 저건 저렇게 했어야 했다는 자책과 부족이 저를 노려보는 것 같아 부끄럽습니다. 그러나 그 아쉬움과 부족을 마저 다 채워버리려 한다면 그것 또한 부질없는 저의 욕심이라고 생각하고, 이 책이 세상에 나오지 못할 것이라는 생각에 이쯤에서 끝맺으려고 합니다.

오래 전 양복을 짓는 사람이 옷깃에 낸 실수가 아직도 양복 깃에 그 꿰맨 흔적을 남기고도 우리 곁에서 멋으로 사랑받듯이 이 책이 완벽하지는 않지만 독자 여러분들 가까이 있으면서도 고전헬라어라는 언어와 만나며 그 언어를 사용하던 사람들의 시대로 잠시 여행을 다

녀오게 했다면 그것으로 작은 기쁨을 삼으려합니다. 또한 헬라어를 배워야 하는데 엄두를 내지 못했던 사람들에게 다시 배워보겠다는 다짐을 갖게 했다면 그것으로 소기의 성과를 이루었다고 자찬해봅니다.

시작에서 말씀드린 것처럼 저자는 신약성서의 텍스트를 연구하는 학자라『헬라어수업』으로 가는 길을 기독교의 경전인 신약성서의 텍스트에서 찾았고 헬라어에 대한 관심과 호기심을 유발하고자 기독교신앙의 지식과 감성을 매개로 활용했습니다. 그 이유는 먼저 그것이 저자에게 익숙한 환경이며 아직도 활발하게 헬라어를 배워야 하고 그 쓰임이 여전히 필요한 곳은 기독교 신앙 안에 있는 사람들이라는 확신에서였습니다. 헬라어로 기록된 신약성서는 아직도 많은 신학도들과 목회자들 그리고 설교자들이 기독교신앙의 전통을 보존하고 현재의 상황에 맞게 창조적으로 해석하고 연구하는 대상입니다. 그들에게 헬라어는 특별히 가깝고도 먼 언어입니다. 저는 이 책이

특히 그런 분들에게 유익하고 유용하길 바랄 뿐입니다.

저자는 이 책을 끝내가면서 신약성서 텍스트에 치중한 이 책을 보완하고 헬라어수업의 균형을 잡기위해 고대헬라철학자들의 명언이나 명제를 해석하고 설명하는 또 다른 헬라어수업이라는 책을 써보면 어떨까라는 생각을 불현듯 해 보았습니다. 그것은 기독교 신앙이 인류 정신사의 한 축이었다면 헬라의 철학 또한 또 다른 한 축을 담당했기 때문입니다. "서양철학은 플라톤의 각주이다"라고 말한 알프레드 노스 화이트헤드(Alfred North Whitehead)의 통찰에서 읽을 수 있듯이 현재의 사상과 철학들은 고대헬라철학에 많은 빚을 지고 있습니다. 기독교사상과 함께 한 축을 이루는 헬라철학자들의 명쾌하고 명증한 한 마디의 말을 헬라어 원어로 해석하고 그 이면에 있는 에피소드들을 다시 한 권의 책으로 엮을 수 있다면 그것도 의미가 있을 것이라 생각합니다. 그러나 그것 또한 저의 욕심일 뿐 그 모든 것은 독자여러분들의 성원과 격려에 달려있지 않을까 생각합니다.

오늘도 이런 저런 난관 앞에서 씨름하실 독자여러분 모두에게 그 난관이 결국은 좋은 일로 바뀌게 될 것을 소원하며 두 손 모아 인사드립니다.

"Κάθε εμπόδιο και σε καλό"
"모든 난관은 또한 그에게 좋은 것이다"

파라르테마
ΠΑΡΑΡΤΗΜΑ

이 책『헬라어 수업』은 헬라어를 쉽게 접하고 배우고 싶은 생각이 들었으면 하는 생각과 정작 헬라어가 필요하고 공부도 해야 하지만 재미와 관심을 갖지 못한 분들에게 흥미를 주었으면 하는 바람으로 만들어진 책입니다. 우리가 일상생활에서 접할 수 있는 간단한 헬라어 단어에 관한 설명 풀이에서 출발하여, 나중에는 문장도 어느 정도 분석하고 번역하는 데까지 도달했으면 하는 바람으로 시작했지만, 그 목표에 어느 정도 도달했는지는 의문입니다.

그럼에도 헬라어를 이미 공부한 초급 단계의 사람이나 아니면 중급 단계에 들어서 벌써 문장의 번역을 연습하는 사람들에게는 이 책의 내용이 그리 어렵지 않았을 거라고 위안을 해봅니다.

이 책이 비록 문법책은 아니지만 새로운 언어를 소개하는 특성상 수시로 다소 딱딱한 문법과 그 문법을 설명하는 표현과 용어들을 사용할 수밖에 없었습니다. 그리고 위에서 밝힌 이 책『헬라어 수업』을 쓰게 된 목적과 의도를 고려할 때 문법에 관한 설명과 해설을 더 자세하고 깊이 다룰 수도 없었습니다.

이 부분에 대한 아쉬움을 조금이나마 해소하고『헬라어 수업』중 설명이 부족했던 것을 메우기 위해 헬라어 알파벳과 기본적인 문법, 그리고 이 책『헬라어 수업』에 수록된 주요 어휘들을 간추려서 '부록'(παράρτημα, 파라르테마)을 마련했습니다. 이 부록을 통해『헬라어 수업』을 읽다가 잘 이해되지 않는 부분이 보충되고 메꾸어졌으면 하는 바람입니다.

1. 헬라어의 알파벳

헬라어의 명칭과 음가는 다음의 도표와 같습니다.

대문자	소문자	이름	음가(영어)
Α	α	알파	a
Β	β	베타	b
Γ	γ	감마	g
Δ	δ	델타	d
Ε	ε	엡실론	e (단음)
Ζ	ζ	제타	z
Η	η	에타	e (장음)
Θ	θ	테타	th
Ι	ι	이오타	i
Κ	κ	카파	k
Λ	λ	람다	l
Μ	μ	뮈	m
Ν	ν	뉘	n
Ξ	ξ	크시	x
Ο	ο	오미크론	o (단음)
Π	π	피	p
Ρ	ρ	로	r
Σ	σ/ς	시그마	s
Τ	τ	타우	t
Υ	υ	윕실론	u
Φ	φ	피	phi (f)
Χ	χ	히/키	ch
Ψ	ψ	프시	ps
Ω	ω	오메가	o (장음)

2. 인칭 변화

헬라어의 인칭대명사는 우리말에서처럼 어미를 변화시키는 격 변화를 통해서 활용됩니다. 헬라어 동사는 그 자체에 인칭을 포함하고 있어 굳이 인칭대명사를 동반하지 않아도 문장을 이해하는데 무리가 없습니다. 인칭대명사가 선행하는 문장에 언급된 인물을 설명하지 않으면서 독자적으로 사용될 때는 특별한 강조의 의미를 준다고 볼 수도 있습니다. 다음은 인칭대명사 '나'(ἐγώ, 에고), 너(σύ, 수), 그리고 '그'(οὗτος, 후토스)의 가장 기본적이고 많이 사용하는 변화를 보여 줍니다.

수(數)	격(格)	1인칭	2인칭	3인칭
단수	주격	ἐγώ	σύ	(οὗτος)
	속격	ἐμοῦ	σοῦ	αὐτοῦ
	여격	ἐμοί	σοί	αὐτῷ
	대격	ἐμέ	σέ	αὐτόν
복수	주격	ἡμεῖς	ὑμεῖς	(οὗτοι)
	속격	ἡμῶν	ὑμῶν	αὐτῶν
	여격	ἡμῖν	ὑμῖν	αὐτοῖς
	대격	ἡμᾶς	ὑμᾶς	αὐτούς

3. 동사 변화

"교육하다, 가르치다"라는 뜻을 가진 규칙동사 '파이듀오'(παιδεύω) 동사의 변화를 통해 헬라어 동사가 어떤 형태로 어떻게 변할 수 있는지 다음 도표를 통해서 볼 수 있습니다. 그러나 모든 언어가 그렇듯이 헬라어의 동사 변화에도 많은 예외와 불규칙이 있습니다. 파이듀오의 동사 변화에도 더 많은 변화와 분사, 부정사와 명령법 등이 있으나 너무 복잡할 것 같아 동사의 기본 변화만 소개합니다.

 헬라어에서 특이한 것은 동사의 변화형에 능동태(Aktiv)와 수동태(Passiv)의 중간형인 중간태(Medium)가 있다는 것입니다. 중간태는 동사에 따라 형태는 수동태이지만 능동태의 의미를 갖기도 합니다. 중간태의 문법적인 의미는 행동이나 동작이 주어에게 귀속되거나 반향을 일으키는 경우에 사용됩니다.

능 동 태			
		직설법	가정법	희구법
현재	단수 1인칭	παιδεύ-ω	παιδεύ-ω	παιδεύ-οι-μι
	2인칭	παιδεύ-εις	παιδεύ-ης	παιδεύ-οι-ς
	3인칭	παιδεύ-ει	παιδεύ-η	παιδεύ-οι
	복수 1인칭	παιδεύ-ο-μεν	παιδεύ-ω-μεν	παιδεύ-οι-μεν
	2인칭	παιδεύ-ε-τε	παιδεύ-η-τε	παιδεύ-οι-τε
	3인칭	παιδεύ-ουσι(ν)	παιδεύ-ωσι(ν)	παιδεύ-οι-εν
미완료 (과거)	단수 1인칭	ἐ-παίδευ-ο-ν		
	2인칭	ἐ-παίδευ-ε-ς		
	3인칭	ἐ-παίδευ-ε(ν)		
	복수 1인칭	ἐ-παιδεύ-ο-μεν		
	2인칭	ἐ-παιδεύ-ε-τε		
	3인칭	ἐ-παίδευ-ο-ν		
미래	단수 1인칭	παιδεύ-σ-ω		παιδεύ-σ-οι-μι
	2인칭	παιδεύ-σ-εις		παιδεύ-σ-οι-ς
	3인칭	παιδεύ-σ-ει		παιδεύ-σ-οι
	복수 1인칭	παιδεύ-σ-ο-μεν		παιδεύ-σ-οι-μεν
	2인칭	παιδεύ-σ-ε-τε		παιδεύ-σ-οι-τε
	3인칭	παιδεύ-σ-ουσι(ν)		παιδεύ-σ-οι-εν
단순과거	단수 1인칭	παιδεύ-σ-ω		παιδεύ-σ-οι-μι
	2인칭	παιδεύ-σ-εις		παιδεύ-σ-οι-ς
	3인칭	παιδεύ-σ-ει		παιδεύ-σ-οι
	복수 1인칭	παιδεύ-σ-ο-μεν		παιδεύ-σ-οι-μεν
	2인칭	παιδεύ-σ-ε-τε		παιδεύ-σ-οι-τε
	3인칭	παιδεύ-σ-ουσι(ν)		παιδεύ-σ-οι-εν

현재완료	단수 1인칭	πε-παίδευ-κ-α	πε-παιδεύ-κ-ω	πε-παιδεύ-κ-οι-μι
	2인칭	πε-παίδευ-κ-α-ς	πε-παιδεύ-κ-ης	πε-παιδεύ-κ-οι-ς
	3인칭	πε-παίδευ-κ-ε(ν)	πε-παιδεύ-κ-η	πε-παιδεύ-κ-οι
	복수 1인칭	πε-παιδεύ-κ-α-μεν	πε-παιδεύ-κ-ω-μεν	πε-παιδεύ-κ-οι-μεν
	2인칭	πε-παιδεύ-κ-α-τε	πε-παιδεύ-κ-η-τε	πε-παιδεύ-κ-οι-τε
	3인칭	πε-παιδεύ-κ-ασι(ν)	πε-παιδεύ-κ-ωσι(ν)	πε-παιδεύ-κ-οι-εν
과거완료	단수 1인칭	ἐ-πε παιδεύ-κ-η(-ειν)		
	2인칭	ἐ-πε παιδεύ-κ-η-ς(-εις)		
	3인칭	ἐ-πε παιδεύ-κ- ει		
	복수 1인칭	ἐ-πε παιδεύ-κ-ε-μεν		
	2인칭	ἐ-πε παιδεύ-κ-ε-τε		
	3인칭	ἐ-πε παιδεύ-κ-ε-σαν		
미래완료	단수 1인칭	ἐ-πε παιδεύ-κ-η(-ειν)		
	2인칭	ἐ-πε παιδεύ-κ-η-ς(-εις)		
	3인칭	ἐ-πε παιδεύ-κ- ει		
	복수 1인칭	ἐ-πε παιδεύ-κ-ε-μεν		
	2인칭	ἐ-πε παιδεύ-κ-ε-τε		
	3인칭	ἐ-πε παιδεύ-κ-ε-σαν		

중 간 태				
		직설법	가정법	희구법
현재	단수 1인칭	παιδεύ-ο- μαι	παιδεύ-ω-μαι	παιδευ-οί-μην
	2인칭	παιδεύ-η (-ει)	παιδεύ-η	παιδεύ-οι-ο
	3인칭	παιδεύ-ε-ται	παιδεύ-η-ται	παιδεύ-οι-το
	복수 1인칭	παιδευ-ό-μεθα	παιδευ-ώ-μεθα	παιδευ-οί-μεθα
	2인칭	παιδεύ-ε-σθε	παιδεύ-η-σθε	παιδεύ-οι-σθε
	3인칭	παιδεύ-ο-νται	παιδεύ-ω-νται	παιδεύ-οι-ντο
미완료 (과거)	단수 1인칭	ἐ-παιδευ ό μην		
	2인칭	ἐ-παιδεύ ου		
	3인칭	ἐ-παιδεύ ε το		
	복수 1인칭	ἐ-παιδευ ό μεθα		
	2인칭	ἐ-παιδεύ ε σθε		
	3인칭	ἐ-παιδεύ ο ντο		
미래	단수 1인칭	παιδεύ-σ-ο- μαι		παιδευ-σ-οί-μην
	2인칭	παιδεύ-σ-η (-ει)		παιδεύ-σ-οι-ο
	3인칭	παιδεύ-σ-ε-ται		παιδεύ-σ-οι-το
	복수 1인칭	παιδευ-σ-ό-μεθα		παιδευ-σ-οί-μεθα
	2인칭	παιδεύ-σ-ε-σθε		παιδεύ-σ-οι-σθε
	3인칭	παιδεύ-σ-ο-νται		παιδεύ-σ-οι-ντο

		직설법	가정법	희구법
단순과거	단수 1인칭	ἐ-παίδευ-σ-ά-μην	παιδεύ-σ-ω- μαι	παιδεύ-σ-αί-μην
	2인칭	ἐ-παιδεύ-σ-ω	παιδεύ-σ-η	παιδεύ-σ-αι-ο
	3인칭	ἐ-παιδεύ-σ-α-το	παιδεύ-σ-η-ται	παιδεύ-σ-αι-το
	복수 1인칭	ἐ-παιδεύ-σ-ά-μεθα	παιδεύ-σ-ώ-μεθα	παιδεύ-σ-αί-μεθα
	2인칭	ἐ-παιδεύ-σ-α-σθε	παιδεύ-σ-η-σθε	παιδεύ-σ-αι-σθε
	3인칭	ἐ-παιδεύ-σ-α-ντο	παιδεύ-σ-ω-νται	παιδεύ-σ-αι-ντο
현재완료	단수 1인칭	πε-παίδευ-μαι		
	2인칭	πε-παίδευ-σαι		
	3인칭	πε-παίδευ-ται		
	복수 1인칭	πε-παιδεύ-μεθα		
	2인칭	πε-παίδευ-σθε		
	3인칭	πε-παίδευ-νται		
과거완료	단수 1인칭	ἐ-πε-παιδεύ-μην		
	2인칭	ἐ-πε-παίδευ-σο		
	3인칭	ἐ-πε-παίδευ-το		
	복수 1인칭	ἐ-πε-παιδεύ-μεθα		
	2인칭	ἐ-πε-παίδευ-σθε		
	3인칭	ἐ-πε-παίδευ-ντο		
미래완료	단수 1인칭	πε-παιδεύ-σ-ο- μαι		
	2인칭	πε-παιδεύ-σ-η		
	3인칭	πε-παιδεύ-σ-ε-ται		
	복수 1인칭	πε-παιδεύ-σ-ό-μεθα		
	2인칭	πε-παιδεύ-σ-ε-σθε		
	3인칭	πε-παιδεύ-σ-ο-νται		

수 동 태			
	직설법	가정법	희구법
현재 단수 1인칭	παιδεύ-ο- μαι	παιδεύ-ω-μαι	παιδευ-οί-μην
2인칭	παιδεύ-η (-ει)	παιδεύ-η	παιδεύ-οι-ο
3인칭	παιδεύ-ε-ται	παιδεύ-η-ται	παιδεύ-οι-το
복수 1인칭	παιδευ-ό-μεθα	παιδευ-ώ-μεθα	παιδευ-οί-μεθα
2인칭	παιδεύ-ε-σθε	παιδεύ-η-σθε	παιδεύ-οι-σθε
3인칭	παιδεύ-ο-νται	παιδεύ-ω-νται	παιδεύ-οι-ντο
미완료 (과거) 단수 1인칭	ἐ-παιδευ-ό-μην		
2인칭	ἐ-παιδεύ-ου		
3인칭	ἐ-παιδεύ-ε-το		
복수 1인칭	ἐ-παιδευ-ό-μεθα		
2인칭	ἐ-παιδεύ-ε-σθε		
3인칭	ἐ-παιδεύ-ο-ντο		

미래	단수 1인칭	παιδευ-θή-σ-ο- μαι		παιδευ-θη-σ-οί-μην
	2인칭	παιδευ-θή-σ-η (-ει)		παιδεύ-θή-σ-οι-ο
	3인칭	παιδευ-θή-σ-ε-ται		παιδεύ-θή-σ-οι-το
	복수 1인칭	παιδευ-θη-σ-ό-μεθα		παιδευ-θη-σ-οί-μεθα
	2인칭	παιδευ-θή-σ-ε-σθε		παιδεύ-θή-σ-οι-σθε
	3인칭	παιδευ-θή-σ-ο-νται		παιδεύ-θή-σ-οι-ντο
단순과거	단수 1인칭	ἐ-παιδεύ-θη-ν	παιδευ-θῶ	παιδευ-θείην
	2인칭	ἐ-παιδεύ-θη-ς	παιδευ-θῇς	παιδευ-θείης
	3인칭	ἐ-παιδεύ-θη	παιδευ-θῇ	παιδευ-θείη
	복수 1인칭	ἐ-παιδεύ-θη-μεν	παιδευ-θῶμεν	παιδευ-θεῖμεν
	2인칭	ἐ-παιδεύ-θη-τε	παιδευ-θῆτε	παιδευ-θεῖτε
	3인칭	ἐ-παιδεύ-θη-σαν	παιδευ-θῶσιν	παιδευ-θεῖεν
현재완료	단수 1인칭	πε-παίδευ-μαι		
	2인칭	πε-παίδευ-σαι		
	3인칭	πε-παίδευ-ται		
	복수 1인칭	πε-παιδεύ-μεθα		
	2인칭	πε-παίδευ-σθε		
	3인칭	πε-παίδευ-νται		
과거완료	단수 1인칭	ἐ-πε-παιδεύ-μην		
	2인칭	ἐ-πε-παίδευ-σο		
	3인칭	ἐ-πε-παίδευ-το		
	복수 1인칭	ἐ-πε-παιδεύ-μεθα		
	2인칭	ἐ-πε-παίδευ-σθε		
	3인칭	ἐ-πε-παίδευ-ντο		
미래완료	단수 1인칭	πε-παιδεύ-σ-ο-μαι		
	2인칭	πε-παιδεύ-σ-η		
	3인칭	πε-παιδεύ-σ-ε-ται		
	복수 1인칭	πε-παιδεύ-σ-ό-μεθα		
	2인칭	πε-παιδεύ-σ-ε-σθε		
	3인칭	πε-παιδεύ-σ-ο-νται		

4. 명사 변화

셀 수 없을 정도로 많은 동사 변화에 비하면 헬라어의 명사 변화는 비교적 간단합니다. 성(genus), 수(numerus), 격(kasus)의 구별이 분명하고 성·수·격의 일치를 통해서 문장을 구성하는 헬라어에서 명사의 성을 한 눈에 파악하는 것은 매우 중요합니다.

라틴어와 유사하게 헬라어에서도 어미가 ⟨-α⟩를 가질 때 보통 여성 명사입니다. 남성명사의 경우는 ⟨-ος⟩인 경우가 많고, 중성명사는 대개 ⟨-ον⟩을 어미로 갖습니다. 물론 명사 변화에도 다양한 불규칙이 있지만 다음 '오이코스'(οἶκος)와 같이 "집, 건물"이라는 뜻을 가진 '오이키아'(οἰκία), "말씀, 척도, 원칙"을 의미하는 '로고스'(λόγος), 그리고 "일, 사업, 행동"이란 말인 '에르곤'(ἔργον)의 명사 변화를 통해 헬라어의 대표적인 남성, 여성, 중성명사가 어떻게 변화하는지 보여 줍니다.

수(數)	격(格)	관사	여성명사	남성명사	중성명사
단수	주격	ὁ	οἰκί-ᾱ	λόγ-ος	ἔργ-ον
	속격	τοῦ	οἰκί-ᾱς	λόγ-ου	ἔργ-ου
	여격	τῷ	οἰκί-ᾳ	λόγ-ῳ	ἔργ-ῳ
	대격	τόν	οἰκί-ᾱν	λόγ-ον	ἔργ-ον
복수	주격	οἱ	οἰκί-αι	λόγ-οι	ἔργ-α
	속격	τῶν	οἰκι-ῶν	λόγ-ων	ἔργ-ων
	여격	τοῖς	οἰκί-αις	λόγ-οις	ἔργ-οις
	대격	τοὺς	οἰκί-ᾱς	λόγ-ους	ἔργ-α

5. 형용사 변화

형용사도 그 음절을 구성하는 자음과 모음의 형태에 따라 다양한 변화를 할 수 있습니다. 또한 하나의 형용사가 기본적으로 남성, 여성, 중성을 다 꾸며야 하기 때문에 폭 넓은 변화의 가능성을 가지고 있습니다. 더욱이 형용사는 원급-비교급-최상급의 변형도 가지고 있어 그 변화의 폭은 간단한 도표를 통해서 다 나타낼 수 없을 정도라고 하겠습니다. 형용사의 비교급과 최상급은 형용사의 어간에 비교급과 최상급을 지시하는 어미를 추가해서 만들어집니다.

규칙의 경우 비교급 어미는 남성, 여성, 중성의 경우 각각 〈-τερος〉, 〈-τερα〉, 〈-τερον〉을, 최상급의 경우는 각각 〈-τατος〉, 〈-τατη〉, 〈-τατον〉을 붙여서 만듭니다. 다음은 "선한, 좋은" 등의 뜻을 가지는 '아가토스'(ἀγαθός)의 변화표입니다.

수(數)	격(格)	남성	여성	중성
단수	주격	ἀγαθός	ἀγαθή	ἀγαθόν
	속격	ἀγαθοῦ	ἀγαθῆς	ἀγαθοῦ
	여격	ἀγαθῷ	ἀγαθῇ	ἀγαθῷ
	대격	ἀγαθόν	ἀγαθήν	ἀγαθόν
복수	주격	ἀγαθοί	ἀγαθαί	ἀγαθά
	속격	ἀγαθῶν	ἀγαθῶν	ἀγαθῶν
	여격	ἀγαθοῖς	ἀγαθαῖς	ἀγαθοῖς
	대격	ἀγαθούς	ἀγαθάς	ἀγαθά

6. 헬라어 숫자

일상생활에서 숫자를 빼면 말하기가 어렵거나 정확한 의사 전달이 어려울 때도 있습니다. 그만큼 숫자는 명확하게 서로의 머릿속에 있는 개념과 의도를 전달하는 기능을 가지고 있습니다.

다음 도표는 헬라어의 기수와 서수를 1부터 12까지는 순서대로, 그 이후는 10 부터 100 까지 보여 줍니다. 숫자도 문법적으로는 형용사이므로 남성, 여성, 중성 형태로의 변화가 가능하다는 것을 기억해 주시기 바랍니다. 또한 헬라어 알파벳이 아포스트로피(Apostrophe)와 함께 쓰일 때 숫자의 기능을 가진다는 것도 참고해 주시기 바랍니다.

숫자	기호	기수	서수	부사형
1	αʼ	εἷς, μία, ἕν	πρῶτος	ἅπαξ
2	βʼ	δύο	δεύτερος	δίς
3	γʼ	τρεῖς, τρία	τρίτος	τρίς
4	δʼ	τέτταρες, τέτταρα	τέταρτος, -η, -ον	τετράκις
5	εʼ	πέντε	πέμπτος	πεντάκις
6	σʼ	ἕξ	ἕκτος	ἑξάκις
7	ζʼ	ἑπτά	ἕβδομος	ἑπτάκις
8	ηʼ	ὀκτώ	ὄγδοος	ὀκτάκις
9	θʼ	ἐννέα	ἔνατος	ἐνάκις
10	ιʼ	δέκα	δέκατος, -η, -ον	δεκάκις
11	ιαʼ	ἕνδεκα	ἑνδέκατος	ἑνδεκάκις
12	ιβʼ	δώδεκα	δωδέκατος	δωδεκάκις
20	κʼ	εἴκοσι(ν)	εἰκοστός, -ή, -όν	εἰκοσάκις
30	λʼ	τριάκοντα	τριακοστός	τριακοντάκις
40	μʼ	τεττεράκοντα	τετταρακοστός	τετταρακοντάκις
50	νʼ	πεντήκοντα	πεντηκοστός	πεντηκοντάκις
60	ξʼ	ἑξήκοντα	ἑξηκοστός	ἑξηκοντάκις
70	οʼ	ἑβδομήκοντα	ἑβδομηκοστός	ἑβδομηκοντάκις
80	πʼ	ὀγδοήκοντα	ὀγδοηκοστός	ὀγδοηκοντάκις
90	ϟ	ἐνενήκοντα	ἐνενηκοστός	ἐνενηκοντάκις
100	ρʼ	ἑκατόν	ἑκατοστός, -ή, -όν	ἑκατοντάκις

부록. 파라르테마(Παράρτημα)

7. 수록된 단어 일람

여기에는 이 책 『헬라어 수업』에 수록된 단어들 중 365개를 간추려서 간단한 문법 설명과 함께 수록했습니다.

사전은 원형만을 싣고 있어 변화되거나 파생된 형태에서 원형을 찾는 것은 쉬운 일이 아닙니다.

그래서 이 단어 일람표에는 원형뿐 아니라 변화되거나 파생된 형태의 단어들도 그대로 싣고 있습니다. 그리고 그런 경우 빠짐없이 해설을 달고자 노력했습니다. 다만 헬라어에서 동일한 단어나 형태가 문법적으로는 여러 가지 문법과 형태를 동시에 취할 수 있기 때문에 부득이 이 책의 본문에서 활용된 형태나 원형을 위주로 풀이하고 있음에 유의해 주시기 바랍니다.

예를 들어 "보다, 관찰하다"라는 '블레포'(βλέπω)에서 온 '블레페테'(βλέπετε)의 경우 문법적으로 "명령법 동사 2인칭 복수" 또는 "직설법 동사 능동태 현재 2인칭 복수", 그리고 "직설법 동사 능동태 미완료 2인칭 복수" 등이 될 수 있습니다. 그러나 그 중 원형의 형태인 "직설법 동사 현재" 하나 만을 선택하여 설명했습니다. 명사나 형용사 등 다른 품사의 경우도 그렇습니다.

이런 방식으로 여기에 수록된 단어는 총 365개입니다. 365라는 숫자가 상징하듯이 이 책을 읽으며 매일 헬라어 단어를 하나씩 배울 수 있는 기회가 되었으면 합니다.

숫자	단어	의미	설명
1	ἄ 아		접두사로 단어의 의미를 부정하거나 반대말을 만든다
2	ἀγαθός 아가토스	선한, 좋은	형용사 남성
3	ἀγαθωσύνη 아가토수네	선함, 좋음	명사 여성 단수
4	ἀγαπή 아가페	(희생적, 신적, 숭고한) 사랑	명사 여성 단수
5	ἄγγελος 앙겔로스	사신, 천사	명사 남성 단수
6	ἀγγελοφάνεια 앙겔로파네이아	천사현현	명사 여성 단수
7	ἅγίον 하기온	거룩한, 신성한, 성결한	형용사 중성
8	ἁγνίζω 하그니조	씻다, 정결하게 하다	직설법 동사 현재
9	ἀγορά 아고라	광장, 모임	명사 여성 단수
10	ἄγω 아고	이끌다, 옮기다	직설법 동사 현재
11	ἀδελφοί 아델포이	남자 형제들	명사 남성 복수
12	ἀδελφαί 아델파이	여자 형제들	명사 여성 복수
13	ἀετός 아에토스	독수리	명사 남성 단수
14	ἄζυμα 아주마	무교(발효되지 않은)	형용사 복수 주격
15	ἄθεος 아테오스	무신론의	형용사 남성
16	αἴρω 아이로	손으로 잡다, 움켜쥐다	직설법 동사 현재

숫자	단어	의미	설명
17	αἴτιον 아이티온	능동자, 원인자	형용사 중성
18	αἰών 아이온	시간, 세대, 인생, 세상	(형용사의 명사화)
19	ἀκάθαρτος 아카타르토스	깨끗하지 않은, 흠있는	명사 남성 단수
20	ἀκαθαρσία 아카타르시아	불결함, 깨끗하지 않음	명사 여성 단수
21	ἀκριβόω 아크리보오	정확하게, 상세히 하다	직설법 동사 현재
22	ἀκριβῶς 아크리보스	정확하게, 상세하게	부사
23	ἅλας 할라스	소금	명사 중성 단수
24	ἀλήθεια 알레테이아	진리, 진실	명사 여성 단수
25	ἀλληλουϊά 알렐루이아	하나님을 찬양하라	히브리어 '할렐루야'의 음역
26	ἀλλήλους 알렐루스	서로	형용사 남성 복수
27	ἄμμος 암모스	모래	명사 여성 단수
28	ἀνά 아나	~의 위에, 표면에	전치사
29	ἀναβλέψας 아나블렙사스	위를 보다, 쳐다보다	직설법 동사 단순과거 2인칭 단수
30	ἀνακαινόω 아나카이노오	(다시)새로워지다	직설법 동사 현재
31	ἀναστάς 아나스타스	일어나며, 일어서며	현재분사 능동태 남성 주격
32	ἀνάστασις 아나스타시스	부활	명사 여성 단수

숫자	단어	의미	설명
33	ἀναστήσεται 아나스테세타이	일어날 것이다	직설법 동사 미래 중간태 3인칭 단수
34	ἀνατολή 아나톨레	해 뜨는 곳, 동쪽	명사 여성 단수
35	ἀνατολῶν 아나톨론	해 뜨는 곳의	명사 여성 복수 속격
36	ἄνδρα 안드라	사람, 남자	명사 남성 단수 대격
37	ἀνέστη 아네스테	(곧)일어났다	직설법 동사 단순과거 1인칭
38	ἀνήρ 안네르	사람, 남자	명사 남성 단수 주격
39	ἀνίστημι 안이스테미	일어나다, 일어서다	직설법 동사 현재
40	ἀνοιγήσεται 아노이게세타이	열릴 것이다	직설법 동사 미래 수동태 3인칭 단수
41	ἄνομος 아노모스	무법의, 불법의	형용사 남성 단수
42	ἄνωθεν 아노텐	위로부터, 높은 곳으로부터	부사
43	ἀοράτος 아오라토스	볼 수 없는, 보이지 않는	형용사 남성 단수
44	ἀπαιτοῦσιν 아파이투신	(돌려주기를)요청, 요구하다	직설법 동사 현재 3인칭 복수
45	ἀποκάλυπτω 아포칼립토	(뚜껑이)열리다, 계시하다	직설법 동사 현재
46	ἀποκάλυψις 아포칼립시스	드러남, 계시	명사 여성 단수
47	ἀποκτένει 아포크테네이	(너는)죽게 될 것이다	직설법 동사 미래 2인칭 단수
48	ἀποστέλλω 아로스텔로	보내다, 파송하다	직설법 동사 현재

숫자	단어	의미	설명
49	ἀπόστολος 아포스톨로스	사신, 대사, 사도	명사 남성 단수
50	ἄρκος 아르코스	곰	명사 중성 단수
51	ἀροῦσιν 아루신	그들이 집다, 움켜쥐다	직설법 동사 미래 3인칭 복수
52	ἀρόω 아로오	쟁기질하다, 경작하다	직설법 동사 현재
53	ἄρτος 아르토스	빵	명사 남성 단수
54	ἀρχή 아르케	태초, 근원	명사 여성 단수
55	ἀσφάλειαν 아스팔레이안	견고함, 안전함	명사 여성 단수 대격
56	ἄτομος 아토모스	나눌 수 없는, 자를 수 없는	형용사 남성
57	ἄφετε 압페테	허락했다	직설법 동사 단순과거 2인칭 복수
58	ἀφῆκεν 압페켄	보냈다, 허락했다	직설법 동사 단순과거 3인칭 단수
59	ἄφίημι 압피에미	허락하다	직설법 동사 현재

Β β

60	βάλλω 발로	던지다, 적중하다	직설법 동사 현재
61	βασιλεία 바실레이아	왕국, 통치	명사 여성 단수
62	βασιλέως 바실레오스	왕, 통치자	명사 남성 단수

숫자	단어	의미	설명
63	βαστάζω 바스타조	부담하다, 짊어지다, 참다	직설법 동사 현재
64	βλέπετε 블레페테	보라, 관찰하라	명령법 동사 현재 2인칭
65	βλέπω 블레포	보다, 관찰하다	직설법 동사 현재
66	βουλή 불레	의지, 마음	명사 여성 단수
67	βουλήμα 불레마	의도, 목적	명사 여성 단수

Γ γ

68	γάρ 가르	왜냐하면	이유, 원인의 접속사
69	γεννηθέντος 겐네텐토스	태어난	단순과거분사 남성 단수 속격
70	γεννήματα 겐네마타	혈육, 자손, 자식들	명사 중성 복수
71	γένος 게노스	가족	명사 중성 단수
72	γῆ 게	땅, 대지, 지구	명사 여성 단수
73	γίνομαι 기노마이	되다, 이루다, ~이다	직설법 동사 현재
74	γράμμα 그람마	문자	명사 중성 단수
75	γυναῖκα 구나이카	여자를	명사 여성 단수 대격
76	γυνή 구네	여자	명사 여성 단수 주격

숫자	단어	의미	설명

Δ δ

숫자	단어	의미	설명
77	δαιμόνιον 다이모니온	신적 능력, 귀신	명사 중성 단수
78	δεδιωγμένοι 데디오그메노이	추적했었던, 빨리 움직였던	현재완료분사 남성 복수 주격
79	δεῖπνον 데이프논	식사	명사 중성 단수
80	δέκα 데카	숫자 10	불변화사, 숫자
81	δεκάλογος 데카로고스	십계명	명사 남성 단수
82	δένδρον 덴드론	나무	명사 중성 단수
83	διαβόλος 디아볼로스	참소하는 자, 훼방하는 자	(형용사의)명사 남성 단수
84	διακόνος 디아코노스	하인, 봉사하는 자	명사 남성 단수
85	διδάσκαλος 디다스칼로스	선생, 스승	명사 남성 단수
86	διηκόνεω 디에코네오	직무를 수행하다, 봉사하다	직설법 동사 현재
87	δικαιοσύνης 디카이오쉬네스	(정)의, 올바름	명사 여성 단수 속격
88	δίψυχοι 딥쉬코이	두 마음을 가진 자	형용사 남성 복수
89	δοθήσεται 도테세타이	받게 될 것이다	직설법 동사 미래 수동 3인칭 단수
90	δόξα 독사	영광, 영예	명사 여성 단수
91	δουλόω 둘로오	노예가 되다	직설법 동사 현재

숫자	단어	의미	설명
92	δοῦλος 둘로스	노예, 종	명사 남성 단수
93	δράκων 드라콘	용	명사 남성 단수
94	δύναμις 뒤나미스	능력, 힘	명사 여성 단수
95	δύο 뒤오	숫자 2	불변화사 숫자
96	δώδεκα 도데카	숫자 12	불변화사 숫자

Ε ε

97	ἔαρ 에아르	봄	명사 중성 단수
98	ἐγκράτεια 엥크라테이아	숙달, 노련함	명사 여성 단수
99	ἔθυον 에튀온	제의에 참여하다	직설법 동사 미완료
100	εἰδωλολατρία 에이돌로라트리아	우상숭배	명사 여성 단수
101	εἰκόνα 에이코나	형상, 닮음, 이미지	명사 여성 단수 대격
102	εἰκών 에이콘	형상, 닮음, 이미지	명사 여성 단수
103	εἰμί 에이미	~이다, 존재하다	동사 현재 단수
104	εἰρήνη 에이레네	평화	명사 여성 단수
105	εἰρηνοποιοί 에이레노포이오이	평화를 만드는 사람들	명사 남성 복수

숫자	단어	의미	설명
106	ἔκλασεν 에크라센	나누었다, 부수었다	직설법 동사 단순과거 3인칭 단수
107	ἐκλεκτόν 에크렉톤	선택한, 뽑은	형용사 남성 단수
108	ἔλαβεν 엘라벤	잡았다, 받았다	직설법 동사 단순과거 3인칭 단수
109	ἐλεέω 엘레에오	동정하다, 자비를 베풀다	직설법 동사 현재
110	ἔλεγχος 엘렝코스	증명, 주장	명사 남성 단수
111	ἐλεήμων 엘레에몬	동정하는, 불쌍히 여기는	형용사 남성 단수
112	ἐλέησόν 엘레에손	불쌍히 여기라, 자비를 베풀라	명령법 동사 단순과거 2인칭 단수
113	ἐλπιζομένων 엘피조메논	희망의, 기대의	현재분사 남성 복수 속격
114	ἐλπίς 엘피스	희망	명사 여성 단수
115	ἐντολαῖς 엔톨라이스	계명, 규칙들	명사 여성 복수 여격
116	ἔξοδος 엑소도스	빠져나옴, 나감	명사 여성 단수
117	ἔξω 엑쏘	밖, 바깥	부사
118	ἔπαθεν 에파텐	경험했다, 고난당했다	직설법 동사 단순과거 3인칭 단수
119	ἐπί 에피	~위에(속격)	전치사
120	ἐπιέναι 에피에나이	보내다, 허락하다	능동태 부정사 현재
121	ἐπιθυμίας 에피튀미아스	욕망을, 욕구를	명사 여성 복수 대격

숫자	단어	의미	설명
122	ἐπιούσιον 에피우시온	필요한, 넉넉한	형용사 중성 단수
123	ἐπίσκοπος 에피스코포스	감독자, 지도자	명사 남성 단수
124	ἔργα 에르가	일들	명사 중성 복수
125	ἔργῳ 에르고	일의	명사 중성 단수 속격
126	ἔρως 에로스	(남녀간의)사랑	명사 남성 단수
127	ἐσχάτῃ 에스카테	최종의, 궁극의	형용사 여성 단수 여격
128	ἔσω 에소	안, 안으로	부사
129	ἐτέχθη 에테크테	출산했다	직설법 동사 단순과거 수동태 3인칭 단수
130	εὐαγγέλιον 유앙겔리온	좋은 소식, 복음	명사 중성 단수
131	εὐλόγησεν 유로게센	축복, 축사하다	직설법 동사 단순과거 3인칭 단수
132	εὕρηκα 휴레카	발견했다, 찾았다	직설법 동사 현재완료 1인칭
133	εὑρίσκω 휴리스코	찾다, 발견하다	직설법 동사 현재
134	εὑρήσετε 휴레세테	찾을 것이다, 발견할 것이다	직설법 동사 미래 2인칭 복수
135	εὐχαριστέω 유카리스테오	감사하다, 감사를 느끼다	직설법 동사 현재
136	εὐχαριστήσας 유카리스테사스	감사에 참여했을 때	단순과거분사 남성 단수 주격
137	εὔχομαι 유코마이	기도하다, 좋은 말하다	직설법 동사 현재

숫자	단어	의미	설명
138	ἐχιδνα 에키드나	독사, 뱀	명사 여성 단수

Z ζ

숫자	단어	의미	설명
139	Ζεύς 제우스	제우스, 올림푸스의 신	고유명사
140	ζήσεται 제세타이	찾을 것이다	직설법 동사 미래 3인칭 단수
141	ζητεῖτε 제테이테	찾으라	명령법 동사 현재 2인칭 복수
142	ζωή 조에	생명	명사 여성 단수
143	ζῷον 조온	생물, 동물	명사 중성 단수
144	ζῳοποιεῖ 조오포이에이	살게 하다	직설법 동사 현재 2인칭 단수
145	ζήσεται 제세타이	살게 될 것이다	직설법 동사 미래 3인칭 단수

H η

숫자	단어	의미	설명
146	ἤ 에	또는, 혹은	접속사
147	ἤγγικεν 엥기켄	다가왔다	직설법 동사 현재완료 3인칭 단수
148	ἡμέρᾳ 헤메라	하루에	명사 여성 단수 여격

숫자	단어	의미	설명

Θ θ

숫자	단어	의미	설명
149	θάλασσα 탈라싸	바다, 대양	명사 여성 단수
150	θέλημα 텔레마	의지, 뜻	명사 중성 단수
151	θεοῦ 테우	신의, 하나님의	명사 남성 단수 속격
152	Θεός 테오스	신, 하나님, 창조주	명사 남성 단수
153	θεοφάνεια 테오파네이아	신의현현	명사 여성 단수
154	θερίσει 테리세이	거둘 것이다, 수확할 것이다	직설법 동사 미래 3인칭 단수
155	θέρος 테로스	여름, 열기	명사 중성 단수
156	θέρω 테로	열을 내다, 더워지다	직설법 동사 현재
157	θηρίον 테리온	짐승, 맹수	명사 중성 단수
158	θυμός 튀모스	기질, 성향, 기분	명사 남성 단수

Ι ι

숫자	단어	의미	설명
159	ἰδού 이두	보라	명령법 동사 2인칭 단수
160	Ἰησοῦς 예수스	예수, 구원자	고유명사
161	ἵππος 입포	말, 마(馬)	명사 남성 단수

숫자	단어	의미	설명
162	ἰχθύδιον 익튀디온	작은 물고기, 물고기	명사 중성 단수
163	ἰχθύς 익튀스	큰 물고기, 물고기	명사 남성 단수

Κ κ

숫자	단어	의미	설명
164	καινός 카이노스	새로운	형용사 남성 단수
165	καιρός 카이로스	의미 있는 때, 시간	명사 남성 단수
166	καλός 칼로스	아름다운, 좋은, 유용한	형용사 남성 단수
167	καθαρός 카타로스	깨끗한, 흠이 없는	형용사 남성 단수
168	καλέσας 칼레사스	불렀다	직설법 동사 단순과거 2인칭 단수
169	κάλυπτω 칼륍토	뚜껑을 닫다, 감추다	직설법 동사 현재
170	καρδία 카르디아	마음, 심장, 가슴	명사 여성 단수
171	κάρπος 카르포스	열매, 실과	명사 남성 단수
172	κατέκλασεν 카테크라센	잘랐다, 부쉈다, 나누었다	직설법 동사 단순과거 3인칭 단수
173	κατηχέω 카테케오	점검하다, 예방하다	직설법 동사 현재
174	κατηχήθης 카테케테스	점검했다. 예방했다	직설법 동사 단순과거 2인칭 단수 수동태
175	κλάδος 클라도스	가지	명사 남성 단수

숫자	단어	의미	설명
176	κόσμος 코스모스	세상, 우주	명사 남성 단수
177	κρεμάννυμι 크레만뉘미	매달리게 하다, 종속되다	직설법 동사 현재
178	κρέμαται 크레마타이	매달리게 하다, 종속되다	직설법 동사 현재 3인칭 단수
179	κριθίνους 크리티누스	보리로 만들어진	형용사 남성 복수 대격
180	κύνες 퀴네스	개들	명사 남성 복수
181	κυριακός 퀴리아코스	주인에게 속한	형용사 남성 단수
182	κύριε 퀴리에	주여	명사 남성 단수 호격
183	κύριος 퀴리오스	주인, 주	명사 남성 단수
184	κυών 퀴온	개	명사 남성 단수
185	κωλύω 콜뤼오	방해하다, 막다	직설법 동사 현재

Λ λ

숫자	단어	의미	설명
186	λαβών 라본	받아서, 잡아서	단순과거 분사 남성 단수 주격
187	λατρεία 라트레이아	예전, 예식	명사 여성 단수
188	λέων 레온	사자	명사 남성 단수
189	λίμνη 림네	호수, 저수지	명사 여성 단수

부록. 파라르테마(Παράρτημα)

숫자	단어	의미	설명
190	λίθος 리토스	돌, 돌멩이	명사 남성 단수
191	λόγος 로고스	말씀, 척도, 논리	명사 남성 단수

M μ

숫자	단어	의미	설명
192	μάγοι 마고이	점성술사, 사제	명사 남성 복수
193	μάθημα 마테마	공부, 학습	명사 중성 단수
194	μακάριος 마카리오스	복 있는, 행복한	형용사 남성 단수
195	μακρός 마크로스	길이가 긴, 멀리 떨어진	형용사 남성 단수
196	μακροθυμία 마크로튀미아	인내	명사 여성 단수
197	με 메	나를	인칭대명사 1인칭 단수 대격
198	μέγας 메가스	크다	형용사 남성 단수
199	μείζονα 메이조나	더 크다	형용사 비교급 남성 단수 대격
200	μέλλω 멜로	바로해야하는 것, 결정된 것	명사 여성 단수
201	μετά 메타	함께(속격), 후에(대격)	전치사
202	μετανοία 메타노이아	회개, 전향	명사 여성 단수
203	μετόπωρον 메토포론	(늦)가을	명사 중성 단수

숫자	단어	의미	설명
204	μή 메	~아니다, ~없다	부정을 나타내는 불변화사
205	μήτηρ 메테르	어머니	명사 여성 단수
206	μικρός 미크로스	짧은, 가까운	형용사 남성 단수
207	μόνος 모노스	숫자 1	불변화사 숫자
208	μορφή 모르페	형체, 형상	명사 여성 단수
209	μόσχος 모스코스	송아지	명사 남성 단수
210	μωρός 모로스	이해력이 부족한, 꽉 막힌	형용사 남성 주격

N ν

숫자	단어	의미	설명
211	ναί 나이	예, 그렇다	부사
212	νῆσος 네소스	섬	명사 여성 단수
213	νοέω 노에오	생각하다, 감각하다, 인지하다	직설법 동사 현재
214	νομός 노모스	(율)법	명사 남성 단수
215	νύξ 눅스	밤	명사 여성 단수

숫자	단어	의미	설명

Ξ ξ

숫자	단어	의미	설명
216	ξύλον 쏠론	나무, 울타리	명사 중성 단수

Ο ο

숫자	단어	의미	설명
217	ὀδόντα 오돈타	치아, 이	명사 남성 단수 대격
218	ὀδούς 오두스	치아, 이	명사 남성 복수 주격
219	ὁδός 호도스	길, 도로	명사 여성 단수
220	οἰκία 오이키아	집, 건물	명사 여성 단수
221	οἰκοδόμεω 오이코도메오	집을 짓다	직설법 동사 현재
222	οἶκος 오이코스	집, 가족	명사 남성 단수
223	οἰκουμένη 오이쿠메네	거주지, 세상, 경제	명사 여성 단수
224	ὀλίγος 올리고스	적은, 많지 않은	형용사 남성 단수
225	ὅλος 홀로스	모든, 전체	형용사 남성 단수
226	ὁμοία 호모이아	닮은, 유사한	형용사 여성 단수
227	ὁμολογέω 호모로게이아	약속, 확신하다, 고백하다	직설법 동사 현대
228	ὁμός 호모스	같은, 동일한	형용사 남성 단수

숫자	단어	의미	설명
229	ὄπις 오피스	살펴보다, 관찰하다	형용사 여성 단수
230	ὀπώρα 오포라	(늦)여름, 과일	명사 여성 단수
231	ὁράω 호라오	보다	직설법 동사 현재
232	ὄρος 오로스	산	명사 중성 단수
233	ὅς 호스	그는	관계대명사 남성 단수
234	ὅτι 호티	~인바, ~것	절을 이끄는 접속사
235	οὐ, [οὐκ, οὐχ] 우, 욱, 우크	~아닌, ~이 없는	부정의 불변화사
236	οὐρανός 우라노스	하늘	명사 남성 단수
237	οὐσία 우시아	존재하는 것, 본질적인 것	명사 여성 단수
238	οὔτοπος 우토포스	실재하지 않는 곳, 이상향	명사 남성 단수
239	ὀφθαλμος 옵탈모스	눈	명사 남성 단수
240	ὄφις 옵시스	뱀	명사 남성 단수
241	ὀψάριον 옵사리온	(작은)물고기	명사 중성 단수
242	ὄψεσθε 옵세스테	보게될 것이다	직설법 동사 2인칭 복수, 미래형

숫자	단어	의미	설명

Π π

숫자	단어	의미	설명
243	παθητόν 파테톤	수동의, 결과의	형용사 중성 단수
244	πάθος 파토스	고난, 감정, 발생한 일	명사 중성 단수
245	παιδαγωγός 파이다고고스	양육, 보육교사(노예)	명사 남성 단수
246	παιδάριον 파이다리온	아이, 소년	명사 중성 단수
247	παιδεία 파이데이아	양육, 교육	명사 여성 단수
248	παιδία 파이디아	어린아이	명사 여성 단수
249	παιδίον 파이디온	어린아이	명사 중성 단수
250	παῖς 파이스	아이, 하인	명사 남성 단수
251	παρά 파라	옆에, 곁에(속격), 가까이에(여격)	전치사
252	παραβολή 파라볼레	비유	명사 여성 단수
253	παρδάλις 파르달리스	표범	명사 여성 단수
254	παρεγένοντο 파레게논토	옆으로 가다, 곁에 있다	직설법 동사 단순과거 3인칭 복수
255	παρουσία 파루시아	현재하다, 다가오다	명사 여성 단수
256	πᾶς 파스	모든, 전부	형용사 남성 단수
257	πάσχα 파스카	유월절 축제	명사 중성 단수

숫자	단어	의미	설명
258	πάσχω 파스코	고난당하다	직설법 동사 현재
259	πεδινός 페디노스	평평한	형용사 남성 단수
260	πεπλήρωται 페플레로타이	꽉 찼다, 성취했다	직설법 동사 현재완료 단수 3인칭
261	πέτραν 페트란	바위	명사 여성 단수 대격
262	πίστις 피스티스	믿음, 충성, 신뢰	명사 여성 단수
263	πνεῦμα 프뉴마	영, 정신	명사 중성 단수
264	πενθεώ 펜테오	울다, 슬퍼하다	직설법 동사 현재
265	πενθοῦντες 펜툰테스	울면서	현재분사 남성 복수 주격
266	περάω 페라오	수출하다, 해외에서 팔다	직설법 동사 현재
267	πέρνημι 페르네미	해외, 외국에서 팔다	직설법 동사 현재
268	πληρόω 프레로오	꽉 채우다, 성취하다	직설법 동사 현재
269	ποιήσει 포이에세이	행하다, 만들다	직설법 동사 미래 3인칭 단수
270	ποιέω 포이에오	행하다, 만들다	직설법 동사 현재
271	ποίμαινε 포이마이네	양을 쳤다, 목동 일을 했다	직설법 동사 미완료 3인칭 단수
272	ποιμαίνω 포이마이노	양을 치다, 목동 일을 하다	직설법 동사 현재
273	ποιμήν 포이멘	양치기, 목동	명사 남성 단수

숫자	단어	의미	설명
274	πολίτευμα 폴리테이마	시민권	명사 중성 단수
275	πολιτεύω 폴리튜오	시민이 되다	직설법 동사 현재
276	πόλει 폴레이	도시에	명사 여성 단수 여격
277	πόλις 폴리스	도시	명사 여성 단수
278	πόρνη 포르네	매춘부	명사 여성 단수
279	πορνεία 포르네이아	부정, 간음	명사 여성 단수
280	πρᾶγμα 프라그마	행동, 실천	명사 중성 단수
281	πραγμάτων 프라그마톤	행동들의, 실천들의	명사 중성 복수 속격
282	πραεῖς 프라에이스	온유한	형용사 남성 복수 주격
283	πρεσβυτέρος 프레스뷔테로스	노인, 장로	명사 남성 단수
284	πρός 프로스	~로부터, ~에서 유래하다(속격)	전치사
285	προσευχή 프로세우케	기도	명사 여성 단수
286	προσεύχομαι 프로세우코마이	기도하다	직설법 동사 현재
287	προφῆτής 프로페테스	예언자, 선지자	명사 남성 단수
288	πτωχοί 프토코이	가난한, 구걸하는	형용사 남성 복수 주격
289	πτωχός 프토코스	가난한, 구걸하는	형용사 남성 단수

숫자	단어	의미	설명
290	πύλη 퓔레	출입문	명사 여성 단수
291	πυρετός 퓌레토스	열기, 열	명사 남성 단수

P ρ

292	ῥῆμα 레마	말씀, 말한 것	명사 중성 단수
293	ῥήματος 레마토스	말씀, 말한 것의	명사 중성 단수 속격
294	ῥέω 레오	말하다	직설법 동사 현재

Σ σ

295	σάρξ 사륵스	살, 육(肉)	명사 여성 단수
296	σατάν 사탄	사탄	명사 남성 단수
297	σήμερον 세메론	오늘	부사
298	σκάνδαλον 스칸달론	덫, 걸림돌	명사 중성 단수
299	σοῦ 수	너의	인칭대명사 2인칭 단수 속격
300	σοφία 소피아	지혜	명사 여성 단수
301	σπείρω 스페이로	씨 뿌리다	직설법 동사 현재

숫자	단어	의미	설명
302	σταυρόειν 스타우로에인	십자가에 매달다	부정사 현재
303	σταυρός 스타우로스	십자가	명사 남성 단수
304	στίγμα 스티그마	상처, 흔적	명사 중성 단수
305	στίγματα 스티그마타	상처들, 흔적들	명사 중성 복수
306	συκῆ 쉬케	무화과나무	명사 여성 단수
307	σύν 쉰	~함께(여격)	전치사
308	συνάγω 쉰아고	함께 가다, 모으다	직설법 동사 현재
309	συναγωγή 쉰아고게	집회, 회중	명사 남성 단수
310	σύνδουλος 쉰둘로스	동료	명사 남성 단수
311	συμπόσιον 쉼포시온	향연, 파티	명사 중성 단수
312	σώζω 소조	구원하다, 살리다	직설법 동사 현재
313	σωτήρ 소테르	구원자, 구세주	명사 남성 단수
314	σωτηρία 소테리아	구원	명사 여성 단수

T τ

315	τέκνα 테크나	자녀들, 아이들	명사 중성 복수 주격

숫자	단어	의미	설명
316	τέκνον 테크논	자녀, 아이	명사 중성 단수
317	τέκτων 테크톤	기술자, 목수	명사 남성 단수
318	τετράς 테트라스	숫자 4	불변화사 숫자
319	τίκτω 틱토	출산하다	직설법 동사 현재
320	τόμος 토모스	나눌 수 있는, 자를 수 있는	형용사 남성 단수
321	τόπος 토포스	장소, 지역	명사 남성 단수
322	τρεῖς 트레이스	숫자 3	불변화사 숫자

Υ υ

숫자	단어	의미	설명
323	ὑμεῖς 휘메이스	너희들은	인칭대명사 복수 2인칭 주격
324	ὑμῖν 휘민	너희들에게	인칭대명사 복수 2인칭 여격
325	υἱός 휘오스	아들	명사 남성 단수
326	ὑπάρχει 휘파르케이	시작하다, 현재하다	직설법 동사 현재 3인칭 단수
327	ὑπάρχων 휘파르콘	시작한, 현재하는	현재분사 남성 단수 주격
328	ὑπέρ 휘페르	~을 위해, ~의 목적으로(속격)	전치사
329	ὑπόστασις 휘포스타시스	실재, 원인, 토대	명사 여성 단수

숫자	단어	의미	설명
330	ὑψί 휩시	높은 곳에, 위에	부사
331	ὑψίστος 휩시스토스	제일 높은 곳, 가장 높은 곳	형용사 남성 단수 최상급
332	ὑψίων 휩시온	높은 곳의	명사 중성 복수 속격

Φ φ

333	φαγεῖν 파게인	먹었다	단순과거 부정사 능동태
334	φάινειν 파이네인	빛을 비추다, 나타나다	현재 부정사 능동태
335	φαρμακεία 파르마케이아	의약, 약	명사 여성 단수
336	φθορά 프토라	파괴, 소멸, 부패	명사 여성 단수
337	φιλία 필리아	우정, 존경, 사랑	명사 여성 단수
338	φιλέω 필레오	사랑하다, 친절하다	직설법 동사 현재
339	φιλοσοφία 필로소피아	철학	명사 여성 단수
340	φρήν 프렌	생각, 마음, 지각	명사 여성 단수
341	φρόνιμος 프로니모스	신중한, 지혜로운	형용사 남성 단수
342	φρονίς 프로니스	신중함, 지혜	명사 여성 단수
343	φύλλα 퓔라	잎들	명사 중성 복수 주격

숫자	단어	의미	설명
344	φύλλον 퓔론	잎	명사 중성 단수
345	φύσις 퓌시스	자연	명사 여성 단수
346	φῶς 포스	빛	명사 중성 단수
347	φωτός 포토스	빛의	명사 중성 단수 속격

X χ

숫자	단어	의미	설명
348	χάος 카오스	혼돈, 무질서	명사 중성 단수
349	χαρά 카라	기쁨	명사 여성 단수
350	χάρις 카리스	은혜	명사 여성 단수
351	χάρισμα 카리스마	은사, 선물	명사 여성 단수
352	χειμών 케이몬	겨울	명사 남성 단수
353	χήρα 케라	과부	명사 여성 단수
354	χιλίαρχος 킬리아르코스	천부장(군대의 편제)	명사 남성 단수
355	χρηστότης 케레스토테스	친절, 자비	명사 여성 단수
356	Χριστός 크리스토스	그리스도, 메시아	명사 남성 단수
357	χριστοφάνεια 크리스토파네이아	그리스도 현현	명사 여성 단수

숫자	단어	의미	설명
358	χρόνος 크로노스	(정량적, 계량적) 시간, 때	명사 남성 단수
359	χωρίς 코리스	~없이, ~제외하고	부사
360	χρίω 크리오	(기름을)바르다, 문지르다	능동태 동사 현재

Ψ ψ

숫자	단어	의미	설명
361	ψυχή 퓌스케	혼, 목숨	명사 여성 단수
362	ψυχῆς 퓌스케스	혼의, 목숨의	명사 여성 단수 속격

Ω ω

숫자	단어	의미	설명
363	ᾠκοδόμησεν 오코도메센	집을 지었다	능동태 동사 단순과거 3인칭 단수
364	ὥρα 오라	계절, 추수, 과일	명사 여성 단수
365	ὤφθη 오프테	보여지다	수동태 동사 단순과거 3인칭 단수